Janelas abertas

Afonso Murad

Janelas abertas
Fé cristã e ecologia integral

Realização:

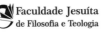

Apoio:

Dados Internacionais de Catalogação na Publicação (CIP)
Angélica Ilacqua CRB-8/7057

Murad, Afonso
Janelas abertas : fé cristã e ecologia integral / Afonso Murad.
– São Paulo : Paulinas, 2022.
312 p. (Faculdade Jesuíta)

Bibliografia
ISBN 978-65-5808-151-7

1. Ecologia humana 2. Fé 3. Espiritualidade 4. Sociedade
5. Meio-ambiente I. Título II. Série

22-1493   CDD 261.8362

Índice para catálogo sistemático:
1. Ecologia humana – Cristianismo

1ª edição – 2022

Direção-geral: *Ágda França*
Editora responsável: *Marina Mendonça*
Copidesque: *Mônica Elaine G. S. da Costa*
Revisão: *Equipe Paulinas*
Gerente de produção: *Felício Calegaro Neto*
Capa e projeto gráfico: *Tiago Filu*
Conselho editorial: *Andreia Schweitzer*
Antônio Francisco Lelo
Fabíola Araújo
João Décio Passos
Marina Mendonça
Matthias Grenzer
Rosa Ramalho
Vera Bombonatto

Nenhuma parte desta obra poderá ser reproduzida ou transmitida
por qualquer forma e/ou quaisquer meios (eletrônico ou mecânico,
incluindo fotocópia e gravação) ou arquivada em qualquer sistema ou
banco de dados sem permissão escrita da Editora. Direitos reservados.

Paulinas
Rua Dona Inácia Uchoa, 62
04110-020 – São Paulo – SP (Brasil)
Tel.: (11) 2125-3500
http://www.paulinas.com.br – editora@paulinas.com.br
Telemarketing e SAC: 0800-7010081
© Pia Sociedade Filhas de São Paulo – São Paulo, 2022

A João Batista Libanio, meu mestre,
por seu exemplo de ousadia e lucidez.

Com ele aprendi não somente a escrever teologia,
mas também a abrir janelas de diálogo da fé
com o mundo contemporâneo.

Sumário

Lista de siglas e abreviaturas.. 11

Prefácio... 13

INTRODUÇÃO

Dez janelas... 17

1ª JANELA

Cuidar da criação tem a ver com a nossa fé?................................27

1. Cuidar e cuidado na nossa experiência de vida 29

2. Deus cuida de nós e de suas criaturas......................................34

3. A mensagem ecológica dos Salmos 37

4. Fé cristã e ecologia. Superando preconceitos............................44

Conclusão aberta...54

Referências 55

2ª JANELA

A ecologia é importante para nós?..59

1. Começando a conversa..59

2. Nossa visão: ecologia como ciência, paradigma e ética 63

3. Ecologia humana: a contribuição de Román Guridi....................66

4. As três ecologias segundo Felix Guattari 70

5. Ecologia: saber de saberes e novo paradigma em Leonardo Boff........73

Conclusão aberta...77

Referências 77

3ª JANELA

Espiritualidade e ecologia 81

1. Quatro cordas e muitas melodias. Fé e espiritualidade 82
2. Tecendo a colcha de retalhos 88
Conclusão aberta 104
Referências e literatura complementar 105

4ª JANELA

Ecologia integral: uma visão panorâmica 107

1. Como chegamos à ecologia integral 107
2. Em que sentido a ecologia é integral? 111
3. A ecologia integral no capítulo IV da *Laudato Si'* 117
4. Conversão ecológica: simultaneidade de atitudes e práticas 123
A título de conclusão: janelas para abrir 126
Referências 128

5ª JANELA

Ecologia profunda e ecologia integral 131

1. A proposta original da ecologia profunda 131
2. Dos princípios à plataforma da ecologia profunda 137
3. Ecologia profunda e a ecologia integral. Relações e dissonâncias ... 143
Conclusão aberta 150
Referências 150

6ª JANELA

A beleza na ecologia integral 153

1. Um novo olhar sobre a Terra 154
2. Beleza, admiração e encantamento 157
Conclusão aberta 165

7ª JANELA

Ecoteologia. Por que e para quê? 169

1. A teologia cristã em breve percurso 169
2. Teologias e sociedade 173

3. Teologia da libertação e ecoteologia 177

4. Ecoteologia em vários olhares 179

5. Singularidade da ecoteologia. Nossa visão 182

Conclusão aberta 188

Referências 190

8ª JANELA
Criação e salvação à luz da ecologia integral 195

1. Unidade de criação e salvação na Bíblia 197

2. A fragmentação da experiência salvífica na teologia tradicional 201

3. A busca da unidade perdida em perspectiva antropocêntrica 203

4. Criação e salvação na perspectiva da ecologia integral 207

5. A contribuição de Moltmann em *Deus na criação* 212

Conclusão aberta 218

Referências 219

9ª JANELA
Caminhada da fé, pecado e conversão ecológica 221

1. Horizonte bíblico 224

2. Fé, pecado e conversão à luz da ecologia integral 234

3. Teologia e o magistério recentes: o pecado social 240

4. Contribuição do Sínodo para a Amazônia 246

Algumas conclusões pessoais 249

Referências 251

10ª JANELA
Teologia ecofeminista: uma descoberta libertadora 253

1. A visão ecofeminista 256

2. Ecodependência e interdependência: para uma cultura do cuidado ...260

3. Neoliberalismo e as mulheres 265

4. Ecofeminismo: prática e teoria 268

5. Teologia ecofeminista latino-americana nas suas origens 271

6. Ecofeminismo e teologia. Breves considerações epistemológicas 276

7. Interfaces do ecofeminismo e da ecoteologia...................279

Conclusão..................288

Referências..................289

Conclusão e novas janelas..................293

ANEXO

Sugestões de ações comunitárias nos espaços eclesiais urbanos..................297

1. Eventos..................298

2. Campanhas..................299

3. Processos..................301

4. Gestão ambiental..................301

5. Grupo de incidência política..................302

Conclusão aberta..................303

Sobre o autor..................305

Índice onomástico..................307

Lista de siglas e abreviaturas

ANEC   Associação Nacional de Educação Católica do Brasil

CAPES   Coordenação de Aperfeiçoamento de Pessoal de Nível Superior

CEBI   Centro Ecumênico de Estudos Bíblicos

CELAM   Conselho Episcopal Latino-Americano

CIC   Catecismo da Igreja Católica

CIMI   Conselho Indigenista Missionário

CMI   Conselho Mundial de Igrejas

CNPq   Conselho Nacional de Desenvolvimento Científico e Tecnológico

CPT   Comissão Pastoral da Terra

DAp   Documento de Aparecida

DP   Conclusões da Conferência de Puebla

FAJE   Faculdade Jesuíta

FT   Carta Encíclica *Fratelli Tutti*: sobre a fraternidade e a amizade social

GS   Constituição Pastoral *Gaudium et Spes*: sobre a Igreja no mundo atual

GT   Grupo de Trabalho

JPIC   Justiça, Paz e Integridade da Criação

LG   Constituição Dogmática *Lumen Gentium*: sobre a Igreja

LS   Encíclica *Laudato Si'*: sobre o cuidado da casa comum

MEC	Ministério da Educação e Cultura
ONGs	Organizações Não Governamentais
ONU	Organização das Nações Unidas
ORCID	*Open Researcher and Contributor ID* (Agência de bibliotecas e coleções digitais)
OT	Decreto Conciliar *Optatam Totius*: sobre a formação sacerdotal
PROEX	Pró-Reitoria de Extensão
REPAM	Rede Eclesial Pan-amazônica
RIBLA	*Revista de Interpretação Bíblica Latino-americana*
SOTER	Sociedade de Teologia e Ciências da Religião

Prefácio

Abrimos janelas de muitas maneiras. Podemos abri-las mecanicamente, como quem repete um gesto habitual, sem pensar e sem se preocupar com nada. Podemos abri-las com força, como quem precisa de ar para respirar em um ambiente fechado e sufocante. Podemos abri-las com carinho e lentidão, como quem espera encontrar crianças brincando e não quer assustá-las. Podemos abri-las com medo, como quem não sabe bem o que vai encontrar e teme pelo desconhecido que terá diante de si. Podemos abri-las com esperança, como quem sonha com novas possibilidades e se deixa surpreender alegremente pelo incomensurável mistério da existência.

O professor Afonso Murad é um mestre em abrir janelas. Aqueles de nós que tivemos a alegria de ouvi-lo, sabemos bem disso. Ele abre janelas com esperança, carinho e sabedoria. Abre-as como um mestre que sabe perceber, em casa situação, a atitude e as palavras corretas. Como amigo, mestre, educador, ambientalista e teólogo cristão, o autor nos oferece neste livro janelas abertas. Janelas abertas para a fé cristã, a ecologia integral e a vida em sociedade. Janelas abertas para o "bem viver" que acontece como uma ciranda ritmada, dialogal e alegre. Ele tornou-se um mestre em abrir janelas.

Janelas abertas nos permitem o diálogo com quem está do outro lado. Ora, toda janela é uma abertura para algo. Toda janela possibilita a ventilação, a iluminação e a insolação dos ambientes.

Ao permitir a entrada do ar e da luz, toda janela, por um lado, permite um ambiente interno saudável e, por outro, possibilita a ampliação do olhar para além do imediato e do conhecido. Toda janela é uma abertura. As janelas que Murad nos abre neste livro são fantásticas. Elas nos levam, reflexivamente, ao cuidado da criação narrado na Bíblia e na Encíclica *Laudato Si'*. Elas nos mostram a maravilha da nossa existência e a responsabilidade com a casa comum, a partir de um pensamento ecologicamente integral e amplo. Elas nos trazem muitas vozes, por vezes esquecidas das mulheres, dos indígenas, dos escravizados e dos desiludidos da sociedade contemporânea, devido ao consumo irresponsável e predatório. Enfim, elas nos despertam para uma consciência maior, ampla e radical, de que somos todos e todas irmãos e irmãs, responsáveis pelo lugar onde vivemos, nosso planeta, em uma responsabilidade ativa e cuidadora, que se preocupa com o futuro.

As janelas, quando abertas, nos permitem dialogar. Ao abrir janelas, Murad nos convida ao diálogo. Diálogo com as diferentes áreas do conhecimento, como a ambiental, a econômica, a política, a cultural, a filosófica, a teológica, a educacional. Mas, também, abre diálogos com homens e mulheres que possuem a mesma missão de abrir janelas. Ao dialogar, ele nos traz vozes. Além das vozes conhecidas e aclamadas, vozes que são esquecidas e abafadas por tristes ideologias e sistemas opressores que destroem nossa casa comum.

Janelas abertas nos permitem olhar para caminhos, os conhecidos e os novos. Novos caminhos são, sempre, necessários. Murad nos ajuda a conhecê-los e a percorrê-los: a ecologia profunda, a ecologia integral, a ecoteologia, o ecofeminismo, as ecologias sociais da América Latina, a ecoespiritualidade, a ecologia bíblica, a ecoescatologia. Todos esses caminhos são percorridos com uma atenção especial, voltada para práticas sustentáveis e políticas transformadoras. Sua experiência de educador e gestor para a sustentabilidade em intuições educacionais e eclesiais se faz presente no livro. Finalmente, o autor nos revela, em uma de suas janelas, e ao longo do texto, sua experiência fundamental, que faz dele um mestre em abrir janelas: a experiência cristã. Murad confessa que essa vivência da fé é uma experiência de encantamento, gratidão, louvor, profetismo, conversão, interdependência e dinamismo no espírito. Essa experiência é tão fundamental que não fecha janelas, mas as abre para todos e para outras janelas que outras tradições religiosas poderão abrir. Ora, se conversão pessoal e conversão estrutural caminham juntas, a leitura atenta do livro contribui para nossa conversão pessoal e comunitária, e em nossa ação criativa em prol da sociedade, do planeta e de uma existência feliz. Abrir janelas: eis a grande lição e a grande missão que esta obra nos ensina!

Prof. Elton Vitoriano Ribeiro
Reitor da FAJE

INTRODUÇÃO

Dez janelas

Ao amanhecer, gosto de abrir toda a janela da minha sala de trabalho, que está no segundo andar da Faculdade. Dali vejo as árvores de cima: duas palmeiras que alimentam as maritacas a seu tempo, a pitangueira, o pé de jabuticaba, as flores de diversas cores, bem cuidadas pelo jardineiro. Enquanto provo a mudança dos tons do sol da manhã, que se inicia com um suave dourado, ouço os pássaros que ali encontraram um refúgio no meio da cidade. Na trilha de cimento transitam alunos, professores e funcionários, talvez sem se dar conta da beleza que lhes oferece cada manhã. Ao fundo, há uns bancos de madeira para sentar-se à sombra das árvores. Do outro lado, no entanto, a janela oposta no corredor me dá a sensação de que estou em outro mundo: ruído de carros, trânsito, lojas, lixo, pessoas caminhando afoitas.

São fascinantes as janelas coloniais das casas do interior do país. Nelas se debruçam as senhoras para ver a rua e saudar os passantes. Aprecio aquelas janelas amplas que ao serem abertas inundam a casa com o ar fresco, a brisa e o vento. Já morei em uma casa com um grande salão, cujas janelas também funcionavam como portas. Por elas a gente entrava e saía livremente. Janelas-portas que me faziam sentir protegido, sem estar aprisionado. Portas e janelas fazem a passagem do âmbito pessoal para o ambiente coletivo e o da natureza, seja ela intocada ou transformada por nós.

As religiões e as religiosidades devem ser como janelas que nos religuem com o mais profundo de nós mesmos, os outros, a coletividade, o planeta e o divino. E isso de fato acontece na história de vida de milhões de homens e mulheres. No entanto, as tradições religiosas também podem encarcerar as pessoas, conferindo-lhes uma (falsa) segurança provinda dos ritos, das doutrinas e de visões anacrônicas. Janelas fechadas, engradeadas, pelas quais a luz do sol penetra somente pelas frestas; ou espelhos que reforçam uma visão egocêntrica do mundo, mesmo que a sala esteja povoada de incensos, oferendas e devoções. Uma espiritualidade que não religa as realidades humanas e ecológicas ao Sagrado, mas as desassocia ou as submete a um domínio despótico.

Num quarto vivia um homem com espelhos por todos os lados.
Certo dia uma pedra o quebrou.
Lá pra fora do espelho ele olhou.
Viu gente que chorava, que gritava e cantava.
Um grito diferente, um canto de toda gente:
"Quebre os espelhos, quebre os espelhos!
Ponha uma janela no lugar"
(Carlos E. Zanatta)

Felizmente, em várias partes do mundo homens e mulheres rompem espelhos narcisistas, abrem janelas e despertam-se para a consciência planetária: somos filhos e filhas da Terra, fazemos parte dela e somos responsáveis para que o planeta continue habitável para nós e todos os outros seres, agora e no futuro. O grito vem da Terra e ressoa nos mais frágeis, desemparados e subalternizados. Ativistas, movimentos socioambientais, educadores, instituições, empresas, governos e grupos religiosos de diferentes crenças se somam, constituindo uma bela e tênue rede de contatos, conhecimentos e iniciativas para a justiça socioambiental. Para aqueles/as que aderem a uma crença religiosa, recria-se uma espiritualidade (mística) com traços ecológicos. Para todos surge o apelo para adotar um estilo de vida simples e alegre, que favoreça o florescimento humano e de todos os membros da nossa casa comum. Afinal, na ciranda do planeta, os seres abióticos (água, solo, ar, energia do sol) e os bióticos (micro-organismos, plantas, animais e os humanos) formamos uma grande irmandade/sororidade de cooperação e entreajuda.

Aqui reside minha contribuição. Como educador, ambientalista e teólogo cristão, ofereço neste livro uma reflexão para somar, em vista de maior consciência, novas atitudes e práticas ecológicas à luz da fé. A obra visa abrir janelas-portas de comunicação entre a ecologia e a vida cristã. Realizo tal intento a partir do campo religioso no qual estou inserido, na esperança de que também sirva aos que transitam em outras espiritualidades ou mesmo são indiferentes à questão religiosa.

Esta obra se destina a vários públicos, ao mesmo tempo que em cada capítulo privilegia diferentes grupos. Vários interlocutores se desenham na minha mente, como estudantes e docentes de cursos de ciências humanas, educadores/as e gestores/as de escolas, ativistas socioambientais, lideranças religiosas ou mesmo alguém que simplesmente deseja conhecer mais para cuidar melhor de nossa casa comum.

Os capítulos estão dispostos em uma lógica de espiral. Coerente com a proposta do livro, eles são como janelas. Os temas parecem voltar ao ponto de partida, mas se ampliam ou se articulam de outra forma em cada giro. Você, caro/a leitor/a, pode começar por onde lhe interessa, naquilo que desperta sua curiosidade ou é necessário para o momento. Os textos propositalmente apresentam diferentes densidades. Uns, mais conceituais. Outros, mesclados com experiência de vida, analogia e poesia. Há capítulos com maior concentração filosófica e teológica, como também os que recorrem aos conhecimentos próprios da ecologia. Transito pelos saberes como quem dança uma ciranda, junto com outras pessoas. Dança ritmada, multi, inter e transdisciplinar.

A pesquisa que resulta neste livro gira em torno da "ecologia integral", um conceito abrangente e multifacetado. Como você verá, ela compreende várias dimensões da ecologia, que estão interligadas: ambiental, econômica, política, cultural e do cotidiano. No ambiente católico, a ecologia integral se difundiu a partir do documento *Laudato Si': sobre o cuidado da casa comum"* (2015), do Papa Francisco. A *Laudato Si'* (Louvado Seja!) – que evoca o início do Cântico das Criaturas de Francisco de Assis – foi elaborada com a colaboração de *experts* de diferentes áreas do conhecimento, como as ciências ambientais, a ética filosófica, a economia, a política, a educação e a economia, estabelecendo um rico e aberto diálogo com a teologia. Por isso, recorrerei a essa encíclica várias vezes. Uma das minhas áreas de pesquisa consiste na "ecoteologia". Como o nome indica, ela é uma corrente que interpreta a experiência de fé em relação à consciência planetária, apresentando características singulares no nosso continente latino-americano e caribenho.

Na 1ª janela, destinada sobretudo a pessoas religiosas que têm dificuldade de acolher a ecologia como constitutiva de sua existência, apresento uma reflexão teológica sobre o cuidado de Deus por nós e os outros seres a partir da Bíblia, especialmente de alguns salmos. Ofereço elementos para desmontar três pre-conceitos, que como espelhos impedem de abrir as janelas para a consciência planetária.

Na 2ª janela ofereço um quadro panorâmico sobre a ecologia. Tenho em mente os meus colegas docentes e os estudantes que de alguma forma a têm como objeto de estudo. Na síntese que alcancei até agora compreendo a ecologia como: (a) a ciência sobre as múltiplas relações interdependentes de todos os seres que habitam nossa casa comum; (b) um movimento de caráter ético, para defender a vida no planeta; (c) e uma nova concepção (ou paradigma) do lugar do ser humano na biosfera, na comunidade de vida da Terra. Também exponho a visão de três autores: Román Guridi, Felix Guattari e Leonardo Boff. Deixei para o futuro a investigação focal sobre a contribuição específica das ciências ambientais nesse diálogo profícuo.

A 3ª janela inicia-se com uma reflexão sobre fé e espiritualidade, mostrando os liames e as diferenças entre elas. Então, usando a imagem da "colcha de retalhos" e recorrendo a cantos religiosos e da MPB, delineio sete traços da ecoespiritualidade cristã: encantamento, gratidão e louvor, ouvinte da Palavra, profetismo, conversão, dinamismo do espírito e interdependência. Se você pertence a outra tradição religiosa, poderá fazer uma releitura dessas características e acrescentar os elementos que lhe são próprios.

Na 4ª janela delineio o conceito de *ecologia integral* e alguns de seus componentes. Este termo surgiu das ciências humanas e da educação ambiental, na busca de uma compreensão articulada das diversas facetas da ecologia. Posteriormente, foi assumido por teólogos e lideranças eclesiais e referendado, na Igreja Católica, pelo Papa Francisco, na *Laudato Si'*. Nesse capítulo evidencio o que se entende por "integral", os componentes básicos da ecologia integral a partir da *Laudato Si'*, sua relação com o bem comum e o apelo à justiça intergeracional. Aderir à ecologia integral exige mudança de atitudes e hábitos. Comporta um esforço pessoal, coletivo e institucional, traduzido em novo estilo de vida e práticas sustentáveis.

Em linguagem religiosa, esse processo de mudança é denominado "conversão ecológica". E creio que aqui há algo novo para a ética. Supera-se o discurso que diz: "Primeiro mude a você mesmo, e depois a sociedade". Para a ecologia isso não vigora, pois a conversão pessoal e a estrutural caminham juntas, uma contribuindo com a outra.

Bem antes da expressão "ecologia integral" ganhar vigência, em 1972 o ambientalista, filósofo e pesquisador de questões ambientais Arne Naess propôs a "ecologia profunda" (*Deep ecology*), em contraposição à "ecologia superficial". A segunda intentava solucionar problemas ambientais emergentes, sem mudar o paradigma da relação do ser humano com a Terra. Naess inaugura uma nova corrente de pensamento, que se mostra impactante até os nossos dias.

Na 5ª janela exponho as características da ecologia profunda segundo Naess, bem como a "plataforma da ecologia profunda", formulada por ele e G. Sessions. Então, é hora de discernir as semelhanças, dissonâncias e complementaridade entre ecologia profunda e ecologia integral. Creio que essa reflexão será útil para várias áreas do saber, além de oferecer parâmetros para ampliar a visão socioambiental.

A 6ª janela desenvolve algo que aludi quando apresentei o conceito de ecologia integral. Minha experiência de ecoeducador, desde que atuei no projeto "Amigo da Água", confirmou a convicção de que as mudanças de postura em relação à Terra incluem necessariamente o encantamento, o deixar-se seduzir pela beleza das criaturas. A via da beleza, conjugada com a da indignação, aguça nossa sensibilidade, favorece o respeito, a reverência e o cuidado com a comunidade viva do planeta. Reconhecemos que cada ser que faz parte da nossa casa comum tem valor em si mesmo, e não está condicionado pela possível utilidade para nós. Então, ao reler a *Laudato Si'*, percebi que essa era uma das chaves da encíclica. Mais ainda, um conceito básico para superar o orgulho e a mentalidade pragmática do antropocentrismo moderno e da lógica da "sociedade do mercado". Esses reduzem todos os seres a coisas, inclusive os próprios humanos. Cultivar a sensibilidade à beleza, nos tempos de crise pós-moderna, nos reconecta com o ciclo da vida, em toda sua extensão. As quatro últimas janelas nos abrem para temas fundamentais de ecoteologia.

A 7ª janela reúne o fruto de minhas pesquisas dos últimos anos, nos quais aprofundo o que é a ecoteologia, o específico da sua elaboração (estatuto epistemológico) e sua contribuição para as igrejas, as religiões e a sociedade. Passeio por alguns ecoteólogos como Ernest Conradie, Román Guridi e Sinivaldo Tavares. Justifico a singularidade da ecoteologia e traço um quadro provisório de algumas produções significativas dessa corrente teológica. Espero que, após a leitura, você tenha elementos para responder à questão: por que e para quem é a ecoteologia?

Com a 8ª janela eu defendo que um elemento original da ecoteologia, enquanto elaboração teórica, reside na forma como ela articula três eixos teológicos centrais: criação, salvação em Cristo e "o fim dos tempos" (consumação escatológica); ou seja, a presença de Deus na comunidade de vida do planeta e nos seus ciclos, tanto no início dos processos evolutivos da matéria quanto atualmente, enquanto força renovadora do Espírito nas pessoas e no cosmos. Mais. A partir da Bíblia se descobre que a ação libertadora de Deus na história está intimamente conectada com a iniciativa criadora. E, na pessoa e na causa de Jesus de Nazaré, começa um momento novo na história humana. Sua ressurreição é princípio da "nova criação", que se consumará no "fim dos tempos". Mostro então que a teologia e a espiritualidade tradicionais fragmentaram a unidade da experiência salvífica, e ela foi resgatada na teologia contemporânea, sobretudo em perspectiva ecológica. Por fim ofereço breves pinceladas de ideias do cientista e místico Teilhard de Chardin e do grande teólogo reformado J. Moltmann, que retratam essa visão unificadora de criação, salvação e escatologia.

Um dos temas mais comuns na catequese e na pregação cristãs é o pecado, muitas vezes reduzido ao âmbito da sexualidade e da transgressão a determinados preceitos religiosos. O teólogo uruguaio Juan Luis Segundo dizia, faz décadas, que um discurso demasiadamente centrado no pecado imobilizava os cristãos. A preocupação com a perdição ou salvação eternas lhes tirava as energias necessárias para atuar na transformação da sociedade. De outro lado, o documento final do Sínodo para a Amazônia (2019) propõe a adoção do conceito de "pecado ecológico". Essa aparente contradição me estimulou a mergulhar na Bíblia para compreender o tema do pecado em um contexto sistêmico, interdependente. Na 9ª janela caracterizo os elementos bíblicos de aliança, graça e pecado, compreendidos de forma pessoal e comunitária. Evidencio que o tema do "pecado social" se desenvolveu na teologia e na pastoral latino-americanas, relacionado com uma "libertação integral". Concluo com algumas intuições teológico-pastorais sobre graça, pecado e conversão ecológica.

Por fim, a 10ª janela se ocupa do ativismo ecofeminista e de sua teologia. Minha convivência e atuação com teólogas suscitaram uma curiosidade que me fez entrar nesse campo. E quanta coisa aprendi! Percebi que a ecologia integral só pode ser realizada se levar em conta a questão de gênero. Vi que a óptica ecofeminista não somente critica o antropocentrismo doentio da modernidade como também desconstrói o androcentrismo, que considera a versão masculina do humano como a única. Compreendi que a noção de cuidado, tão importante para a humanidade hoje, se torna mais realista e significativa quando considera a experiência e a visão das mulheres. A primeira parte do capítulo faz um recorte da contribuição de algumas ecofeministas e ecoteólogas, como Vandana Shiva, Yayo Herrero, Alicia Puleo, Rosemary Ruether, Ivone Gebara e o coletivo "Con-spirando". Depois que finalizei o texto, descobri muitas outras escritoras, inclusive com um olhar específico dos povos originários e afrodescendentes do nosso continente. A última parte do capítulo 10 consiste em desvendar as implicações recíprocas de ecofeminismo e ecoteologia.

Na conclusão do livro aponto alguns temas de ecoteologia que desenvolvi em outras obras e também sinalizo temas a percorrer para aprofundar a relação entre fé cristã e ecologia integral. Ou seja, novas janelas a abrir.

A elaboração e a publicação desta obra contam com o apoio do CNPq, no Projeto "Perspectivas de Ecoteologia e Gestão para a Sustentabilidade", como bolsista em produtividade e pesquisa. Enquanto produção do PPG de Teologia da Faculdade Jesuíta, recebeu subsídio do PROEX da CAPES.

Estou convencido de que a reflexão sobre ecologia e suas janelas com a fé se faz, cada vez mais, com o que Paulo Freire denomina "razão encharcada de emoção", costurando conceitos e imagens, experiências e teorias, práticas e mística. Este livro é uma tentativa de pensar com rigor teórico e emoção, como quem faz deslizar seu barco no lago, utilizando dois remos. Espero que ele contribua para seu florescer, como ser humano, filho/a da Terra, cuidador/a do planeta e seguidor/a de Jesus Cristo.

@afonsomurad

1ª JANELA

Cuidar da criação
tem a ver com a nossa fé?[1]

Nós, seres humanos, constituídos por Deus em uma unidade de corpo e alma, nascemos, crescemos, tornamo-nos adultos, envelhecemos e morremos. Vivemos no mundo como "peregrinos e forasteiros" (1Pd 2,11) rumo à pátria definitiva, o céu, a vida eterna. Enquanto habitamos a Terra que o Senhor nos concedeu, precisamos de ar para respirar, água para beber, alimentos saudáveis, solo firme para pisar, um clima adequado, matérias-primas para transformar em utensílios e equipamentos, mobília para a casa, meios para combater as doenças e manter a saúde, energia elétrica para a casa e para o local de trabalho, espaços para descansar, um templo para celebrar o Dia do Senhor etc. Em cada um desses casos necessitamos do trabalho humano e da natureza, que nos presta inúmeros serviços ambientais. Em contrapartida, como a tratamos? A fé cristã comporta a atitude de cuidado com o meio ambiente? Em caso positivo, quais são seus fundamentos?

---

[1] Este capítulo é uma versão revista e atualizada do artigo "Por que os cristãos devem cuidar da criação? Um apelo de Deus nos tempos atuais". *Revista Pax Domini*, Faculdade Boas-Novas (Belém), vol. 4, p. 3-26, nov. 2020.

Para responder a estas perguntas, desenvolverei as seguintes questões: (a) A noção de "cuidar" e de "cuidado" na existência humana; (b) O cuidado de Deus por nós e pelas outras criaturas; (c) A mensagem ecológica dos Salmos; (d) Ecologia e fé cristã: pontos de contato e superação de preconceitos.

Inicialmente, esclarecerei alguns conceitos. Quando se usa o termo "natureza", que advém da linguagem cotidiana, tende-se a imaginá-la como algo distante ou intocado. Na realidade, a grande parte das pessoas que hoje vive nas cidades tem contato com a natureza já transformada ou degradada pelo ser humano. Por isso, tal conceito é insuficiente. Fala-se também de "meio ambiente" para significar o contexto vital que nos envolve. Essa palavra avança mais que a anterior, pois diz respeito à natureza que envolve o ser humano nas suas atuais condições de vida, mas apresenta o inconveniente de nos separar dos outros seres, como se o meio ambiente fosse algo fora de nós. Na realidade, estamos interagindo constantemente com o meio físico, biológico e social.

As ciências ambientais adotam termos mais precisos, como "ecossistemas" (conjunto de seres que atuam em interdependência em determinado contexto), "biomas" (berços de vida) e "biosfera", expressão mais ampla que significa a "comunidade de vida" do planeta. Ativistas do movimento ambiental dizem: "nosso planeta" ou a "Terra" (em maiúsculo, que é mais do que o solo). No âmbito internacional, fala-se de "casa comum". O nosso planeta é como uma grande casa, no qual habitam e coabitam os seres abióticos (água, ar, solo e energia do sol), os seres bióticos (microrganismos, plantas e animais) e, entre eles, nós – seres humanos –, que somos mamíferos singulares, dotados de linguagem, liberdade, razão e outros elementos que diferenciam nossa espécie. Na Tradição cristã, desde Santo Agostinho, se atribui a singularidade do ser humano à sua constituição de corpo e alma, com sentimento e razão.

No âmbito cristão, preferimos a palavra "criação". O termo deve integrar tudo o que se diz nas linguagens anteriores, acrescentando o reconhecimento de que a natureza, o meio ambiente, os ecossistemas, a biosfera ou a "casa comum" provêm de um dom de Deus. Sendo criaturas, os seres existentes sinalizam algo do Criador. Constituímos uma "grande família", cujo Pai comum é Deus. Por isso, neste capítulo usaremos a palavra "criação" para significar não somente o ato gerador de Deus, ou a criação nos inícios, como também, sobretudo, o conjunto das criaturas que hoje habitam a Terra que Deus nos deu. Vejamos, inicialmente, em que consiste a noção de "cuidar" e de "cuidado".

1. Cuidar e cuidado na nossa experiência de vida

Parece que a palavra "cuidar" é cada vez mais usada. A esse verbo se associam o substantivo e a interjeição "cuidado", o adjetivo "cuidadoso" e o advérbio "cuidadosamente".[2] Reflitamos sobre o significado dessas palavras.

Há dois sentidos principais para o verbo "cuidar" na nossa língua. O primeiro, mais utilizado, compreende "tomar conta de algo ou de alguém", que corresponde aos sinônimos: atender, curar, encarregar-se, interessar-se, medicar, ocupar-se de, olhar, preocupar-se, responsabilizar-se, tratar de, tutelar, velar, vigiar e zelar.[3] O segundo,

---

[2] Veja alguns significados de *cuidado*, com um exemplo correspondente. O substantivo masculino *cuidado* quer dizer: (a) zelo ou aplicação ao realizar algo: *trabalhava com cuidado*; (b) atenção maior em relação a alguém: *ele necessita de cuidado*; (c) responsabilidade: *cuidados médicos*. A interjeição *cuidado!* é um alerta, uma "chamada de atenção": *cuidado ao atravessar esta rua!* Quanto ao adjetivo: (a) muito bem-feito: *trabalho cuidadoso*; (b) ponderado: *análise cuidadosa*; (c) o que recebe um tratamento adequado: *criança bem cuidada*. Cf. https://www.dicio.com.br/cuidado/.

[3] Cf. o verbete "cuidar" no *Dicionário de Sinônimos*, disponível em: https://www.sinonimos.com.br/cuidar/. Acesso em: 14/02/2022.

menos comum, diz respeito a pensar, matutar, raciocinar, considerar, cogitar; pois o substantivo "cuidado" remonta ao latim *cogitatus*. Sob a forma pronominal, voltado para o próprio sujeito, "cuidar-se" significa: prevenir-se, embelezar-se, tratar-se.

Cuidar de algo ou de alguém pode ser uma ação isolada, realizada ocasionalmente ou em caso de urgência. Se nos dedicamos muitas vezes, durante longo período, o cuidado se torna hábito permanente, virtude, atitude que brota do coração. Por exemplo: cuidar das plantas de sua casa, de sua horta, de seu cachorro, das amizades que cultiva, de sua família, de sua comunidade-igreja, de um parente doente. E quem não aprecia quando é bem cuidado por alguém ou por uma comunidade?

O envelhecimento da população, acrescido aos tratamentos médicos para prolongar a existência, demandou o desenvolvimento da profissão do/a cuidador/a de idosos. Alguns realizam essa função com carinho e atenção. Outros, somente em troca da remuneração recebida. De qualquer forma, o termo foi incorporado na nossa língua, sobretudo, para as pessoas que têm familiares muito idosos com necessidades especiais.

Quando se pensa em "cuidar" vem à mente a imagem de um jardineiro que, cotidianamente, zela pela horta ou pelo jardim, em um processo de selecionar as sementes e mudas, adubar, plantar, regar, limpar, podar e colher. O olhar amoroso é fundamental para garantir a beleza do jardim. As pessoas provenientes de comunidades rurais ou ribeirinhas têm o hábito de cuidar de seu entorno e criam galinhas ou outros animais domésticos. E não deixemos de recordar as pessoas que cuidam de sua casa. Quanta coisa a fazer para mantê-la limpa e arrumada: varrer, passar pano, colocar os objetos em ordem, lavar as louças... Cuidar da casa parece uma tarefa interminável. Basta um vento com poeira ou a chuva forte, e se deve recomeçar! E, se pensamos ainda no cuidado do lar em relação às pessoas que habitam a casa, outras tarefas se colocam, como: comprar os alimentos, fazer a comida, lavar e passar as roupas e, sobretudo, cultivar um bom clima de convivência.

Pode-se fazer tudo isso como mera obrigação ou como manifestação de carinho e amor; em suma, de cuidado. O grande problema é que o ser humano adulto, por força do hábito, se deixa levar pela rotina, perde o encanto e faz do seu dia a dia uma jornada pesada de obrigações (para si) e de cobranças (para si mesmo e para os outros). Um dos segredos para "viver bem" consiste em manter a capacidade de surpreender-se com as pequenas coisas, saborear o cotidiano (RIECHMANN, 2011, p. 19), com os aspectos belos que recebemos dos outros e que cultivamos para nós e para os outros. Desfrutar de estar vivo, de caminhar, ler, trabalhar e descansar, servir e ser servido, amar e ser amado. Para isso, é necessário lutar contra o mecanismo de "acostumar-se", de ignorar os aspectos bonitos da existência que Deus nos concede.

O "cuidado" remete àquela atenção especial quando uma pessoa a quem se ama está doente ou fragilizada. Então, consegue-se tempo para colocar-se ao lado dela, atento às suas necessidades, e manifestar carinho.

No âmbito interpessoal e das relações conjugais, redescobre-se o valor do cuidado e da atenção contínua ao/à outro/a. Esses se manifestam de muitos modos, tais como o tom das palavras e o jeito de falar, os gestos espontâneos, a gratidão, os "olhos nos olhos", a empatia de alegrar-se com suas alegrias e chorar com suas tristezas, celebrar suas vitórias e ampará-lo/a nas derrotas. Para cuidar da pessoa a quem amamos, e receber dela o cuidado amoroso, é necessário desenvolver o encantamento, o perdão recíproco, a sensibilidade e a gratidão.

Estaria o "cuidado" restrito às relações interpessoais, com a plantas e os animais domésticos ou também inclui uma atitude mais abrangente? Aqui se coloca o tema do cuidado com a criação. Lentamente, a humanidade está tomando consciência de que habita uma "casa comum". Não é o lar de um indivíduo e sua família, e sim de mais de 7 bilhões de moradores humanos. E não somente nós ocupamos essa morada. Fazem parte dessa grande casa um conjunto de criaturas que vivem e convivem, dependendo umas das outras. Uma incontável quantidade e tipos de microrganismos (como bactérias, protozoários e microalgas), de plantas (desde as gramíneas até as grandes árvores da Amazônia), de animais (como insetos, peixes, aves e mamíferos) e de seres humanos.

É maravilhoso perceber que todas as criaturas que habitam nosso planeta vivem e convivem em uma imensa teia de relações, pois tudo está interligado. Na linguagem técnica da ecologia, isso se chama "interdependência". Algumas das relações de interdependência são fáceis de identificar, como a colaboração recíproca de abelhas e plantas. A abelha precisa do pólen para alimentar a colmeia e produzir mel. As plantas, por sua vez, necessitam das abelhas para polinizar as flores, e assim possibilitar a fecundidade de frutos e grãos. E nós, os humanos, precisamos de ambas para nos alimentar. Quando cultivamos a apicultura, servimo-nos do trabalho das abelhas e também contribuímos para a fertilidade das plantas.

Outras relações são mais complexas e imperceptíveis à primeira vista. Por exemplo, a relação da Floresta Amazônica com o ciclo de chuvas no Sudeste e no Sul do Brasil. Estudos recentes mostraram a importância do processo de evapotranspiração das enormes árvores amazônicas. O vapor d'água emanado da Floresta constitui "rios voadores" que vêm da Amazônia e são responsáveis por espalhar as chuvas em parte do território brasileiro, indo até o Uruguai, a

Argentina e o Paraguai. Uma Sumaúma, árvore imensa da Amazônia, injeta cerca de até mil litros de água por dia na atmosfera. A Floresta Amazônica, de pé, é imprescindível para o Sul e o Sudeste brasileiro, onde são gerados setenta por cento da riqueza da América Latina.[4] O mesmo se pode dizer da biodiversidade e da captura de carbono pelas árvores, contribuindo para minimizar os efeitos danosos do aquecimento global e da consequente mudança climática.

Recebemos esta casa como um presente de Deus: "Do Senhor é a terra e tudo o que nela existe, o mundo e os que nele vivem" (Sl 24,1). Acontece que, durante muito tempo, alimentou-se a ilusão de que devíamos retirar dessa casa o máximo possível de recursos. Não tínhamos consciência de que o conjunto das criaturas do nosso planeta precisam de cuidado para manter o delicado ciclo da vida. Por exemplo, se no rio ou no mar se realiza uma "sobrepesca" e se destroem os igarapés e os manguezais, no futuro não haverá mais peixes em quantidade. Além disso, há certos recursos finitos que não se recompõem. Usando uma analogia simples: você pode trocar o lugar das mobílias de sua casa, consumir os alimentos que estão na geladeira, mas não é sensato cimentar o quintal, retirar tijolos das paredes externas, deixar um cano furado vazando, vender o fogão ou retirar as telhas.

Cuidar de uma casa implica zelar pelos bens materiais e pelos relacionamentos. Assim acontece também em relação à nossa casa comum, o planeta Terra. Nele convivem: água, ar, solo, energia do sol, microrganismos, plantas, animais e nós, os humanos. Todos somos criados por Deus. Por que então tratamos as outras criaturas como coisas que se usam e são descartadas? Porque é tão difícil reconhecer o valor que elas têm em si mesmas, e não simplesmente para nossa utilidade?

---

[4] Cf. o "Fenômeno dos rios voadores", disponível em: https://riosvoadores.com.br/o-projeto/fenomeno-dos-rios-voadores; https://www.bbc.com/portuguese/brasil-41118902. Acesso em: 04/02/2022.

2. Deus cuida de nós e de suas criaturas

A Bíblia está repleta de citações sobre o cuidado de Deus por nós: tanto o zelo pelo povo eleito, que é coletivo, quanto o carinho com cada um/a. A Sagrada Escritura recorre a imagens afetivas mais do que a conceitos. O profeta Oseias compara o carinho de Javé-Deus ao empenho amoroso da mãe ou do pai com a criança pequena, mesmo se essa não reconhece tal amor:

Quando Israel era menino, eu o amei. Do Egito chamei o meu filho; e no entanto, quanto mais eu chamava, mais eles se afastavam de mim: ofereciam sacrifícios aos baais, queimavam incenso aos ídolos. E não há dúvida, fui eu que ensinei Efraim a andar, segurando-o pela mão. Mas eles não perceberam que era eu quem cuidava deles. Eu os atraí com laços de bondade, com cordas de amor. Fazia com eles como quem levanta até seu rosto uma criança; para dar-lhes de comer, eu me abaixava até eles (Os 11,1-4).

Na Bíblia, o cuidado de Deus para com as pessoas é tanto pessoal quanto coletivo. Ou, para ser mais preciso, é dentro do contexto da aliança que se insere o zelo divino: "E eles serão o meu povo, e eu serei o seu Deus" (Jr 32,38). Infelizmente, sob a forte influência do individualismo moderno, a pregação das igrejas cristãs tem-se voltado somente para a dimensão individual – privada – desse cuidado de Deus e ignora a dimensão comunitária e até planetária.

Tomemos a tradicional imagem do pastor e das ovelhas. Ela é primeiramente coletiva, pois se baseia na aliança de Deus com seu povo, e não em um indivíduo isolado, como aparece no Salmo 100,3: "Saiba (toda a terra) que somente Javé é Deus. Ele nos fez e a ele pertencemos, somos seu povo e ovelhas do seu rebanho". O salmista recorda que Deus libertou o povo do Egito, "e como ovelhas o conduziu pela mão de Moisés e de Aarão" (Sl 77,16.21).

Essa perspectiva, comunitária e social, da fé em Javé faz o profeta denunciar os chefes políticos e religiosos, que oprimem o povo e exploram os mais fracos em benefício próprio, pois a injustiça social fere a aliança de Deus com seu povo.

Ai dos pastores de Israel que são pastores de si mesmos! Não é do rebanho que os pastores deveriam cuidar? Vocês bebem o leite, vestem a lã, matam as ovelhas gordas, mas não cuidam do rebanho. Vocês não procuram fortalecer as ovelhas fracas, não dão remédio para as que estão doentes, não curam as que se machucaram, não trazem de volta as que se desgarraram e não procuram aquelas que se extraviaram. Pelo contrário, vocês dominam com violência e opressão. Por falta de pastor, minhas ovelhas se espalharam e se tornaram pasto de feras selvagens. Elas se espalharam e vagaram sem rumo pelos montes e morros […] e ninguém as procura para cuidar delas […]. Minhas ovelhas não têm pastor, porque os meus ficam cuidando de si mesmos, em vez de cuidarem do meu rebanho. Por isso, pastores, ouçam a palavra de Javé: Vou pedir contas a eles sobre o meu rebanho, e não deixarei mais que eles cuidem do meu rebanho. Desse modo, os pastores não ficarão mais cuidando de si mesmos. Eu arrancarei minhas ovelhas da boca deles, e elas não servirão mais de pasto para eles (Ez 34,1-9).

Assim como Deus é pastor e cuida tão bem de seu povo, os líderes também devem ser pastores que servem e guiam! Essa é a lição dos profetas assumida por Jesus. Nosso Mestre e Senhor, ao olhar as multidões que o procuram, "compadeceu-se delas, porque andavam desgarradas e errantes, como ovelhas que não têm pastor" (Mt 9,36). Jesus é o Bom Pastor, que conhece e é conhecido pelas ovelhas. Vem para que elas tenham vida em abundância. Reúne e agrega. Dedica-se sem limites, a ponto de dar a vida por elas (Jo 10,4.10.11.14).

O *salmo 23* é muito conhecido em nossas igrejas. Ele tematiza, de forma poética, o cuidado de Deus com cada um de nós: "O Senhor é o meu pastor, nada me falta!" (Sl 23,1). A ovelha recebe do pastor o que ela necessita: pastagem com erva verdejante, água em lugares de repouso, proteção e orientação para percorrer trajetos arriscados e sombrios e superar ameaças" (GRENZER, 2013, p. 69-89). A vereda traçada pelo Pastor Divino é a da justiça (v. 3), ou seja, a opção do bem, as trilhas da justiça, do direito e da retidão (Pr 2,9). O cuidado de Deus exige de cada um e de todo o povo, em contrapartida, seguir o caminho e viver os mandamentos dele, como se coloca em Deuteronômio 30,19: "Escolhe a vida!".

A segunda parte do salmo apresenta Deus como o anfitrião que exerce a hospitalidade e convida a pessoa para a ceia festiva. Ele próprio toma a iniciativa e prepara a mesa, unge o hóspede com óleo, enche sua taça até transbordar. Aqui se mostra novamente como o pessoal e o comunitário caminham juntos na espiritualidade bíblica. Como Deus preparou uma mesa para seu povo no deserto (Sl 78,19.24-27), no caminho "rumo à liberdade na terra prometida, ele alimenta agora o salmista, em meio a circunstâncias adversas e em ambiente hostil" (GRENZER, 2013, p. 83).

Tal perspectiva unificadora (a pessoa, a comunidade, todos os homens e mulheres), que por vezes nos passa desapercebida, está explícita, por exemplo, no *salmo 103*. O salmista começa com o *eu*: "Bendiga a Javé, ó minha alma, e todo o meu ser ao seu nome santo! Bendiga a Javé, ó minha alma, e não esqueça nenhum dos seus benefícios" (v. 1-2). Passa então para o *tu* ou você: "Ele perdoa suas culpas todas, e cura todos os seus males. Ele redime da cova a sua vida, e a coroa de amor e compaixão. Ele sacia seus anos de bens e sua juventude se renova, como a da águia" (v. 3-5). Então, o salmista proclama a misericórdia de Deus para *nós*: "Nunca nos trata conforme os nossos erros, nem nos devolve segundo as nossas culpas. Como o céu se ergue por sobre a terra, seu amor se levanta por aqueles que o temem" (v. 10-11). E tal amor se estende a *todos* os que são explorados: "Javé faz justiça e defende todos os oprimidos" (v. 6).

No *salmo 36* se louva a Deus pela providência divina, dirigida tanto a nós quanto aos animais: "Tua justiça é como as altas montanhas, e teus julgamentos como o grande oceano. Socorres a homens e animais. Ó Deus, como é precioso o teu amor!" (Sl 36,7-8). Que Deus ama com amor infinito a nós, seres humanos, sabemos e experimentamos. E as demais criaturas? Como não amaria também a sua criação? Da mesma forma que é grande, é amoroso. O Livro da Sabedoria afirma tal realidade de maneira incisiva:

> O mundo inteiro diante de ti é como grão de areia na balança, como gota de orvalho matutino caindo sobre a terra. Todavia, tu tens compaixão de todos, porque podes tudo, e não levas em conta os pecados dos homens, para que eles se arrependam. Tu amas tudo o que existe, e não desprezas nada do que criaste. Se odiasses alguma coisa, não a terias criado. Que modo poderia alguma coisa subsistir, se tu não a quisesses? Como se poderia conservar alguma coisa se tu não a tivesses chamado à existência? Tu, porém, poupas todas as coisas, porque todas pertencem a ti, Senhor, o amigo da vida (Sb 11,22-26).

3. A mensagem ecológica dos Salmos

Os Salmos constituem um precioso tesouro para a comunidade cristã. Através dos Salmos louvamos a Deus com as palavras que o próprio Senhor inspirou o seu povo, em diferentes momentos existenciais e sociais. Por isso, há salmos de louvor (Sl 8) e de ação de graças (Sl 107); de recordação das ações poderosas de Deus na história de

Israel (como a libertação da escravidão do Egito e a volta do exílio da Babilônia); salmos de lamento e de súplica do justo perseguido (Sl 3, Sl 4, Sl 10, Sl 88); de confiança em Deus nas dificuldades provocadas pela doença (Sl 102), pelos contratempos da existência, devido aos ímpios (Sl 5, Sl 7, Sl 11, Sl 13, Sl 109) e inimigos da nação (Sl 83). E alguns de teor sapiencial (Sl 1, Sl 15) e profético (Sl 82); além de salmos para os peregrinos do templo de Jerusalém (Sl 84, Sl 100).

Há salmos que proclamam a realeza de Javé-Deus (Sl 97, Sl 98) e outros simplesmente reconhecem sua bondade e misericórdia (Sl 103). Os biblistas apresentam diferentes classificações para os Salmos. Queremos destacar aqui sua variedade e beleza multiforme, que nos fascinam e nos enchem de respeito, temor e veneração a Deus. Mais. Os Salmos são um patrimônio espiritual que educam as gerações cristãs na oração. Com eles e através deles nos identificamos nos momentos de dor e abandono, louvamos a Deus, agradecemos, reconhecemos seu poder e glória, recordamos as vitórias do povo eleito e renovamos a esperança. Professamos a fidelidade de Deus, tal como os próprios Salmos expressam.

Ora, acontece que, às vezes, oramos sem ter consciência das palavras que o Senhor coloca em nossos lábios, ou não estamos atentos aos apelos divinos que brotam do próprio louvor. E isso se aplica aqui ao valor das criaturas e à sua participação no louvor que prestamos a Deus.

O *salmo 8* mostra, ao mesmo tempo, a beleza da criação e a singularidade do ser humano. Parece ecoar a mensagem do capítulo I do livro de Gênesis, no qual Deus confere à humanidade a missão de governar a criação (FERNANDES, 2013, p. 29). O salmista, em uma bela noite de luar (daquelas que a gente já não consegue ver em nossas cidades), se encanta e fica perplexo com a infinitude do cosmos (v. 4). Reconhece que o nome de Deus é admirável por toda a Terra. As criaturas atestam a grandeza do Criador, mas não são objeto de culto. Se Deus se encontra em todas as suas obras sem se confunir com elas, então, as criaturas e – em particular – o ser humano revelam a sua glória. O salmista se pergunta: "Quem é o ser humano, para ser lembrado de maneira tão especial?" (v. 5). A expressão hebraica alude não somente a "recordar-se" como também a visitar. Ou seja, Deus vem ao encontro do ser humano, "com cuidados, mostra-lhe a sua solicitude diante de suas necessidades" (FERNANDES, 2013, p. 47).

Conforme o texto hebraico, Javé concede aos humanos a missão de governar (v. 7), e não de explorar e destruir. Assim como o sol governa o dia e a lua, a noite (Gn 1,18; Sl 136,8-9), a humanidade recebe a tarefa de governar com sabedoria as obras que saíram das mãos de Deus. Assim, a centralidade do ser humano se afirma pelo seu empenho com o bem-estar de toda a criação (FERNANDES, 2013, p. 48, 51, 53, 57). Aquele é pequeno e limitado, diante da vastidão do universo, mas, ao mesmo tempo, recebe de Deus uma dignidade singular e uma missão.

O *salmo 19* tematiza que a Palavra de Deus se manifesta, simultaneamente, na criação e na Lei. Para um leitor desatento, parece que são dois salmos. Mas, propositalmente, se trata de um só. Na primeira parte, se diz que o ciclo do dia e da noite, e especialmente cada nascer do sol, é uma manifestação silenciosa de Deus (v. 2-7). A segunda parte exalta a Lei de Deus (v. 8-15), que é perfeita, reta e traz alegria ao coração. Contudo, tanto diante da criação como da Palavra escrita por Deus, a pessoa pode ser insensível, errar sem ter consciência de seus pecados (v. 13). Por isso, o salmista pede a Deus para conhecer suas faltas e preservá-lo da arrogância (v. 14). Ser arrogante significa deixar crescer em si o orgulho, o autoconvencimento, o pedantismo e a vanglória. Tais atitudes nos impedem de ver que fazemos parte da Terra e dependemos dela. Precisamos desenvolver um olhar humilde para perceber as manifestações de Deus na criação e acolher de coração aberto a sua Palavra na Sagrada Escritura.

O cuidado de Deus pelas suas criaturas é manifestado de maneira singular no *salmo 104*, que se inicia com o louvor pela presença de Deus na criação: "Bendize, ó minha alma, ao Senhor! Senhor, Deus meu, tu és imensamente grande! Estás vestido de honra e de majestade, tu que te cobres de luz como de um manto, que estendes os céus como uma tenda" (Sl 104,1-2). O hino de louvor continua citando o solo e as águas (v. 5-9), as montanhas e os animais. Deus sacia os animais do campo e as aves do céu através da água dos rios e da chuva, e oferece-lhes local de abrigo (v. 10-13).

O belo ciclo da natureza é uma manifestação do amor de Deus para a criação. Todos os seres recebem as dádivas divinas. E o salmista nomeia alguns deles: as árvores, com sua seiva abundante; as aves; a cegonha; as cabras; e até os leõezinhos (v. 16-22). Especialmente agraciado é o ser humano, que deve atuar sobre a natureza através do seu trabalho de cultivo do solo: "Tu fazes brotar relva para o rebanho, e plantas úteis para o homem. Dos campos ele tira o pão, e o vinho que alegra seu coração; o azeite, que dá brilho ao seu rosto, e o alimento, que lhe dá forças" (v. 14-15). O cuidado divino assim se expressa: Deus está continuamente nutrindo toda a criação! "Todos eles esperam de ti que a seu tempo lhes atires o alimento: tu o lanças e eles o recolhem, abres tua mão, e se saciam de bens" (v. 28). Mais ainda. Como afirma o teólogo reformado J. Moltmann: "As criaturas são criadas com o afluxo permanente do Espírito divino, existem no Espírito e são renovadas mediante ele" (MOLTMANN, 1987, p. 23). Assim proclama o salmo 104,29-30: "Escondes teu rosto e se aniquilam, retiras teu sopro e expiram, e ao pó retornam. Envias teu espírito e são criadas, e renovas a face da terra".

Em forma de louvor, o salmo 104 já antecipa o que a ciência hoje denomina como "biodiversidade": a riqueza de diferentes espécies de plantas e animais que convivem em determinado berço de vida (bioma):[5] "Como são numerosas as tuas obras, Javé! A todas fizeste com sabedoria. A terra está repleta das tuas criaturas" (v. 24). Por fim, o salmista expressa um desejo de seu coração: "Que a glória de Javé seja para sempre; que ele se alegre com suas obras!" (v. 31). Deus ama tanto tudo o que existe que se rejubila em sua criação.

Quais as consequências para a vida do homem e da mulher de fé? A primeira já é desenvolvida em nossas igrejas. O carinho divino para com sua criação nos faz perceber como é singular o amor que Deus tem por nós, e que não precisamos nos preocupar demasiadamente com os desafios do cotidiano. Jesus nos exorta a confiar no Pai: "Olhai como crescem os lírios do campo: eles não trabalham nem fiam. Eu, porém, vos digo: nem o rei Salomão, em toda a sua glória, jamais se vestiu como um deles. Ora, se Deus assim veste a erva do campo, que hoje existe e amanhã é queimada no forno, muito mais ele fará por vós, gente de pouca fé!" (Mt 6,28-29).

A segunda consequência é esta: se Deus cuida de sua criação com tanto carinho e zelo, nós devemos fazer o mesmo, pois fomos criados à sua imagem e semelhança (Gn 1,26). Um domínio despótico sobre a criação não combina com Deus nem com a missão que ele confiou ao ser humano. Para a Bíblia, cada criatura é criatura

---

[5] "Para entender o que é a biodiversidade, devemos considerar o termo em dois níveis diferentes: todas as formas de vida, assim como os genes contidos em cada indivíduo, e as inter-relações, ou ecossistemas, na qual a existência de uma espécie afeta diretamente muitas outras" (fonte: WWF. *O que é biodiversidade?* Disponível em: https://www.wwf.org.br/natureza_brasileira/questoes_ambientais/biodiversidade/). Para um acesso rápido e resumido aos termos técnicos da ecologia, ver: Patrícia Mousinho, Glossário, em: TRIGUEIRO, A. (coord.). *Meio Ambiente no século XXI*. Rio de Janeiro: Sextante, 2003, p. 333-367.

de Deus, e não uma coisa. Na sociedade de mercado, as criaturas foram reduzidas a objetos destinados a gerar lucro. Retiraram delas seu encanto e elas foram instrumentalizadas. É preciso recuperar o equilíbrio perdido. Necessitamos das outras criaturas, mas não podemos dispor delas de maneira ilimitada, sem respeitar os limites que a própria natureza estabelece.

A unidade entre criação, libertação e salvação é afirmada nos Salmos de muitas formas. Tomemos um exemplo clássico: o *salmo 136*. Trata-se de um belíssimo hino de louvor, que se inicia com um refrão repetido ao longo do texto: "Dai graças ao Senhor, porque ele é bom; porque a sua benignidade dura para sempre" (v. 1), ou conforme outra tradução, "porque eterno é seu amor". Louva-se ao Deus Criador (v. 4-9) e ao Senhor que libertou seu povo da escravidão do Egito (v. 10-15), fê-lo caminhar no deserto e lhe concedeu a terra para habitar (v. 16-23). Os versículos 23-24 podem se referir ao retorno à terra, após o duro exílio na Babilônia. E, novamente, se exalta a força de Deus nos ciclos da natureza. Não somente à criação na origem, mas também no presente: "Ele dá alimento a todo ser vivo, pois eterno é seu amor" (v. 25). Ou em outra tradução: "Que dá alimento a toda a carne, porque a sua benignidade dura para sempre".

Outro elemento importante que aflora nos Salmos, relacionada à unidade entre criação, libertação e salvação, consiste em associar todas as criaturas ao nosso louvor a Deus. Para pessoas formadas pela mentalidade ocidental, que separam razão e emoção e consideram a natureza somente como um depósito de coisas, parece estranho ou até primitivo convocar as outras criaturas para louvar a Deus.

O *salmo 114* celebra a libertação do povo hebreu da escravidão do Egito. Esse gesto político e social tem um sentido espiritual, como toda libertação histórica na Bíblia. Ao sair da opressão e conquistar liberdade e autonomia, Israel se torna o santuário e o domínio (ou governo) de Javé." A passagem da escravidão para a liberdade é descrita poeticamente com a participação do mar, do rio, dos montes, equiparados aos animais que pulam alegremente: "O mar viu isto, e fugiu; o Jordão tornou atrás. Os montes saltaram como carneiros, e os outeiros como cordeiros do rebanho" (v. 3-4). Ora, tais saltos dão a impressão de um movimento de dança (GRENZER, 2013, p. 137-152). Nos versículos seguintes (v. 5-6), esses elementos da natureza são apresentados no presente, de maneira a acentuar uma ação continuada. Os montes e as colinas representam aqueles e aquelas "que estão dispostos a acolher com alegria e entusiasmo a nova realidade vinda de Deus. E essa consiste sobretudo em seu governo em meio à humanidade, a começar por Israel" (v. 6) (GRENZER, 2013, p. 148).

A seguir, o salmista entoa um convite: "Dança, ó terra, diante do Senhor!" (v. 7).[6] A dança, associada ao canto com instrumentos, está presente na experiência de louvor do povo de Israel, como se expressa em vários salmos. O rei Davi dançou de alegria diante da arca da aliança (2Cr 13,8; 2Sm 6,14). Após a travessia do mar Vermelho, Miriam e outras mulheres dançaram ao som de pandeiros (Ex 15,20). A dança expressa a recuperação da alegria, a volta da vida e a comunhão renovada com Deus.

Não podemos esquecer o *salmo 98*, um hino à realeza de Deus que fez triunfar a justiça por amor e fidelidade ao seu povo. Esse belo salmo é um convite ao louvor envolvendo todos os povos e a natureza também. Começa assim: "Cantai ao Senhor um cântico novo, porque ele tem feito maravilhas" (v. 1). Convoca então a todos, seres humanos e a criação: "Aclamai o Senhor, terra inteira! Louvem-no com cânticos

---

[6] Algumas traduções bíblicas utilizam a expressão "trema, ó terra", que não expressa toda a beleza poética (e teológica) do convite expresso no salmo. O termo hebraico dá azo às duas interpretações. A primeira, enfatiza a expressão dançante, alegre de louvor a Deus. A segunda, de reverência diante da grandeza da obra divina de libertação.

de júbilo e ao som de música!" (v. 4). E, para não deixar dúvidas de que a criação é convidada a participar desse louvor, recordemos os versículos 7-8: "Estronde o mar e o que ele contém, o mundo e os seus habitantes. Batam palmas os rios todos, e as montanhas gritem de alegria".

Na mesma linha de louvor, que envolve os seres humanos e a natureza, se encontra o último salmo da Bíblia, o *salmo 150*. Ele convoca para um louvor universal, com instrumentos musicais e danças. E encerra proclamando: "Todo ser que respira, louve a Javé. Aleluia!" (v. 6).

Que lição tirar para a nossa vida a partir dos Salmos? Se as criaturas participam do louvor a Deus, não podemos mais considerá-las como meras coisas, que o ser humano usa sem limites, abusa e destrói. Manter a comunidade de vida do planeta, que nós cristãos denominamos "criação", é consequência e expressão do reto louvor a Deus. Isso exige de nós uma "conversão ecológica", uma mudança de atitude. Ou seja, passar da mentalidade de domínio para a de irmão; ou, segundo alguns autores evangélicos, para "mordomo da criação", na tríade de "governar, cuidar e cultivar". Desenvolver as potencialidades da natureza em nosso favor, ao mesmo tempo em que garantimos a continuidade do ciclo da vida no nosso planeta, a isso chamamos "cuidar da criação". Os economistas, os ambientalistas, os gestores de empresas que assumem responsabilidades socioambientais e os políticos conscientes usam outros termos, como "desenvolvimento sustentável", "sustentabilidade", "economia de transição" ou mesmo "decrescimento".

4. Fé cristã e ecologia. Superando preconceitos

Por vezes, os cristãos e as igrejas fomentam uma resistência à ecologia, utilizam argumentos insuficientes e unilaterais, e espalham preconceitos que não correspondem à complexidade da realidade. Isso serve para justificar a falta de compromisso do cuidado com a criação. É certo que a ecologia, enquanto qualquer outra iniciativa humana, está eivada de luzes e sombras. Nem as nossas Igrejas, que receberam de Deus a missão de anunciar o Evangelho, escapam dessa ambiguidade. O pecado e a graça estão presentes nas realidades pessoais, comunitárias, institucionais, sociais e ecológicas; inclusive nos ministérios que exercemos. O apóstolo Paulo tem consciência disso quando afirma: "Temos esse tesouro em vasos de barro, para mostrar que este poder que a tudo excede provém de Deus, e não de nós" (2Cor 4,7). Levando em conta essa ambiguidade e as possibilidades de desvio que estão presentes nas realidades humanas, inclusive na ecologia, vamos elucidar algumas questões a seu respeito.

4.1 A ecologia não é doutrina religiosa e pode se conciliar com os valores cristãos

É comum ouvir afirmações condenatórias como: "A ecologia não é cristã, pois é panteísta". Ora, o panteísmo consiste em uma crença difundida em tradições religiosas antigas e no esoterismo moderno, na qual a divindade se dilui em forças cósmicas que estão presentes em tudo. Alguns movimentos religiosos de matriz oriental sustentam que há uma energia que perpassa todos os seres e que o divino está dentro de cada pessoa. Diríamos em linguagem cristã: o Criador se identificaria com as criaturas. Com isso, perde-se a alteridade de Deus (Deus não é o outro, mas uma energia impessoal) e se ignora seu poder e soberania. "Deus, o princípio primeiro, o fundamento, torna-se o próprio mundo, representação por trás da qual não há nada nem ninguém" (MANCUSO, 2012).

Isso é diferente do politeísmo, que considera como divinos vários elementos da natureza. De qualquer forma, os fenômenos do panteísmo e do politeísmo são mais complexos do que se imagina, pois neles intervêm elementos culturais e simbólicos distintos dos nossos. A teologia cristã tem realizado um profícuo diálogo com as ciências da religião, no sentido de compreender as crenças dos outros, dentro do seu marco interpretativo. E isso não retira a nossa responsabilidade de, no diálogo, anunciar o Evangelho de Jesus.

Nós cristãos cremos que Deus é o nosso Criador, e não uma energia que se dissolve ou está onipresente nas criaturas, a ponto daquela se fundir com essas. Reconhecemos que na relação de Deus com a criação mantém-se a transcendência divina. Somente Deus é o Senhor! Ao mesmo tempo, pela força de seu Espírito, Deus está presente na criação, sem se confundir com ela. No dizer do respeitável teólogo reformado Jürgen Moltmann, na relação de Deus com o mundo há transcendência, imanência e transparência. E isso diz respeito tanto aos ecossistemas, às plantas e aos animais quanto a nós humanos.

O apóstolo Paulo, na pregação aos gregos no Areópago, afirma: "Ele não está longe de cada um, pois nele somos, nos movemos e existimos" (At 17,27-28). Para os cristãos, as criaturas revelam a grandeza e a beleza de Deus, mas não são divinas.

A ecologia resgata o valor de cada ser e seu lugar singular nas relações interdependentes que constituem os ecossistemas, os biomas e a comunidade de vida do planeta, que chamamos "biosfera". Defende que o florescimento e o desenvolvimento humano estão conectados com a vida e o bem-estar das outras criaturas. E a ecologia integral sustenta que o cuidado da casa comum inclui os seres humanos (GURIDI, 2018, p. 43).

Alguns membros do movimento ecológico, em reação ao ateísmo de determinadas correntes científicas e à tendência moderna de reduzir os outros seres a meros objetos, encontraram na visão panteísta uma motivação interior para suas opções éticas. Há ambientalistas e defensores da ecologia que vivem e professam uma religiosidade dessa natureza. Mas convém ressaltar: como qualquer outra iniciativa na sociedade civil, o movimento ecológico não está ligado a uma determinada religião nem às doutrinas esotéricas, animistas ou panteístas. O que existe em comum com o movimento ecológico é o respeito e a reverência pela natureza.

Há várias iniciativas no campo da ecologia cujos protagonistas são cristãos e até mesmo um conjunto de Igrejas. Por exemplo, a *Green Churches Network* (Rede de Igrejas Verdes) do Canadá.

A Rede de Igrejas Verdes fornece ferramentas práticas para as comunidades cristãs que desejam melhorar suas práticas ambientalmente amigáveis. Essas ferramentas, orientadas para a ação, educação e espiritualidade, permitem que eles integrem com sucesso o ministério de cuidados da criação em sua vida cotidiana na Igreja. Nossa organização é interdenominacional [...]. As comunidades de fé são incentivadas a integrar o cuidado da criação em suas orações e ensinamentos. Eles podem adotar melhores práticas como reciclagem, eficiência energética, conservação de água; participar de campanhas de sua escolha. Suas iniciativas são compartilhadas em nosso site (https://greenchurches.ca/about-us/our-mission/).[7]

4.2 A ecologia não é uma ideologia, e sim estilo de vida e movimento de pessoas

O que a ecologia tem a ver com um cristão? Para responder a esta questão, é necessário compreender os diversos elementos que

---

[7] Segundo a organização, a rede tem uma relação colaborativa com muitas igrejas. Dentre elas: batistas, assembleias pentecostais, luterana, ortodoxas de vários ramos, menonita, presbiteriana, reformada e católica. Ver a lista detalhada no site.

compõem o conceito de ecologia, como se essa fosse uma constelação de muitas estrelas. Na realidade eles estão interligados, mas se distinguem para efeitos didáticos. Tomemos inicialmente a ecologia como estilo de vida e movimento de pessoas e grupos.

A ecologia oferece à humanidade a oportunidade de desenvolver um estilo de vida mais saudável e respeitoso. Desperta a consciência para o cuidado do planeta no cotidiano: nas nossas opções de compra, nos alimentos que usamos, nos hábitos de consumo, nas políticas públicas, nas orientações econômicas do mercado global. Antes, fazíamos certas coisas sem nos darmos conta do impacto que causavam na vida das outras pessoas e no planeta. Hoje, estamos mais atentos para usar de forma conveniente a água tratada e a energia elétrica, pois elas são bens coletivos. Cresce a preocupação pela qualidade dos alimentos. Se alguém opta por consumir produtos agroecológicos, contribuirá também para manter a qualidade do solo, da água e da biodiversidade. Toma-se consciência da importância do ar para a saúde. Percebe-se o impacto positivo do consumo consciente no meio ambiente. Essas e outras tantas atitudes cotidianas vão configurando o estilo de vida ecologicamente saudável para cada um de nós e para a sociedade. Como afirma o teólogo chileno R. Guridi:

> Requer-se que a humanidade revise tudo o que em seu pensamento e atuação seja prejudicial ao florescimento de todas as criaturas, e abrace uma nova forma de entender seu papel dentro da criação e um novo estilo de vida ecologicamente amigável (GURIDI, 2018, p. 144).

Como seria bom se os frutos do Espírito, apresentados por Paulo, se manifestassem cada vez mais nas atitudes e nos hábitos dos cristãos em relação à nossa casa comum: "Amor, alegria, paz, paciência, bondade, benevolência, fé, mansidão e domínio de si" (Gl 5,23)!

Enquanto movimento social, a ecologia se traduz em um conjunto de iniciativas comunitárias e institucionais em defesa do meio ambiente, que desperta a sensibilidade e propõe um estilo de vida ambientalmente amigável. Trata-se de uma corrente do bem que agrega pessoas e organizações em todo o mundo, suscitando atitudes pessoais e ações coletivas. Muitos cidadãos se mobilizam em todo o mundo em defesa dos rios e das florestas, pois sabem que eles são essenciais para garantir a continuidade da vida para nós humanos e as outras criaturas. O movimento ecológico abarca uma série de iniciativas distintas: desde aquelas pequenas, como a de agricultores de uma comunidade que zelam pelas nascentes, até as organizações internacionais de grande porte, como o *Greenpeace*.

Infelizmente, difundiram-se calúnias e *fake news* contra os movimentos ambientais no Brasil, levando as pessoas a pensarem que as ONGs eram constituídas por radicais de esquerda e oportunistas, que se colocavam contra o progresso. A caridade e a justiça exigem que se faça uma análise criteriosa e não se embarque nessa onda de criminalização, intolerância e ódio, que tem pouco a ver com as atitudes que movem um/a seguidor/a de Jesus.

Pelo fato de agregar pessoas e grupos distintos, o movimento ecológico não está associado a uma determinada visão política, nem a uma ideologia, no sentido neutro (opção por certa forma de organizar a sociedade), nem no sentido negativo (visão parcial da realidade, em benefício de um grupo social). No movimento ecológico convivem pessoas de diferentes ideologias: de direita, de centro e de esquerda. Isso comporta um grande esforço para construir uma plataforma comum, como também conflitos. Nele se encontram grupos que se opõem ao consumismo e à sociedade do mercado global (capitalismo). Também vicejam iniciativas com parceria de grandes empresas, como o Instituto Akatu, de consumo consciente.

Somos uma organização não governamental sem fins lucrativos que trabalha pela conscientização e mobilização da sociedade para o consumo consciente e a transição para estilos sustentáveis de vida. Consumo consciente não é deixar de consumir. É consumir melhor e diferente, levando em consideração os impactos deste consumo (INSTITUTO AKATU, 2022).

Portanto, a acusação de que o movimento ecológico seria um reduto de radicais inconsequentes, ou "um grupo vermelho disfarçado de verde", é um estereótipo que visa alimentar a intolerância e legitimar a degradação socioambiental. Transforma-se em um argumento para justificar a indiferença e a falta de responsabilidade dos cristãos com o meio ambiente. O movimento ecológico é um legítimo espaço de atuação dos cristãos e de outros homens e mulheres que visam ao bem comum. Para nós, seguidores de Jesus, é uma oportunidade de testemunhar os valores que acreditamos, de realizar o mandamento do amor que o Mestre nos propõe. Desta vez, um amor alargado, estendido às outras criaturas.

4.3 A ecologia, como ciência, pode convergir com a fé cristã, mantendo-se a autonomia de cada uma

Por vezes se criam polêmicas em torno da ecologia, como se ela fosse um saber que ignora ou compete com a fé, especialmente quando se trata da origem do mundo. É bom lembrar que as teorias da origem do universo e do nosso planeta estão mais ligadas a outras ciências da natureza – como a biofísica e a cosmologia – do que com a ecologia. E não é nosso objetivo neste livro discutir sobre o conflito entre a interpretação criacionista e a visão científica de evolução do cosmos e da espécie humana. Interessa-nos aqui a criação como realidade presente, atual.

Além disso, partimos de uma convicção prática que surge do cotidiano. Qualquer cristão que atua como profissional precisa se apropriar dos conhecimentos de determinada área da ciência, seja ela teórica ou prática. Um/a médico/a não pode fazer diagnóstico de seus pacientes e tratar deles recorrendo somente aos textos da Bíblia. Um/a engenheiro/a civil precisa lidar com uma série de conhecimentos técnico-científicos para elaborar uma planta e acompanhar uma construção com segurança. Um professor necessita de visão pedagógica, de didática e conhecimentos específicos de sua área para educar bem crianças, jovens e adultos. Também precisamos da ecologia, enquanto ciência, para entender como funcionam os mecanismos físicos e biológicos que regem a comunidade de vida do planeta.

Nesse sentido, define-se ecologia como a ciência que estuda como se relacionam todos os "habitantes" da nossa casa comum. São eles: os seres abióticos, que não têm vida, mas são essenciais para que essa aconteça (água, solo, ar e energia do sol); e os seres bióticos ou vivos, que são os microrganismos, as plantas, os animais e nós humanos. Portanto, a ecologia não estuda somente o meio ambiente como também as relações entre as criaturas, incluindo a humanidade. Ela é a ciência da interdependência.

> A ciência da ecologia estuda todas as interações entre os seres vivos, incluídos os seres humanos, e seu ambiente. [...] Enfatiza mais o estudo das estruturas, das redes, dos equilíbrios e dos ciclos, do que as causas e os efeitos. [...] O objetivo da ecologia é compreender o funcionamento de sistemas vivos em sua totalidade e não apenas decompô-los em seus elementos constituintes (CALLEMBACH, 2001, p. 58).

A ecologia visa responder às perguntas: "Como funcionam os mecanismos que regem a nossa casa comum?", "Como interagem os seres para manter o equilíbrio de vida no planeta?" e "O que ser humano precisa fazer para garantir a sustentabilidade?". Já a teologia lida com outras perguntas, como: "Por que Deus criou este mundo tão belo (e frágil)?", "Para que Deus criou tudo o que existe?" e "Qual é a missão do ser humano no conjunto da criação?".

Até o final da Idade Média, predominava no Ocidente uma forma de conceber o mundo e o ser humano centrada em Deus e na religião. A isso se chamou de "teocentrismo". Com o advento da tecnociência, da filosofia moderna, das conquistas das ciências exatas e biológicas, surgiu o antropocentrismo. Nascido na Europa, estendeu-se aos Estados Unidos e lentamente configurou elementos culturais em várias partes do mundo, inclusive no nosso continente.

O antropocentrismo coloca o ser humano como prioridade exclusiva e relega a experiência religiosa ao âmbito privado, individual. O antropocentrismo moderno contagiou também a religião cristã, suscitando interpretações questionáveis. Algumas teologias usam textos bíblicos para justificar a atitude de espoliar a Terra, como se fôssemos donos do mundo e não tivéssemos responsabilidade sobre ela. O texto mais utilizado é de Gênesis 1,26:

> Então disse Deus: "Façamos o homem à nossa imagem, conforme a nossa semelhança. Domine ele sobre os peixes do mar, sobre as aves do céu, sobre os animais grandes de toda a terra e sobre todos os pequenos animais que se movem rente ao chão".

Considera-se isso um "mandato divino", mas os defensores dessa posição ignoram que tal mandato deve ser compreendido e vivido junto com Gênesis 2,15: "O Senhor Deus colocou o homem no jardim do Éden para cuidar dele e cultivá-lo". Então a vontade divina compreende: dominar de maneira sábia, cuidar e cultivar.

Se somos criados à imagem de Deus, devemos "dominar" como ele faz: criando e cuidando com justiça e olhar amoroso; não de forma violenta, como um conquistador e saqueador. O ser humano tem o direito de retirar e transformar os elementos da Terra para seu sustento, mas também tem o dever de garantir a continuidade da vida, que está cada vez mais ameaçada. Tal reciprocidade responsável é chamada na teologia evangélica norte-americana de "mordomia".

O paradigma ecológico converge com essa visão cristã sobre a função do ser humano no mundo. Ele sustenta que a humanidade é ecodependente. Precisamos das outras criaturas para viver aqui com saúde e paz. Habitamos um planeta finito e é necessário superar a ilusão de que os recursos disponíveis são como um "saco sem fundo". Daí emergem tarefas imprescindíveis visando a uma sociedade sustentável (MURAD, 2013, p. 443-475).

Um dos maiores desafios do nosso século consiste em construir e manter comunidades sustentáveis. O conceito foi introduzido na década de 1980 por Lester Brown: "Comunidade sustentável é aquela capaz de satisfazer as próprias necessidades sem reduzir as oportunidades das gerações futuras". O relatório "Brundtland" (1987), encomendado pela ONU, com o título "Nosso futuro comum", fala de "desenvolvimento sustentável", que consiste em "atender às necessidades do presente sem comprometer a capacidade das futuras gerações de atender às próprias necessidades". Essa definição tem um viés ético: lembra a nossa responsabilidade de oferecer às novas gerações do presente e do futuro um mundo com tantas oportunidades quanto aquele que herdamos. Assim, "uma comunidade humana sustentável deve ser planejada de modo que os estilos de vida, negócios, atividades econômicas, estruturas físicas e tecnologias não interfiram na capacidade da natureza de manter a vida" (CAPRA, 2003, p. 20).

Outro preconceito a superar consiste na ideia de que os ambientalistas e a ecologia são contra o progresso. É verdade que sempre se deve evitar exageros e posturas unilaterais. Bem entendida e vivida, a ecologia, enfrentando conflitos com a economia de mercado, visa a um "progresso" duradouro e dirigido ao bem comum de toda a comunidade de vida do planeta. A própria noção de progresso e de desenvolvimento está sendo revista, pois a visão tradicional não leva em conta os limites do nosso planeta.

Conclusão aberta

Deus cuida de nós, seres humanos, de uma forma especial. Ele nos ama, nos protege e nos guia. A Bíblia testemunha que o Senhor zela também por suas criaturas e pela totalidade da criação. Deus está na criação e se manifesta nela, embora haja uma enorme distância entre o Criador e a obra de suas mãos.

Recebemos um mandato divino para governar com sabedoria, cuidar e cultivar a Terra, o conjunto das criaturas que habitam nossa casa comum. Hoje não podemos entender esse domínio como uma atitude despótica e destruidora. Se somos criados à imagem e semelhança de Deus, devemos aprender dele a amar o conjunto da criação, a comunidade de vida do planeta, o que na ecologia se chama "biosfera". Ser "mordomo da criação", gestor e administrador da obra de Deus implica uma atitude ecológica que abrange várias dimensões da existência humana.

Os Salmos nos ensinam a louvar a Deus com todas as criaturas. E se elas fazem parte dessa "comunidade de louvor", devem ser respeitadas e não ser consideradas como meras coisas ou objetos, que simplesmente usamos, destruímos e descartamos.

O ser humano tem o direito de servir-se dos bens da Terra para sua sobrevivência e florescimento; porém, também tem o dever de manter o equilíbrio da comunidade de vida do planeta, para o seu bem, o bem das outras criaturas e para a continuidade das futuras gerações. Portanto, o empenho pela sustentabilidade se torna um apelo de Deus para os cristãos nos tempos atuais. Isso implica superar preconceitos e concepções equivocadas a respeito da ecologia que, muitas vezes, são utilizadas para justificar a omissão ou a falta de consciência e de responsabilidade.

Como cuidar da criação? Esse é um tema a se desenvolver no correr desta obra. Como veremos, tal compromisso de vida se traduz simultaneamente em atitudes individuais, ações coletivas, compromissos institucionais das igrejas, leis ambientais, procedimentos de ecoeficiência nas empresas, políticas públicas no país e compromissos internacionais. Adotar a postura do cuidado, já presente na Bíblia, exige de nós – pessoas e instituições religiosas, empresas e governos – uma "conversão ecológica", assunto que também abordaremos mais tarde.

Que o Espírito Santo, que enche a vastidão do universo, sustenta e renova a criação, e habita em nossos corações e mentes, nos inspire para assumirmos esse jeito novo de ser e de atuar, em resposta a esse apelo de Deus: cuidar da casa comum.

Referências

BBC NEWS BRASIL. *O que são os "rios voadores" que distribuem a água da Amazônia*. 2017. Disponível em: https://www.bbc.com/portuguese/brasil-41118902. Acesso em: 04/02/2022.

CALLEMBACH, E. *Ecologia*: um guia de bolso. São Paulo: Peirópolis, 2001.

CAPRA, F. Alfabetização ecológica: o desafio para a educação do século XXI. In: TRIGUEIRO, André (coord.). *Meio Ambiente no século XXI*. Rio de Janeiro: Sextante, 2003.

COMISSÃO MUNDIAL SOBRE MEIO AMBIENTE E DESENVOL-VIMENTO. *Nosso futuro comum*. 2. ed. Rio de Janeiro: Fundação Getúlio Vargas, 1991.

DICIONÁRIO DE SINÔNIMOS. Verbete "Cuidar". Disponível em: https://www.sinonimos.com.br/cuidar/. Acesso em: 04/02/2022.

DICIONÁRIO *ON-LINE* DE PORTUGUÊS. Verbete "Cuidado". Disponível em: https://www.dicio.com.br/cuidado/. Acesso em: 04/02/2022.

INSTITUO AKATU. 2022. Disponível em: https://www.akatu.org.br/. Acesso em: 04/02/2022.

FERNANDES, L. A.; GRENZER, M. *Dança, ó Terra!* Interpretando os Salmos. São Paulo: Paulinas, 2013.

GREEN CHURCHES NETWORK. Disponível em: https://greenchurches.ca/. Acesso em: 04/02/2022.

GURIDI, R. *Ecoteología*: hacia un nuevo estilo de vida. Santiago: Ed. Universidad Alberto Hurtado, 2018.

EXPEDIÇÃO RIOS VOADORES. 2013. Disponível em: https://riosvoadores.com.br/o-projeto/fenomeno-dos-rios-voadores. Acesso em: 04/02/2022.

MANCUSO, V. *O retorno do panteísmo*: a religião que substituiu o Deus único. 2012. Disponível em: http://www.ihu.unisinos.br/noticias/506921-o-retorno-do-panteismo-a-religiao-que-substituiu-o-deus--unico. Acesso em: 04/02/2022.

MOLTMANN, J. *Dios en la creación*: doctrina ecológica de la creación. Salamanca: Sígueme, 1987.

MURAD, A. Consciência planetária, sustentabilidade e religião: consensos e tarefas. *Revista Horizonte*, Belo Horizonte, v. 11, n. 30, p. 443-475, abr./jun. 2013.

RIECHMANN, J. *¿Como vivir?* Acerca de la Vida Buena. Madrid: Catarata, 2011.

TRIGUEIRO, A. (coord.). *Meio ambiente no século XXI*. Rio de Janeiro: Sextante, 2003.

WWF. *O que é biodiversidade?* Disponível em: https://www.wwf.org.br/ natureza_brasileira/questoes_ambientais/biodiversidade/. Acesso em: 15/02/2022.

Bibliografia complementar (para aprofundamento)

CONRADIE, E. M. et al. (ed.). Christian Faith and the Earth: Current Paths and Emerging Horizons. *Ecotheology*, New York: Bloomsbury T&T Clark, 2014.

COSTA JÚNIOR, J. *O Espírito criador*: teologia e ecologia. São Paulo: Fonte Editorial, 2011.

GALLAZZI, A; RIZZANTE, A. N. *Envia teu Espírito e haverá criação*: reflexões sobre ecologia e Bíblia. São Leopoldo: CEBI, 2018.

HALLMAN, D. G. *Ecotheology*: Voices from South and North. Maryknoll, N.Y.: Orbis Books; Geneva, Switzerland: WCC Publications, 1994.

JUNGES, J. R. *Ecologia e criação*. São Paulo: Loyola, 2001.

MURAD, A. Paradigma ecológico: gestão e educação ambientais. In: SOTER (org.). *Sustentabilidade da vida e espiritualidade*. São Paulo: Paulinas, 2008. p. 39-62.

REIMER, H. *Toda a criação*: ensaios de Bíblia e ecologia. São Leopoldo: Oikos, 2006.

VAN DYKE, F. et al. *A criação redimida*. São Paulo: Cultura Cristã, 1999.

2ª JANELA

A ecologia é importante para nós?

1. Começando a conversa

Um teólogo, que se ocupa de temas religiosos, tem algo consistente para dizer a respeito da ecologia? Eis o desafio! Desde que comecei a me dedicar à ecologia, no ano 2000, tive que me debruçar em uma área de conhecimento diferente das minhas (teologia, educação e gestão). Além das leituras pessoais, da participação em círculos de ativistas socioambientais, painéis e congressos interdisciplinares e pastorais, senti a necessidade de compreender a ecologia prática de forma sistemática. E para isso foi fundamental o MBA que fiz em "Gestão e tecnologias ambientais", do programa de Educação Continuada da Faculdade de Engenharia da USP. Então confirmei minha convicção de que, quando alguém do campo religioso se põe a falar ou escrever sobre um tema humano significativo, deve conhecê-lo com múltiplos olhares, em diálogo com outros conhecimentos e saberes. Somente assim trará uma contribuição efetiva e criativa para sua própria religião e para a humanidade.

Procuro fazer a ponte entre ecologia e fé cristã. Dedico-me a uma área nova da teologia que se chama "ecoteologia". Almejo ajudar as pessoas a compreenderem que a ecologia tem a ver com suas vidas, com as vidas dos outros humanos e com a vida da/na Terra. Por isso, tento apresentar conceitos complexos de forma compreensiva. Miro especialmente as lideranças das igrejas cristãs (padres, pastores/as, agentes de pastoral, missionários/as), gestores/as e educadores/as de escolas e de centros socioeducativos. E, naturalmente, os estudantes de teologia e meus/minhas colegas de diferentes áreas do conhecimento que estão empenhados em questões socioambientais. Acredito que minha atuação não se limita ao campo conceitual. Por isso, ligo a ecologia com as práticas transformadoras e a espiritualidade.

Neste capítulo apresentarei uma visão panorâmica sobre "ecologia". Um profissional da área das ciências biológicas teria muitas coisas a acrescentar à nossa colocação, pontuá-la de outra forma ou enriquecê-la com outros conceitos, pois o tema é amplo e complexo, e pode ser considerado por diversos ângulos.

Ecologia é um tema recorrente na mídia, nas redes sociais e no nosso cotidiano. Não somente por causa dos problemas ambientais, como as mudanças climáticas, a destruição dos biomas e a perda da qualidade de vida nas cidades. A consciência ecológica se tornou um diferencial na contemporaneidade. Cada vez mais, pessoas e grupos descobrem que o ser humano é filho da Terra. A história do planeta se faz uma e a nossa espécie é responsável para que a casa comum continue habitável para todos os seres, nas gerações presentes e futuras. Somam-se atitudes pessoais, mobilização dos movimentos socioambientais em todo o mundo, iniciativas de empresas e governos em vista de uma sociedade sustentável. Desgraçadamente, nos últimos anos, o poder público no Brasil, sobretudo em nível federal, atua na direção oposta: reduzindo as conquistas socioambientais; implementando uma política de aniquilamento dos biomas, com apoio tácito à mineração, ao garimpo e ao agronegócio insustentáveis; autorizando o uso de agrotóxicos ecocidas na agricultura; e perseguindo os povos indígenas, guardiões da floresta, e os ambientalistas.

Lentamente a humanidade descobre que o meio ambiente não é uma questão secundária, pois diz respeito à qualidade de vida para nossa espécie e toda a biosfera. Só temos esta grande casa para habitar e nela convive também uma enorme gama de seres. Embora cada vez mais a população se concentre na cidade, medra um desejo, por vezes melancólico, de cultivar uma sintonia com o solo, a água, o ar, o sol e a lua. Escutar o canto dos pássaros, caminhar na mata, sentar-se à sombra de uma árvore, sentir o frescor da manhã, banhar-se nas águas límpidas de uma cachoeira ou brincar em meio às ondas do mar. A emergência da ecologia traz a oportunidade de nos reencantarmos com o mundo; desenvolver a sensibilidade; aguçar os cinco sentidos; e admirar a beleza do planeta em que vivemos, e do qual não somos proprietários, mas inquilinos. A consciência ecológica, que partiu da noção de meio ambiente, dilatou-se. Estamos incluídos nele em compenetração recíproca. Demo-nos conta de que fazemos parte da Terra.

É comum que, quando se começa a discutir sobre ecologia, logo vem à baila a crise ambiental. A ecologia se apresenta inicialmente como um problema. Ora, a questão fundamental não é o "problema ecológico" – algo fora de nós, que vem da natureza –, e sim a forma como a espécie humana lida com a comunidade de vida do planeta, que os ecologistas denominam de "biosfera". Dito de forma simples: a crise ecológica é uma crise da humanidade e de suas escolhas. Precisamos dar o salto dos sintomas para suas causas.

O teólogo chileno Román Guridi aponta quatro grandes sintomas da crise ambiental: esgotamento de recursos renováveis e suas consequências para a humanidade; redução da biodiversidade e destruição de ecossistemas; aumento da poluição em diversas formas; e o risco de grandes desastres associados ao poder militar (energia nuclear, armas químicas e biológicas) (GURIDI, 2018, p. 34). O Papa Francisco, no capítulo I da Encíclica *Laudato Si'*, aponta como sinais eloquentes da atual situação do planeta, que não podem ser escondidos "debaixo do tapete": os resíduos sólidos e a cultura do descarte, as mudanças climáticas, a qualidade da água, a perda da biodiversidade, a deterioração da qualidade de vida com a degradação ambiental e a desigualdade planetária (LS 17-61).

Para o filósofo e ativista ambiental Jorge Riechmann, "a atual crise ecológica resulta de desajustes na interação entre biosfera e tecnosfera. [...] Os processos lineares que regem a tecnosfera industrial chocam violentamente contra os processos cíclicos que prevalecem na biosfera". Estas absorvem cada vez mais matéria e energia e excretam resíduos a um ritmo insustentável (RIECHMANN, 2005, p. 114).

O problema ecológico radica-se "em um modo de viver, um sistema de vida – marcado pela industrialização e a sociedade de consumo – que alterou os ecossistemas e o funcionamento natural da terra" (GURIDI, 2018, p. 35). Em outras palavras, "nossa forma de vida como um todo – nossa forma de trabalhar, produzir e consumir – não é perdurável no tempo, nem tampouco generalizável a todos os habitantes do planeta" (RIECHMANN, 2005, p. 46).

Uma dupla face nos introduz ao tema da ecologia: encantamento diante da beleza do nosso planeta e inquietação ante a crise ambiental causada pelo ser humano. Concebe-se a ecologia como um todo integrado de esferas concêntricas ou comunicantes no campo ambiental, social e pessoal. Articulam-se as variáveis de cunho científico, ético e filosófico. E, para cristãs e cristãos, com sua experiência religiosa.

Ofereceremos neste capítulo quatro visões diferentes e complementares sobre a ecologia: a do autor, a de um filósofo e a de dois outros teólogos latino-americanos, que também pensam em perspectiva interdisciplinar.

2. Nossa visão: ecologia como ciência, paradigma e ética

A ecologia estuda como se relacionam todos os "habitantes" do planeta, nossa casa comum: os seres abióticos (água, ar, solo, energia do sol); os seres bióticos (microrganismos, plantas e animais); e nós humanos, animais mamíferos singulares. Contribui para decifrar as causas da crise ecológica do planeta e relaciona suas causas e consequências, pois é a ciência da interdependência. No primeiro sentido que se confere ao termo, a ecologia reúne uma série de ciências – teóricas e operacionais – que desvendam os complexos elementos da "teia da vida" e propõem soluções para a crise ecológica. Nesse amplo leque se colocam as ciências ambientais explícitas,[1] como: a biologia, a climatologia, a geografia e os tratados sobre a água. Junto a elas, as ciências aplicadas com conotação ecológica, como: o direito ambiental (REIS; ROCHA, 2016), a ecofilosofia, a economia ambiental, a engenharia ambiental (BRAGA et al., 2005),[2]

---

[1] Por exemplo, na grade curricular do Curso de Ciências Ambientais da UNIRIO há um conjunto de disciplinas como: química orgânica, inorgânica e ambiental; toxologia ambiental; manejo e conservação do solo; geoprocessamento; planejamento, educação e gestão ambientais; biologia vegetal e animal; impacto ambiental, física geral e ambiental, ecologia humana, sociedade e meio ambiente etc. Disponível em: http://www.unirio.br/ccbs/ibio/cursos/cienciasambientais/copyofo-curso/Gradededisciplinas CA_antesreformacurricular.pdf. Acesso em: 15/02/2022.

[2] Essa obra de Introdução à Engenharia Ambiental compreende três partes com os respectivos capítulos: (I) Fundamentos: crise ambiental, leis da conservação da massa e da energia, ecossistemas, ciclos bioquímicos, dinâmica das populações, bases do

a geografia ambiental, os estudos de impacto ambiental, a gestão ambiental (ABDALLA DE MOURA, 2008), a ecoeficiência e o ecodesign dos produtos e serviços, a hidrologia, e os estudos sobre poluição e recuperação do solo. E ainda podemos citar, entre outras, a agroecologia (MACHADO; MACHADO FILHO, 2017) e a agricultura orgânica, simultaneamente teóricas e práticas. Afirma Leonardo Boff: "A ecologia é um saber de relações, interconexões, interdependências e intercâmbios de tudo com tudo em todos os pontos e em todos os momentos. [...] Não é um saber de objetos de conhecimento, mas de relações entre os objetos de conhecimento. Um saber de saberes, entre si relacionados" (BOFF, 2004, p. 17).

A crise ambiental e o desabrochar da consciência planetária põem em questão a visão sobre o ser humano e a forma como ele atua sobre a comunidade de vida da Terra (biosfera). Isso conduz a uma concepção ampla de ecologia como paradigma ou modelo de compreensão. A ecologia questiona o antropocentrismo egoico e desequilibrado, que adveio com a ciência moderna e se consolidou com a tecnociência. Essa trouxe muitas soluções, mas criou vários problemas, a ponto de tornar mais vulneráveis os ecossistemas e a sociedade (RIECHMANN, 2005). A esse antropocentrismo doentio se contrapõem o biocentrismo, o ecocentrismo e o antropocentrismo inclusivo. Eles consideram o valor de cada ser para a continuidade da vida no planeta, como também reconhecem, em diferentes graus, a singularidade da espécie humana. O antropocentrismo inclusivo enfatiza a singularidade do ser humano – como ser de linguagem – que cria significados, faz história e atua sobre o ambiente, desenvolvendo assim processos civilizatórios. O biocentrismo e o ecocentrismo

---

desenvolvimento sustentável; (II) Poluição ambiental: energia e meio ambiente, o meio aquático, o meio terrestre, o meio atmosférico; (III) Desenvolvimento sustentável: conceitos básicos, economia e meio ambiente, aspectos legais e institucionais, avaliação de impactos ambientais, gestão ambiental (BRAGA et al., 2005).

acentuam o valor intrínseco de cada ser que constitui a casa comum e sua relação de interdependência e cooperação nos ecossistemas.

Ao paradigma ecológico se liga o crescimento da consciência planetária, ou seja, o ser humano é fruto de um longo processo de evolução do cosmos, um/a filho/a da Terra. A sobrevivência da espécie humana depende de caminhar para uma história convergente, para além das fronteiras e dos interesses de cada nação, e implantar uma "governança planetária", na qual os esforços e as alternativas se somam e se entrelaçam. Estamos em uma grande "Arca de Noé": ou sobreviveremos todos ou, juntos, pereceremos.

A consciência ecológica emergente traz uma grande oportunidade para a humanidade. Propõe um estilo de vida mais simples, alegre, flexível, no qual a felicidade não se confunde com elevação do padrão de consumo. Esse se apresenta como o florescer humano junto com os outros seres que fazem parte da nossa casa comum (RIECHMANN, 2011).[3] Nós, cristãos, os denominamos como "criaturas", pois elas existem por vontade amorosa e gratuita de Deus e se destinam à plenificação. E, ao seu conjunto, chamamos de "criação".[4] Embora minoritários, pessoas e grupos sociais, em diferentes intensidades, estão buscando uma sintonia consigo mesmo, com os outros, com a natureza e com o sagrado. Emergem assim estilos de

---

[3] A imagem do "florescimento", a ser estimulada simultaneamente para a humanidade e todos os seres vivos, está presente nos princípios básicos da "ecologia profunda" (*Deep ecology*), de A. Naess e G. Sessions (1984). Segundo Naess, a qualidade da vida humana "depende em parte do profundo prazer e satisfação que experimentamos ao compartilhar com outras formas de vida" (NAESS, 1973/2007, p. 99).

[4] Criação é mais do que natureza, "porque tem a ver com um projeto do amor de Deus, onde cada criatura tem um valor e um significado. […] A natureza entende-se habitualmente como um sistema que se analisa, compreende e gere. […] Criação [é] um dom que vem das mãos abertas do Pai de todos, como uma realidade iluminada pelo amor que nos chama a uma comunhão universal" (LS 76). Já nos referimos a esse conceito no capítulo 1.

vida alternativos e espiritualidades ecológicas, com elementos comuns em diversas tradições religiosas.

A ecologia, "saber de saberes" e novo paradigma, inclui também uma ética, ou seja, um conjunto de atitudes pessoais, ações coletivas, posturas institucionais, legislação, políticas públicas e tratados internacionais em defesa da Terra e pela inclusão social. Portanto, a ecologia comporta simultaneamente: ciência, paradigma e ética.

3. Ecologia humana: a contribuição de Román Guridi

Román Guridi (2018), teólogo jesuíta chileno, no livro *Ecoteología: hacia um nuevo estilo de vida*, apresenta um panorama conceitual acerca da ecologia. Segundo ele, a ecologia tem basicamente dois sentidos: científico e filosófico. O médico e biólogo prussiano Ernst Haeckel cunhou esse termo na obra *Morfologia geral dos organismos*, em 1866. Para este pesquisador, a ecologia é, desde o começo, uma ciência e uma visão de conjunto. Então, combina elementos científicos e filosóficos. Do ponto de vista científico, a ecologia se define como "o estudo das relações e interação entre os organismos, e destes com seu entorno, tanto com os elementos vivos quanto os não vivos" (GURIDI, 2018, p. 37). Seu foco é a interconexão entre todos os seres.

Ora, a ecologia requer a cooperação de várias disciplinas, como: a biologia, a química, a climatologia, a física, a etologia, a geografia e a sociologia. Portanto, é uma "ciência ponte". Ela discorre sobre a interação entre organismos e seus entornos ou contextos. Isto é, ao mesmo tempo que é generalista, a ecologia demanda a especialização em várias áreas do saber.

A ecologia tem um sentido filosófico por buscar uma compreensão mais ampla e não setorizada. Seu principal princípio consiste na interconexão de todos os seres. Tudo está conectado e inter-relacionado. A ecologia realiza tal intento com a participação de muitos atores sociais; não somente cientistas, mas também ambientalistas e várias organizações da sociedade. Alcança, assim, tal abrangência que configura um novo paradigma cultural.

Em sentido amplo, compreende-se ecologia como o modo no qual nós, seres humanos, entendemos e imaginamos nosso modo de vida na Terra, nosso modo de habitar o mundo. Nesse âmbito, ela tem a ver com a maneira pela qual a humanidade pensa sua presença e papel na criação e daí tira consequências práticas (GURIDI, 2018, p. 39).

A crise ecológica questiona nossos estilos de vida, opções pessoais e coletivas, tipo de desenvolvimento e a forma de relações dos grupos humanos com a natureza. O desequilíbrio na biosfera, provocado pela espécie humana, postula uma tomada de decisão. Convoca-nos para decisões arrojadas. Essas devem ser acompanhadas por abordagens diferentes e complementares, tais como:

- *Conhecimento científico e instrumentos técnicos:* são imprescindíveis para avaliar com precisão o impacto da ação humana sobre o ambiente, suas causas (empíricas) e soluções viáveis;
- *Esfera política:* encarregada de definir e implementar ações orientadas para a sociedade civil e para as empresas. Têm maior efeito quando se tomam decisões no nível de governança global, vinculando compromissos nacionais e internacionais;
- *Nível ético:* próprio da reflexão sobre as mudanças de mentalidade e de práticas que se requerem para enfrentar a crise ecológica. É nesse âmbito que se questionam nosso estilo

de vida e modo prático e cotidiano de habitar o mundo (GURIDI, 2018, p. 28-30).

Román Guridi propõe um conceito de ecologia como um todo integrado, baseado nas ecologias: pessoal, social e ambiental. A disposição dos termos é proposital: parte do indivíduo, mostra o conjunto de suas relações, até abranger a instância da casa comum (GURIDI, 2018, p. 47-53).

A ecologia pessoal diz respeito à interação básica de todo indivíduo consigo mesmo e suas consequências sociais e ambientais. Remete ao florescimento e plenitude do indivíduo. Alguns âmbitos cabem dentro da ecologia pessoal: "são a maneira em que uma pessoa pensa e organiza seu ritmo diário: o uso do tempo, tempo de trabalho e descanso; os hábitos de consumo e o discernimento daquilo que é realmente necessário para a sobrevivência e vida; o uso do espaço e habitação (casa); a escolha dos meios de transporte e o modo de se relacionar com o próprio corpo" (GURIDI, 2018, p. 49).

A ecologia social mostra que a interação social entre os seres humanos afeta diretamente a relação com a natureza. Como sustenta a teologia feminista, a exploração da natureza é uma extensão ou expressão de um padrão de dominação entre os seres humanos. E, reciprocamente, certas condições ambientais ajudam a modelar a interação social. Muitos problemas ambientais atingem os mais pobres entre os pobres.

Com esse termo, Guridi enfatiza: "A dimensão social da interação humana, que condiciona e constitui nossas identidades individuais, e a conexão íntima entre a interação social, as estruturas sociais e o meio ambiente" (GURIDI, 2018, p. 51). Vários âmbitos da vida estão incluídos na dimensão social da ecologia, tais como: migração forçada por causas ambientais; fome, produção e distribuição de alimentos; captação e acesso à água; geração e uso de energia; segurança em relação a doenças; planejamento urbano; meios de transporte; e manejo de resíduos. Todos esses exemplos mostram que é um falso dilema escolher entre desafios ambientais ou injustiça social, pois assumir um implica responsabilizar-se pelo outro.

A ecologia ambiental enfoca a interação entre os seres humanos e os demais seres vivos e não vivos. Aborda a maneira como essa relação é vivida, os pressupostos que a governam, as dinâmicas que a constituem e as consequências práticas para a humanidade e a natureza. Tudo isso está condicionado por fatores culturais e históricos. A sociedade humana sempre produziu um impacto no seu entorno. Atualmente, tal impacto atingiu um grau impressionante, que chega a ameaçar a viabilidade de nossa existência sobre a Terra. Vários temas cabem na ecologia ambiental, como: poluição, proteção das espécies em vias de extinção, perda de biodiversidade, desmatamento, esgotamento dos recursos não renováveis, destruição dos ecossistemas, mudanças climáticas, geração e manejo de resíduos, o risco de desastres biológicos e nucleares (GURIDI, 2018, p. 52-53).

As dimensões pessoal, social e ambiental da ecologia são como círculos concêntricos que interatuam e modelam o modo pelo qual a humanidade se representa e vive sua existência na Terra. Ora, o que isso tem a ver com a religião e a teologia? A maneira pela qual a ecologia e a crise ecológica são compreendidas determina o modo pelo qual a teologia desempenha um papel nelas! Com o olhar da fé, a ecologia ambiental aponta o florescimento e a plenitude da totalidade da criação. Isso vale não somente para o cristianismo.

As religiões e as comunidades religiosas podem desempenhar um papel-chave nessa tomada de consciência e transformação das crenças e práticas, já que elas possuem os arquétipos, os símbolos, os significados, os valores e os códigos morais ao redor dos quais nos agrupamos e nos definimos (GURIDI, 2018, p. 54).

4. As três ecologias segundo Felix Guattari

Felix Guattari é um pensador francês, militante social e psicanalista, falecido em 1992. O clássico ensaio *As três ecologias*, publicado originalmente em 1989, almeja contribuir para a "recomposição das práticas sociais e individuais". Para alcançar tal objetivo, ele reúne três rubricas complementares – a ecologia social, a ecologia mental e a ecologia ambiental –, "sob a égide ético-estética de uma ecosofia" (GUATTARI, 2001, p. 23). O modelo de compreensão de Guattari é bem mais complexo do que aparentam os simples termos.

Para ele, a atual ecologia ambiental somente inicia e prefigura a "ecologia generalizada" do futuro, que visa "descentrar radicalmente as lutas sociais e as maneiras de assumir a própria psique". Ele critica os movimentos ecológicos arcaicos e "folclorizantes" que recusam o engajamento político em grande escala. A questão ecosófica global é decisiva e não está restrita "à imagem de uma pequena minoria de amantes da natureza ou de especialistas diplomados" (GUATTARI, 2001, p. 45). Cada vez mais, os equilíbrios naturais dependerão das intervenções humanas, éticas e políticas, para reparar os danos causados contra a biosfera e assegurar o futuro da nossa espécie no planeta (GUATTARI, 2001, p. 52).

A ecologia mental, por sua vez, serve para denunciar a introjeção do poder repressivo sobre os oprimidos e postula uma nova forma de viver a subjetividade em relação com o mundo real. Os movimentos emancipatórios almejam superar tudo o que prejudica a liberdade de expressão e de inovação. A ecologia social e a mental deverão trabalhar na reconstrução das relações humanas em todos os níveis, do *socius*. O poder capitalista se desterritorializou e ampliou seu domínio sobre o conjunto da vida social, econômica e cultural do planeta, infiltrando-se no seio dos mais inconscientes estratos subjetivos. Não é possível se opor a ele apenas de fora, por meio de práticas sindicais e políticas tradicionais. Deve-se encarar seus efeitos no domínio da ecologia mental no seio da vida cotidiana individual, familiar e coletiva. A questão será, no futuro, a de cultivar o dissenso e a produção singular de existência (GUATTARI, 2001, p. 32).

A ecologia social estimula "um investimento afetivo e pragmático em grupos humanos de diversos tamanhos" para reconstruir, de forma nova, o tecido social. Um ponto programático primordial da ecologia social consiste na transição da sociedade capitalista da era da mídia para a pós-mídia, como "reapropriação da mídia por uma multidão de grupos-sujeito, capazes de geri-la em uma via de ressingularização" (GUATTARRI, 2001, p. 45).

Guattari articula no seu pensamento a filosofia pós-estruturalista, a psicanálise e o ativismo social. Para ele, atualmente a relação da subjetividade com sua exterioridade (social, animal, vegetal, cósmica) "encontra-se comprometida numa espécie de movimento geral de implosão e infantilização regressiva". A alteridade tende a perder sua consistência. Mais ainda, a crescente crise ambiental, com perigos evidentes que ameaçam o meio ambiente natural de nossas sociedades, é abordada unicamente em perspectiva tecnocrática, como se a ciência fosse a solução. Tal questão somente pode ser esclarecida e resolvida por meio da articulação ético-política – que ele denomina ecosofia – "entre os três registros ecológicos: o do meio ambiente, o das relações sociais e o da subjetividade humana" (GUATTARI, 2001, p. 7).

Guattari articula as "três ecologias" almejando uma sociedade alternativa, com novos paradigmas comunicacionais, relacionais e sociais. Para ele, a verdadeira resposta à crise ecológica dar-se-á:

[...] em escala planetária e com a condição de que se opere uma autêntica revolução política, social e cultural reorientando os objetivos da produção de bens materiais e imateriais. Essa revolução deverá concernir, portanto, não só às relações de forças visíveis em grande escala, mas também aos domínios moleculares de sensibilidade, de inteligência e de desejo (GUATTARI, 2001, p. 8).

O que está em jogo é "a produção de existência humana em novos contextos históricos. A ecosofia social consistirá, portanto, em desenvolver práticas específicas que tendam a modificar e a reinventar maneiras de ser" nas relações afetivas, interpessoais, comunitárias, sociais, no mundo do trabalho etc. A ecosofia mental se encarregará de reinventar a relação do sujeito com o corpo, com o tempo que passa, com os "mistérios" da vida e da morte. Procurará antídotos para a uniformização midiática e telemática, o conformismo das modas e a manipulação da opinião pública (GUATTARI, 2001, p. 14-15).

Na visão de Guattari, a ecosofia reúne as três ecologias, visando a uma utopia viável, cujo movimento já começou. Ela levará a humanidade a um patamar original, às sínteses ainda não alcançadas.

Uma ecosofia de um tipo novo, ao mesmo tempo prática e especulativa, eticopolítica e estética, deve substituir as antigas formas de engajamento religioso, político, associativo... Ela não será nem uma disciplina de recolhimento na interioridade nem uma simples renovação das antigas formas de "militantismo". Tratar-se-á antes de movimento de múltiplas faces dando lugar a instâncias e dispositivos ao mesmo tempo analíticos e produtores de subjetividade. Subjetividade tanto individual quanto coletiva, transbordando por todos os lados as circunscrições individuais... (GUATTARI, 2001, p. 53).

Em *As três teologias*, Guattari não tem perspectiva religiosa nem pretende oferecer subsídios para a teologia. Embora cite a ecologia ambiental, ele não valoriza suficientemente a alteridade da Terra e da biosfera. Vê com desconfiança o movimento ecológico. Seu intento é investir na ecologia social, em novas relações diferentes daquelas que o capitalismo estabelece na sociedade da comunicação e da manipulação das massas. Em outra publicação, *¿Qué es la ecosofía?*, ele desdobra o conceito de três ecologias e acrescenta alguns aspectos:

> [...] o enlace da ecologia ambiental, da ecologia científica, da ecologia econômica, da ecologia urbana e das ecologias social e mental, não para englobar todas essas abordagens ecológicas heterogêneas em uma mesma ideologia totalizante ou totalitária, senão para assinalar o contrário, a perspectiva de uma escolha ético-política da diversidade, do dissenso criador, da responsabilidade a respeito da diferença e da alteridade (GUATTARI, 2015, p. 31, citado em HUR, 2015, p. 425).

5. Ecologia: saber de saberes e novo paradigma em Leonardo Boff

O teólogo brasileiro Leonardo Boff é considerado o fundador da ecoteologia latino-americana, pois, com ele, essa alcança amplidão, divulgação, extensão e profundidade. Quando a teologia da libertação ainda concentrava seu foco no empenho social, iluminado pela fé em Jesus Cristo, Boff intuiu que a Terra também sofria como os pobres e com os pobres. Abriu um caminho inusitado. Herdeiro de uma sólida formação clássica norte-europeia, ele aprendeu com as CEBs e as pastorais populares a fazer uma leitura teológica "a partir de baixo". Deixou-se tocar pelas belezas e fragilidades dos pobres. Como um teólogo conectado com as questões contemporâneas, já no final da década de 1980 percebeu que era necessário dar um passo a mais. Dedicou-se a estudar sobre a ecologia e sua influência para o pensar teológico, a ética e a espiritualidade.

Boff toma a ecologia profunda de A. Naess (1973, 1987) e as três ecologias de Guattari e elabora uma síntese original. Ele apresenta, assim, quatro "camadas" da ecologia, intimamente relacionadas: ambiental, social, mental e profunda ou integral (BOFF, 2012, 2015). Na obra em que reúne os elementos centrais de seu pensamento, por ocasião dos seus oitenta anos de vida, Leonardo se refere aos "caminhos da ecologia integral": a ecologia ambiental, que reporta à qualidade de vida; a ecologia político-social, que diz respeito à sustentabilidade; a ecologia mental (novas mentes e corações); e a ecologia integral-espiritual, pois somos parte do universo (BOFF, 2018, p. 109-115).

Mais do que se prender a essa distinção didática, que aponta para a ecologia integral, importa considerar as afirmações de Boff no clássico *Ecologia: grito da Terra, grito dos pobres* (BOFF, 2004). Ele retoma e amplia o clássico conceito de Ernest Haeckel, afirmando que a ecologia é o estudo do inter-retro-relacionamento de todos os sistemas vivos e não vivos entre si e com seu meio ambiente. Não se trata de estudar isoladamente os seres bióticos e abióticos, mas de perceber as relações. Não a metade do ambiente, mas ele inteiro. Um ser vivo é compreendido em relação ao conjunto das condições vitais que o constituem e ao equilíbrio com os demais representantes da comunidade dos viventes. Daí, conclui:

> [...] a ecologia é um saber de relações, interconexões, interdependências e intercâmbios de tudo com tudo em todos os pontos e em todos os momentos. [...] Não é um saber de objetos de conhecimento, mas de relações entre os objetos de conhecimento. Um saber de saberes, entre si relacionados (BOFF, 2004, p. 17).

A ecologia pretende compreender a forma como os seres dependem uns dos outros, em uma imensa teia de interdependência: o sistema homeostático, equilibrado e autorregulado. A singularidade do saber ecológico consiste na transversalidade: "relacionar pelos lados (comunidade ecológica), para a frente (futuro), para trás (passado) e para dentro (complexidade) todas as experiências e todas as formas de compreensão como complementares e úteis no nosso conhecimento do universo, nossa funcionalidade dentro dele e na solidariedade cósmica que nos une a todos" (BOFF, 2004, p. 17).

Então, a ecologia deixou de ser um movimento de preservação das matas e das espécies. Transforma-se em crítica ao tipo de civilização que construímos, que devora energia e desestrutura os ecossistemas. Uma forma de viver, uma via de redenção para o ser humano e o ambiente (BOFF, 2004, p. 18).

Ainda em *Ecologia: grito da Terra, grito dos pobres*, Leonardo Boff traça os elementos básicos que marcarão seu percurso nos anos seguintes. Ele anuncia a "emergência do paradigma da comunidade planetária" (BOFF, 2004, p. 27), que considera a Terra como um organismo extremamente dinâmico e complexo que possui identidade e autonomia. É a grande mãe que nos nutre e nos carrega. "Ressurge uma atitude de encantamento, reponta uma nova sacralidade e desponta um sentimento de intimidade e de gratidão. [...] O universo dos seres e dos viventes nos enche de respeito, de veneração e de dignidade" (BOFF, 2004, p. 28).

No paradigma emergente, ao lado da razão instrumental, valoriza-se a razão simbólica e cordial; usa-se todos os nossos sentidos corporais e espirituais. Somos razão (*logos*) e afetividade (*pathos*), desejo (*eros*), paixão, comoção, comunicação e atenção para a voz da natureza que fala em nós (*daimon*). Conhecer não é somente uma forma de dominar a realidade, mas também de entrar em comunhão com os outros seres (BOFF, 2004, p. 29).

Mais tarde, dirá Boff, assim como existe uma ecologia exterior, há também uma ecologia interior, constituída de solidariedade, sentimento de religação com o todo, cuidado e amorização. Ambas estão ligadas umbilicalmente. É preciso resgatar o espírito de mútua pertença à Terra. A consciência ecológica se liga então à cultura do cuidado, que é a condição prévia para a emergência dos seres. O cuidado funda um novo *éthos*, a forma como organizamos nossa "casa", o mundo que habitamos com os outros humanos e a natureza (BOFF, 2010, p. 74.76.173).

Saber cuidar (1999) é uma obra-prima que articula de forma brilhante a faceta humana e cósmica da ecologia. Trata do cuidado com o nosso único planeta: com o próprio nicho ecológico; com a sociedade sustentável; com o outro/a, os pobres, oprimidos e excluídos; com nosso corpo; com a cura integral do ser humano; com "os anjos e os demônios interiores"; com o nosso espírito; com os grandes sonhos e Deus; e, por fim, com a grande travessia da morte (BOFF, 1999).

Em várias obras, Leonardo discorre, de forma poética e cativante, sobre a ecoespiritualidade em perspectiva inter-religiosa. Relaciona-a com a ética e o novo paradigma (BOFF, 2010, p. 74-151). Além disso, ele consegue libertar o tema da "sustentabilidade" das amarras economicistas e da cooptação do mercado global, pois a relaciona corretamente com uma ecologia integral.

Sustentabilidade é toda ação destinada a manter as condições energéticas, informacionais, físico-químicas que sustentam todos os seres, especialmente a Terra viva, a comunidade de vida e a vida humana, visando sua continuidade e ainda atender às necessidades da geração presente e das futuras, de tal forma que o capital natural seja mantido e enriquecido em sua capacidade de regeneração, reprodução e coevolução (BOFF, 2012, p. 107).

Portanto, ao mesmo tempo que Boff engendra uma visão da ecologia, fundada em vários saberes, ele elabora a ecoteologia, pois sempre relaciona sua visão antropocósmica com a criação e a redenção do mundo em Deus. Sem deixar de ser a alteridade radical, a graça de Deus penetra nas realidades da evolução do cosmos e da história humana. Panenteísmo e não panteísmo.

Conclusão aberta

No contexto atual de "distopia" e perda de sonhos, a ecologia nos traz sinais de esperança. É possível e necessária uma nova postura do ser humano em relação à comunidade de vida do planeta, que à luz da fé chamamos de "criação". Não mais de saqueador e dominador, e sim de irmão e administrador que protege e cultiva. Em vez de consumismo, sobriedade feliz. No lugar do pragmatismo e da busca de sucesso individual, laços de fraternidade e interdependência.

Como veremos nos próximos capítulos, a ecoteologia, unindo a reflexão – teoria – ao estímulo de práticas sustentáveis – enraizadas na espiritualidade –, constitui uma resposta aos anseios profundos do ser humano. Abre-se como alternativa para cultivar um novo estilo de vida, alegre, simples, equilibrado, em comunhão com todos os seres que habitam nossa casa comum. Oxalá ela se enraíze e seja difundida nos cursos de teologia, nos espaços pastorais e na vida cotidiana de homens e mulheres que professam a fé em Jesus!

Referências

ABDALLA DE MOURA, L. A. *Qualidade e gestão ambiental*. 5. ed. revista e ampliada. São Paulo: Juarez de Oliveira, 2008.

BOFF, L. *Saber cuidar*: ética humana e compaixão pela terra. Petrópolis: Vozes, 1999.

BOFF, L. *Cuidar da Terra, proteger a vida*. Rio de Janeiro: Record, 2010.

BOFF, L. *Sustentabilidade*: o que é – o que não é. Petrópolis: Vozes, 2012.

BOFF, L. *Ecologia*: grito da Terra, grito dos pobres. Petrópolis: Vozes, 2015.

BOFF, L. *Reflexões de um velho teólogo e pensador*. Petrópolis: Vozes, 2018.

BRAGA, B. et al. *Introdução à engenharia ambiental*. 2. ed. São Paulo: Pearson, 2005.

GUATTARI, F. *¿Qué es la ecosofía?* Textos apresentados e organizados por S. Nadaud. Buenos Aires: Cactus, 2015.

GUATTARI, F. *As três ecologias*. 11. ed. 2001. Disponível em: www.tupykurumin.wd2.ne. Acesso em: 15/02/2022.

GURIDI, R. *Ecoteología*: hacia un nuevo estilo de vida. Santiago: ed. Universidad Alberto Hurtado, 2018.

HUR, D. U. Guattar e a ecosofia. *Psicologia Política*, v. 15, n. 33, p. 423-430, maio-ago. 2015.

MACHADO, M.; MACHADO FILHO. *Dialética da agroecologia*: contribuição para um mundo com alimentos sem veneno. 2. ed. rev. e ampl. São Paulo: Expressão popular, 2017.

MURAD, A (org.). *Ecoteologia*: um mosaico. São Paulo: Paulus, 2016. Capítulo 1.

MURAD, A. Da ecologia à ecoteologia: uma visão panorâmica. *Revista Fronteiras*, Fortaleza, v. 2, n. 1, p. 65-97, 2019.

NAESS, A. Los movimientos de la ecología superficial y la ecología profunda: un resumen (original: 1973). *Revista Ambiente y Desarrollo* 23 (1): 95-97, Santiago de Chile, p. 98-101, 2007.

NAESS, A.; SESSIONS, G. *Basic Principles of Deep Ecology*. 1984. Disponível em: https://www.ecodebate.com.br/2017/06/05/os-oito-principios-da-ecologia-profunda-artigo-de-jose-eustaquio-diniz-alves/. Acesso em: 15/02/2022.

PAPA FRANCISCO. *Encíclica Laudato Si'*: sobre o cuidado da casa comum. São Paulo: Paulinas, 2015.

RIECHMANN, J. *Un mundo vulnerable*: ensayos sobre ecología, ética y tecno ciencia. 2. ed. Madrid: De la Catarata, 2005.

RIECHMANN, J. (org.). *Como vivir?* Acerca de la Vida Buena. Madrid: Catarata, 2011.

UNIRIO. *Grade curricular do Curso de Ciências Ambientais.* 2020. Disponível em: http://www.unirio.br/ccbs/ibio/cursos/cienciasambientais/copy_of_o-curso/GradededisciplinasCA_antesreformacurricular.pdf. Acesso em: 15/02/2022.

3ª JANELA

Espiritualidade
e ecologia[1]

Neste capítulo, apresentarei algumas características da ecoespiritualidade que acompanham e sustentam a ecologia integral. Abordar a espiritualidade, em uma obra teológica e interdisciplinar, exige uma linguagem própria, que conjugue conceitos e analogias; e que seja analítica e poética. Como você verá, não ficarei restrito ao âmbito acadêmico e farei incursões no campo existencial. Almejo com este escrito ajudar as pessoas a compreender e a cultivar, com sabor, a espiritualidade ecológica cristã. Espero que também seja útil para aqueles/as que aderem a outras religiões ou religiosidades. Inicialmente, mostrarei como a fé se liga à espiritualidade. A seguir, delinearei algumas características de uma espiritualidade ecológica integral e integradora. Você verá que é uma janela que descortina horizontes fascinantes.

---

[1] Este capítulo é uma versão atualizada e ampliada da segunda parte do artigo "Ecologia: ciência da fé e espiritualidade", em *Pistis & Praxis, Teologia e Pastoral*, Curitiba, v. 12, n. 3, p. 531-540, set./dez. 2020.

1. Quatro cordas e muitas melodias.

Fé e espiritualidade

Aprendi com meu professor de teologia fundamental, o padre João Batista Libanio, algo a respeito da fé que nunca esqueci. Ele nos ensinava que a fé cristã tem ao menos quatro dimensões. Posteriormente, quando escrevi com outros/as colegas o livro *A casa da teologia*, eu a imaginei como um cavaquinho com as quatro cordas que precisam estar bem afinadas para que os acordes nos contagiem com sua harmonia. A primeira corda consiste em confiar em Jesus, arriscar-se e se entregar a ele. Essa dimensão da fé é denominada em latim, na teologia clássica, de *fides qua*, ou seja, "em quem creio". Tal atitude de se colocar nas mãos de Deus-Trindade e confiar nele é a base da fé. Sem ela as outras dimensões ou cordas perdem a consistência. E somente podemos crer e arriscar nele porque Deus tomou a iniciativa e se revelou a nós, com gestos e palavras no correr da História da Salvação. Recordando os termos do grande teólogo Karl Rahner, diremos que a Revelação consiste em que Deus se comunica a si mesmo e nos manifesta seu projeto amoroso. Pela fé e na fé respondemos à proposta divina. Resposta existencial que envolve as grandes e pequenas opções, fazendo-se caminho de vida.

E quais seriam as outras cordas da fé? A segunda diz respeito a acreditar naquilo que Deus revelou de si mesmo e da plenificação do ser humano e do cosmos, que conhecemos como "salvação". Classicamente, a segunda dimensão da fé se chama *fides quae*: "em que creio". Quem acredita no Deus de Jesus Cristo acolhe o conteúdo da Revelação. Daí brota a necessidade de conhecer e interpretar os ensinamentos da Bíblia e da comunidade eclesial, amadurecidos no correr dos séculos até os dias de hoje. Entramos, então, no campo do ensino, da doutrina e da teologia. Essa corda do cavaquinho é imprescindível para cultivar uma fé madura e lúcida. Não se trata de decorar frases da Bíblia e do Catecismo, e sim de conhecer, interpretando. Evoca-se o mote de Anselmo de Cantuária: *fides quaerens intellectum*. Dito de forma simples: "a fé busca conhecer".

A terceira corda consiste em praticar o que Jesus ensinou. O quarto evangelista resumiu os preceitos religiosos na proposição: "Amem-se uns aos outros, como eu amei vocês" (Jo 13,34). Ou seja, em uma palavra, *caritas*; que pode ser traduzida hoje por amor gratuito, caridade, solidariedade, empatia em gestos. Na carta de Tiago se diz: "Como o corpo sem o espírito (sopro de vida) é morto, assim também a fé sem obras é morta" (Tg 2,26). A palavra "obra" aqui significa atitudes e gestos concretos em favor dos/as outros/as. Esse termo é utilizado por Paulo, mas com sentido diferente. Ele se refere à série de leis e normas judaicas que o cristão já não precisa seguir. A salvação não depende disso, e sim da adesão a Jesus e à sua causa. Por isso Paulo diz: "O ser humano é justificado pela fé, independentemente das obras da Lei" (Rm 3,28).

A quarta corda, por sua vez, consiste em alimentar a esperança (em latim: *spes*). Há uma distância entre o que cremos e a realização da promessa. Como pensava o grande educador brasileiro Paulo Freire, a esperança não consiste em esperar passivamente, e sim em esperançar, alimentar os sonhos que nos movem em direção a uma humanidade nova. Na carta aos Hebreus se diz: "A fé é a firme garantia do que se espera, a prova do que (ainda) não se vê" (Hb 11,1).

Então, a fé comporta: confiança, entrega, busca de conhecimento, amor solidário e esperança. Como tudo está interligado, as chamadas "virtudes teologais" (fé, esperança e caridade) constituem uma unidade. Somos peregrinos neste mundo, seres a caminho. Pelo fato de sermos sujeitos a desvios ou a ceder ao comodismo, temos que constantemente "afinar as quatro cordas" e executar a música com o belo e frágil instrumento que somos.

Recordemos como foi a experiência de fé dos primeiros discípulos e discípulas de Jesus. O Mestre convoca ao seguimento pessoas bastante diferentes: pescadores (Pedro, Tiago, André e João), cobradores de impostos (Mateus), a grande convertida (Madalena), outras mulheres (Joana, Suzana) – inclusive a sua mãe Maria (Lc 8,21). Cada um/a sente-se tocado pelo seu olhar amoroso, renuncia a vários aspectos de sua vida atual e o segue. O seguimento a Jesus constitui a experiência básica da fé, como confiança e entrega. À medida que seus discípulos e discípulas convivem com Jesus (Mc 3,14), aprendem coisas novas, reposicionam sua visão sobre Deus, a religião, as relações humanas, e anunciam as "Boas-Novas". A "doutrina" de Jesus não emana de um código de verdades definidas previamente, mas da sua relação íntima com o Pai e das respostas aos clamores humanos de mulheres, pobres, pecadores, doentes, subalternizados, alienados pelo poder do mal e estrangeiros.

Enquanto caminham e aprendem com Jesus, seus seguidores e seguidoras nutrem a esperança de que o Reino de Deus – a intervenção divina radicalmente nova e duradoura sobre a realidade pessoal, social e ecológica – está se realizando. Vivem a fé na esperança. E constantemente devem rever suas atitudes, renunciando às tendências de exercer o poder e a dominação para exercitar o serviço: "O maior entre vocês seja aquele/a que serve" (Mt 23,10). Expressão singular do amor solidário, da *caritas*.

O núcleo da espiritualidade cristã consiste em seguir a Jesus, estar com ele na intimidade, repousar nele e com ele (Mc 6,31), sendo felizes no exercício de servir (Jo 13,17). Convém insistir para não incorrer em mal-entendidos: a espiritualidade ecológica cristã é a espiritualidade do seguimento de Jesus (e não outra), que ganha contornos e acentos próprios, com a descoberta da consciência planetária. Ou seja, que somos filhos e filhas de Deus, sendo parte da Terra. Por isso, somos responsáveis para que ela continue habitável para os humanos e as outras criaturas. Mas isso não é tudo. Vivemos em um mundo de pluralismo religioso. É bom que aprendamos uns dos outros e enriqueçamos nossa espiritualidade cristã com a sabedoria de outras experiências místicas. Veja alguns exemplos. É saudável incorporar na oração cristã a prática dos refrãos, repetidos suavemente a partir de frases bíblicas, que em outra tradição religiosa se chama "mantra". Pode-se orar comunitariamente com danças circulares ou utilizando outras formas de entrar em sintonia com Deus, por meio da música e de movimentos sincronizados do corpo. A meditação oriental, ao esvaziar a mente de pensamentos dispersos e sentir o corpo harmonizado pela respiração, é um passo importante para a meditação bíblica ou leitura orante da Palavra. Os povos originários (indígenas) e os das religiões de matriz africana nos ensinam a desenvolver a sintonia com a natureza, suas forças e energias, como via e expressão de comunhão com o Deus Criador e Salvador.

A espiritualidade é o cultivo da fé enquanto adesão, interior e inteira, a Jesus e à causa do Reino de Deus. Investir na espiritualidade significa desenvolver motivações, desejos, atitudes, hábitos e virtudes inspiradas em Jesus Cristo, pelo Espírito Santo. Tal decisão implica dedicar um tempo ao silêncio e à oração. Implica simultaneamente a postura de vida de manter-se em sintonia com o Deus da Vida e assim crescer espiritualmente. O profeta Jeremias, em um belo texto semelhante ao Salmo 1, proclama:

> Bendito o ser humano que confia em Deus e nele deposita a sua esperança. Ele será como a árvore plantada à beira d'água e que solta raízes em direção ao rio. Não teme quando vem o calor, e suas folhas

estão sempre verdes; no ano da seca, não se perturba, e nunca deixa de dar frutos (Jr 17,7-9).

A carta aos Hebreus recorda o testemunho de fé dos nossos "ancestrais espirituais", históricos ou simbólicos, que deram testemunho corajoso de perseverar em Deus e se arriscar, como Abel, Enoque, Abraão, Isaac, Jacó, José, Moisés. E outros, como alguns profetas, que foram duramente perseguidos (Hb 11). Destacamos aqui dois importantes personagens: "Pela fé, Abraão, chamado por Deus, obedeceu e partiu para um lugar que deveria receber como herança. E partiu sem saber para onde ia" (Hb 11,8); "[...] Pela fé, Moisés deixou o Egito, sem temer a ira do rei. Permaneceu firme, como se visse o invisível" (Hb 11,27).

A fé é recebida do fluxo daqueles que nos antecederam e são, ainda, referência para cada um de nós e para a comunidade dos crentes. Ela se radica em Jesus Cristo, como aquele que nos convoca e é o modelo da nossa entrega a Deus.

> Portanto, estamos rodeados dessa grande nuvem de testemunhas. Deixemos de lado tudo o que nos atrapalha e o pecado que se agarra em nós. Corramos com perseverança na corrida, mantendo os olhos fixos em Jesus, autor e consumador da fé (Hb 12,1s).

Em outras palavras, espiritualidade quer dizer cultivar a totalidade da fé (adesão, conhecimento, solidariedade e esperança) e expressá-la em linguagem amorosa. A espiritualidade ecológica, como as outras espiritualidades cristãs, é a do seguimento de Jesus. E acrescenta algo mais. Ela enfatiza que o Deus de Jesus Cristo é o Criador, amante da vida em toda sua extensão. E que o Espírito Santo está presente na criação atual (a biosfera ou comunidade de vida do planeta) e na história humana com suas ambiguidades; sustentando-as, criando laços de amor, renovando-as e levando-as à consumação. Ao orar, entramos conscientemente na "Casa da Trindade". Nossa oração é dirigida ao Pai materno, pelo Filho, na *ruah* divina (Espírito). Mas não só. A oração nos conecta a toda a humanidade e à criação inteira.

Vejamos então alguns traços da ecoespiritualidade. Recorreremos às analogias e músicas, pois a linguagem poética é a mais apta para nos conduzir à realidade inesgotável de Deus. Convidamos o/a leitor/a a apreciar as músicas, com sua melodia, recorrendo aos áudios ou clipes na internet.

Podemos comparar a experiência cristã de Deus, em perspectiva ecológica, às colchas de retalhos tecidas por costureiras e artesãs. Cada parte se liga às outras, constituindo, assim, um belo conjunto. Essa colcha está sendo confeccionada em cada um/a e nas nossas comunidades e grupos, que partilham e tecem uma ecoespiritualidade latino-americana. Processo ainda em curso, incompleto, com avanços e recuos. Propositalmente não usaremos aqui o imperativo ("dever ser"), e sim o presente do indicativo, para indicar uma trilha que se faz. Como se trata de uma prática comunitária, da qual o autor participa muito mais como aprendiz do que como mestre, adota-se o pronome "nós".

Selecionaram-se sete "retalhos" que estamos costurando e ligando: gratidão, encantamento, escuta da Palavra, profetismo, conversão, interdependência e dinamismo do Espírito. Eles estão dispostos em ordem aleatória, sem que o primeiro indique o prioritário, ou o último o menos importante. Como na confecção de uma colcha, pode-se começar por qualquer lado. Partimos de experiências reais consideradas à luz da espiritualidade bíblica, enriquecemos com cantos e hinos, e expressões da *Laudato Si'*. Assim nos colocamos no umbral do mistério inesgotável de Deus, sem ter a vã pretensão de abarcá-lo totalmente ou apropriar-se dele.

2. Tecendo a colcha de retalhos

2.1 Encantamento

Para Jesus, somente quem desenvolve o coração de criança participa do Reino de Deus (Mt 18,1-4). Na ecoespiritualidade latino-americana e caribenha se cultiva a sensibilidade à beleza: na natureza, nas pessoas e nos processos históricos de libertação. A beleza dos ecossistemas e de cada criatura suscita em nós admiração e respeito. Como se afirma na *Laudato Si'*, somos chamados a falar a língua da fraternidade e da beleza na nossa relação com o mundo. Se nos sentimos intimamente unidos a tudo o que existe, então brotam de modo espontâneo a sobriedade e o compromisso, como em Francisco de Assis (LS 11). A beleza faz parte do plano salvífico de Deus! E ela está ligada à prática da solidariedade e da cooperação, em nível interpessoal e planetário. As outras criaturas e as pessoas, especialmente as subalternizadas e invisíveis na sociedade, não são coisas. Elas carregam os sinais do Criador.

> Sendo criados pelo mesmo Pai, estamos unidos por laços invisíveis e formamos uma espécie de família universal, uma comunhão sublime que nos impele a um respeito sagrado, amoroso e humilde (LS 89).

Absorvidos pelas dores do mundo, provocadas pela degradação do meio ambiente e das más condições de vida dos pobres, podemos nos deixar levar pelo pessimismo. Então, trava-se uma luta constante para superar o desencanto e abraçar a esperança. Além disso, aprender a apreciar o que é belo, com lucidez e gratuidade, contribui para romper com a visão pragmática e dominadora do antropocentrismo moderno. Reconhecemo-nos então como filhos e filhas da Terra (LS 2), irmãos e irmãs das outras criaturas.

Ressurge uma atitude de encantamento, reponta uma nova sacralidade e desponta um sentimento de intimidade e de gratidão [...] O universo dos seres e dos viventes nos enche de respeito, de veneração e de dignidade (BOFF, 2004, p. 28).

A trilha sonora do filme *Irmão Sol, irmã Lua*, de Franco Zeffirelli, traduz tal encantamento; essa sintonia com a comunidade de vida do planeta, que marcou a espiritualidade de Francisco de Assis e se torna tão atual para nós.[2]

Doce é sentir em meu coração,
humildemente, vai nascendo o Amor.
Doce é saber que não estou sozinho.
Sou uma parte de uma imensa vida
que, generosa, reluz em torno a mim,
imenso dom do teu amor sem fim.
O céu nos deste e as estrelas claras,
nosso irmão sol, nossa irmã lua.
Nossa mãe Terra com frutos, campos, flores,
o fogo e o vento, o ar e a água pura,
fonte de vida de tuas criaturas,
imenso dom do teu amor sem fim.

2.2 Gratidão e louvor

A ecoespiritualidade é tecida com a gratidão aos humanos e à criação e com o louvor a Deus. Somos agradecidos pelos nossos ancestrais, sobretudo os mais próximos: avós, pai e mãe. Ficamos felizes com as gerações atuais da família: filhos, sobrinhos e netos.

---

[2] Disponível em: https://www.youtube.com/watch?v=C39tOUwp3Pc. Acesso em: 15/02/2022.

Manifestamos gratidão às pessoas que nos formaram, àquelas com as quais constituímos comunidade e aos mártires que testemunham a paixão por Jesus e o Reino de Deus, até a morte. Agradecemos aos amigos e amigas com os quais estabelecemos vínculos afetivos. Saboreamos as pequenas conquistas da luta pela justiça social e ambiental e somos gratos aos ativistas socioambientais. Tal reconhecimento estimula pessoas e grupos a continuarem no caminho do florescimento humano e da sustentabilidade, e a superar limites e imperfeições. Agradecemos à Terra que nos dá as condições para existir e, como mãe, nos nutre com flores e frutos.

Então, os retalhos se conectam, encantamento e gratidão alentam a alegria e o louvor: "Alegrai-vos sempre no Senhor" (Fl 4,4). Tal espiritualidade é marcada pela ação de graças ao Deus da Vida. Somos continuadores do povo da Bíblia, que entoava salmos e cânticos a Javé (Sl 103; Sl 149). Reconhecemos seu amor na criação (Sl 136,1-9) e na libertação das opressões históricas (Sl 136,10-24; Sl 146).

Louvemos a Deus, pelo seu amor constante e duradouro, com o Salmo 136,1.4-9.11-12.16.23-26.

> Celebrem a Deus, porque ele é bom,
> porque o seu amor é para sempre! [...]
> Só ele fez grandes maravilhas,
> porque o seu amor é para sempre.
> Fez os céus com inteligência,
> porque o seu amor é para sempre.
> Firmou a terra sobre as águas,
> porque o seu amor é para sempre.
> Ele fez os grandes luminares,
> porque o seu amor é para sempre.
> O sol para governar o dia,
> porque o seu amor é para sempre.

A lua para governar a noite,
porque o seu amor é para sempre. […]
Ele tirou Israel do Egito,
porque o seu amor é para sempre.
Com mão forte e braço estendido,
porque o seu amor é para sempre. […]
Ele guiou seu povo pelo deserto e deu-lhe a terra,
porque o seu amor é para sempre. […]
Lembrou de nós em nossa humilhação,
porque o seu amor é para sempre.
Livrou-nos dos nossos opressores,
porque o seu amor é para sempre. […]
Ele dá o pão a todo ser vivo,
porque o seu amor é para sempre.
Celebrem ao Deus dos céus,
porque o seu amor é para sempre!

Na ecoespiritualidade, convocamos as criaturas para louvar e agradecer a Deus junto conosco (Sl 148; Sl 150). Quem recita a Liturgia da Horas ou o Ofício das Comunidades recorda o cântico dos jovens na fogueira, de Daniel 3,57-88, entoado em dias de festa litúrgica. Segue abaixo a versão breve do Padre Zezinho deste "Cântico das Criaturas". Como as outras músicas neste capítulo, sugerimos que você faça *download* do áudio ou do clipe para cantar, pois, "quem canta, reza duas vezes".[3]

Vós, todas as obras de Deus bendizei, bendizei ao Senhor!
Vós, todas as obras de Deus bendizei, bendizei ao Senhor!
E vós, mensageiros de Deus,
poderes do céu, estrelas, planetas e constelações,
bendizei quem vos fez e criou!

---

[3] Disponível em: https://www.youtube.com/watch?v=ySn_4yLIHIY&t=15s. Acesso em: 15/02/2022.

Glória e louvor para sempre,
sejam dados a quem tanto amou.

E vós, brisa e vento a soprar,
bendizei, bendizei, bendizei ao Senhor!
Riacho e nascente a jorrar, bendizei, bendizei ao Senhor!
E vós, estações a mudar, cantigas do mar
e fogo a queimar e neve a gelar, bendizei quem vos fez e criou!
Montanhas, colinas de além, bendizei, bendizei ao Senhor!
Planaltos e vales de aquém, bendizei, bendizei ao Senhor!
Vós todos do reino animal, cetáceos do mar,
peixe a nadar, alado a voar,
bendizei quem vos fez e criou!

Glória e louvor para sempre,
sejam dados a quem tanto amou. (bis)

E vós que dizeis que sois reis, bendizei, bendizei ao Senhor!
E vós, que fazeis nossas leis, bendizei, bendizei ao Senhor!
Mulheres e homens de paz, menina e rapaz
que ainda sonhais e vos inquietais,
bendizei quem vos fez e criou!

Glória e louvor para sempre,
sejam dados a quem tanto amou. (bis)

A espiritualidade ecológica se manifesta de maneira singular no louvor e na ação de graças. Como Jesus, louvamos ao Pai porque revela seus segredos aos pequeninos (Mt 11,25). A exemplo de Maria, no *Magnificat*, cantamos os louvores a Deus e pedimos que ele derrube os poderosos de seus tronos e exalte os humilhados (Lc 1,46-55). Louvamos e bendizemos a Deus por sua ação na criação e na história. Convidamos as outras criaturas a louvar conosco a Deus, origem e amante da vida.

2.3 Ouvinte da Palavra na Bíblia, na realidade e na criação

As igrejas da reforma pautaram seu caminho espiritual a partir da leitura da Bíblia. Os católicos acolheram tal princípio com base no Concílio Vaticano II, expresso sobretudo na constituição dogmática *Dei Verbum*, sobre a revelação divina. Nossa experiência de Deus está ancorada na leitura orante da Bíblia. A Palavra de Deus se torna companheira de cada dia, lâmpada para os pés na caminhada de fé e luz para o nosso caminho (Sl 119,105). Dela provamos e por ela somos provados (Sl 34,8). Ela nos alimenta e fortalece (Dt 8,3). Sentimos sua doçura (Ez 3,3) e amargor, pois é preciso manter a profecia (Ap 10,8-10). Nela repousamos e ela não nos deixa descansar. Por isso, meditamos a Palavra de Deus e a colocamos no centro das nossas celebrações comunitárias.

No entanto, sua luz pode cegar as pessoas, quando se faz uma leitura moralista ou fundamentalista da Bíblia. Por isso, a sensibilidade para acolher a Palavra escrita exige ouvir os apelos de Deus na realidade e discernir os "Sinais dos Tempos". Essa expressão, que remonta ao Evangelho (Mt 16,3), foi retomada pelo Papa João XXIII e pela Constituição Pastoral *Lumen Gentium*, do Concílio Vaticano II, sobre a Igreja no mundo de hoje. Segundo o Concílio, a Igreja deve perscrutar os sinais dos tempos e interpretá-los à luz do Evangelho, para responder de maneira atualizada às interrogações sobre o significado da vida presente e futura. É necessário conhecer e entender o mundo no qual vivemos, suas esperanças, suas aspirações e seus dramas (GS 4).

A essas duas dimensões de escuta das interpelações de Deus – na Bíblia e na realidade –, a ecoespiritualidade acrescenta uma terceira: acolher o "Evangelho da Criação", título do capítulo II da *Laudato Si'*. Há uma "palavra sem palavras" em cada criatura e nos ecossistemas (Sl 19,1-4). A natureza é um livro esplêndido onde Deus nos fala e transmite algo da sua beleza e bondade (LS 12). Como todas as criaturas estão interligadas, professamos com carinho o valor de cada uma delas, e que, todos nós – criaturas – precisamos uns dos outros (LS 42). Então a espiritualidade ecológica implica sermos ouvintes atentos da Palavra de Deus, que se manifesta de maneiras diferentes e complementares na criação, na Bíblia e na realidade humana: pessoal, social e planetária.

Veja a música *Palavra e canção*, de Rubinho do Vale, inspirada no Salmo 19, sobre o silêncio e a palavra divinos.

É bom sentir a pulsação de uma singela melodia,
entrar no ritmo da paz, a mente o corpo em sintonia.
Existe música que vem pra o bem da nossa companhia,
é uma cantiga tão antiga que se renova todo dia.

Uma canção que vem do alto em colorida sinfonia,
vem do autor de todo canto da fonte da sabedoria.
A voz de Deus manifestando enquanto a gente silencia,
é vento, é água, passarinho, a natureza em cantoria.

Vem coração, vem cá, vem ver como é bonita a luz do dia!
Vem coração, vem cá, vem ver como é bonita a luz do dia!
Raio de sol que nos aquece, acalma e nos acaricia.

Toda palavra na canção deve trazer a harmonia
pra encantar o coração que está buscando alegria.
Palavra lavra, leva e traz a paz de Deus pra quem confia.
Celebração e comunhão da criação na luz do dia.

Para viver na claridade a muita coisa renuncia.
A luz é, na realidade, onde a bondade principia.
Toda palavra de amor é como luz que irradia.
Toda palavra, de verdade, clareia, orienta e guia.

2.4 Profetismo

Nas escrituras judaicas, são os profetas aqueles que melhor tematizam a espiritualidade transformadora, a qual relaciona a Palavra de Deus com a realidade humana pessoal e social. Por isso, há uma fusão de horizontes do profetismo bíblico com a missão profética da comunidade eclesial na contemporaneidade. Isaías, Jeremias, Amós e Oseias se tornam personagens próximos a nós. A partir de suas palavras e gestos, reconhecemos os profetas e as profetisas de hoje. Eles/as anunciam com coragem a Boa-Nova de Jesus, denunciam as injustiças sociais e ambientais e nos convidam a abraçar a esperança.

Dos profetas de ontem e hoje assimilamos a paixão por Deus, que nos comove e instiga (Jr 7,20). Semelhantes a Isaías e aos primeiros discípulos de Jesus, ouvimos a voz do Senhor: "Quem enviarei, quem irá por nós?", e respondemos: "Aqui estou, envia-me" (Is 6,8; Mt 4,19). Como os profetas da Bíblia, mantemos a indignação. Denunciamos uma religião vazia e de aparência (Is 1,10-16). Ajudamos a desmascarar os mecanismos políticos, econômicos e ideológicos que mantêm a pobreza e destroem nossos biomas. Não podemos deixar de falar daquilo que experimentamos, vimos e ouvimos (Am 7,14-15, At 4,20)! O anúncio profético nos coloca em situações de conflito, incompreensão e perseguições, na Igreja e na sociedade (Jr 20,8-10; Jo 15,20).

Aprendemos, desde a Conferência dos bispos latino-americanos em Medellín, que a fé tem uma dimensão social irrenunciável (Medellín: 1968, documentos: "Justiça", "Paz" e "Pobreza na Igreja"). Por empatia, experimentamos como nossa a dor do planeta e dos pobres. Provamos a força das iniciativas em favor dos bens comuns, como também sua fraqueza diante do poder das corporações que comandam o mercado global. Poder esse que é consolidado com a anuência das elites políticas.

O profetismo exige a atuação política, ambiental e social, mas não se reduz a ela. Tem sua raiz na experiência mística de ser tocado pelo Deus da Vida, que nos ama e nos convoca. Sentimos a necessidade de constantemente escutar a Palavra e deixá-la ressoar no coração; exercitar o encantamento e a gratidão, a súplica e a ação de graças. Nos tempos atuais, a profecia exige a sabedoria, que a completa. Cultivamos a sabedoria, o conhecimento com sabor, a descoberta da presença de Deus no cotidiano e nas coisas pequenas da existência.

A música *Profeta* sintetiza de maneira poética o chamado e a resposta, os desafios e os riscos do profetismo. As palavras são compostas em grande parte por trechos bíblicos da vocação profética em Jeremias, Isaías e Ezequiel. Vale revisitar a composição, sob o olhar da espiritualidade.[4]

Antes que te formasses dentro do ventre de tua mãe,
antes que tu nascesses, te conhecia, te consagrei
para ser meu profeta, entre as nações eu te escolhi.
Onde te envio, irás! O que te mando, proclamarás!

Tenho que gritar, tenho que arriscar.
Ai de mim se não o faço!
Como escapar de ti, como calar,
se tua voz arde em meu peito?

Tenho que andar, tenho que lutar.
Ai de mim se não o faço!
Como escapar de ti, como calar,
se tua voz arde em meu peito?

---

[4] Disponível em: https://musicasparamissa.com.br/musica/o-profeta. Acesso em: 15/02/2022.

Não temas arriscar-te, porque contigo eu estarei.
Não temas anunciar-me, em tua boca eu falarei.
Entrego-te meu povo, vai arrancar e derrubar.
Para edificar, construirás e plantarás!

Deixa os teus irmãos, deixa teu pai e tua mãe,
deixa a tua casa, porque a terra gritando está.
Nada tragas contigo, porque a teu lado eu estarei.
É hora de lutar, porque meu povo sofrendo está.

Tenho que gritar, tenho que arriscar.
Ai de mim se não o faço!
Como escapar de ti, como calar,
se tua voz arde em meu peito?

Tenho que andar, tenho que lutar.
Ai de mim se não o faço!
Como escapar de ti, como calar,
se tua voz arde em meu peito?

2.5 Conversão pessoal, social e ecológica

Nós, cristãos, vivemos em uma constante luta interior. Fomos criados em Cristo, contemplados desde o início pela graça de Deus (Ef 1,4-5). E não somente nós. Toda a criação é manifestação da bondade de Deus e participa do seu plano de salvação (Ef 1,10). As culturas, etnias e povos encarnam, de diferentes modos, valores que apontam para o florescimento humano.

De outro lado, o mal e a iniquidade estão presentes – em distintos graus – em cada ser humano: nas suas relações interpessoais, nas culturas e na forma como se organizam a economia, a política e a distribuição dos bens. O pecado nos fragmenta, dificultando que integremos nossos desejos e pulsões; cria obstáculos para a cooperação e estimula a competição e o egoísmo, cada um para si. O ser humano e a sociedade apresentam, simultaneamente e em diferentes graus, luzes e sombras, bondade e maldade, sensibilidade e indiferença, cultivo da paz e da violência.

Jesus começa sua missão convocando: "O Reino de Deus está chegando! Convertam-se e creiam no Evangelho" (Mc 1,15). Nossa experiência de Deus está marcada pelo empenho de conversão, de perceber o que nos desvia do caminho de Jesus, de pedir perdão e retomar a trilha. Conversão implica tanto a mudança do mal para o bem quanto o salto do bom para o melhor, de uma visão estreita para uma mais ampla.

> Nunca maltratamos e ferimos a nossa casa comum como nos últimos dois séculos. Mas somos chamados a tornar-nos os instrumentos de Deus Pai para que o nosso planeta seja o que ele sonhou ao criá-lo e corresponda ao seu projeto de paz, beleza e plenitude (LS 53).

Nessa jornada luminosa combatemos, ao mesmo tempo, os pecados pessoais e os estruturais. O documento final do Sínodo para a Amazônia convoca a todos/as para o movimento "da escuta à conversão integral", que se traduz em novos caminhos de conversão pastoral, cultural, ecológica e sinodal. "A escuta do grito da terra e do grito dos pobres e dos povos da Amazônia com os quais caminhamos nos chama a uma verdadeira conversão integral, com uma vida simples e sóbria, toda alimentada por uma espiritualidade mística no estilo de São Francisco de Assis, exemplo de conversão integral vivida com alegria e louvor cristão" (Sínodo, 2019, n. 17).

Fazer e refazer escolhas, renunciando à morte, ética e espiritual, e promovendo a vida em toda sua extensão: eis a questão vital, colocada em Deuteronômio 30,19. Padre Zezinho destacou o apelo radical de Deus para seu povo, esse clamor de conversão, na música

Em prol da vida. Ele sublinha algumas manifestações de negação da vida e mostra a unidade de destino da espécie humana com a Terra:

> *Diante de ti ponho a vida e ponho a morte.*
> *Mas tens que saber escolher: se escolhes matar, também morrerás.*
> *Se deixas viver, também viverás.*
> *Então viva e deixe viver!*
>
> Não mais estes rios poluídos, não mais este lixo nuclear.
> Não mais o veneno que se joga nos campos, nos rios e no mar.
> Não mais estas mortes sem sentido!
> Não poluirás e não matarás!
> A terra é pequena e limitada.
> Se a terra morrer, também morrerás!
> Não mais a tortura nem a guerra.
> Não mais violência nem rancor.
> Não mais o veneno que se joga na mente do povo sofredor.
> Não mais este medo sem sentido!
> Não destruirás nem oprimirás!
> A vida é pequena e entrelaçada.
> Se o homem morrer, também morrerás!
>
> *Diante de ti ponho a vida e ponho a morte.*
> *Mas tens que saber escolher: se escolhes matar, também morrerás.*
> *Se deixas viver, também viverás.*
> *Então viva e deixe viver!*

2.6 No dinamismo do Espírito

A ecoteologia, e a espiritualidade que com ela nasce, redescobre o Espírito Santo. Força feminina de Deus, a *ruah* (palavra feminina no hebraico) dança sobre as águas no início da criação (Gn 1,2). Presente na ciranda da vida do nosso planeta, sustenta os ciclos de matéria e energia e impulsiona a evolução do cosmos e da humanidade, até a sua consumação. O Espírito Santo promove a colaboração e a interdependência de todas as criaturas na nossa casa comum.

> Vínculo infinito de amor, o Espírito está intimamente presente no coração do universo, animando e suscitando novos caminhos (LS 238).

O Espírito Santo é fogo amoroso abrasador, vento impetuoso que desacomoda e traz o novo (At 2,1-2), brisa que nos reconforta, defensor dos pobres e fracos, que possibilita a emergência do novo e do surpreendente (Boff, 2013, p. 10). O Espírito unge os profetas (Is 61,1-2) e Jesus de Nazaré (Lc 4,18-19) para evangelizar e restaurar o mundo ferido; nos ajuda a recordar e atualizar a mensagem de Jesus (Jo 14,26). O Espírito Santo nos remete ao Deus Pai materno, princípio de toda a vida. Faz-nos retornar, com um coração renovado, à pessoa e à mensagem de Jesus.

O poeta e cantor Zé Vicente expressa essa múltipla e abrangente presença do Espírito Santo em *Um hino ao divino*:[5]

> Presente tu estás desde o princípio nos dias da criação,
> Divino Espírito!
> És sopro criador que a terra fecundou e
> a vida no universo despertou!
>
> Presente tu estás desde o Egito, vencendo a opressão,
> Divino Espírito!
> És fogo e claridão, luz da libertação de um povo
> em movimento de união!

---

[5] Disponível em: https://www.youtube.com/watch?v=B8xhmQ2yg0Q. Acesso em: 15/02/2022.

Presente tu estás em Jesus Cristo na cruz, ressurreição,
Divino Espírito!
Boa-Nova do perdão, carinho entre irmãos,
ardor na militância e na missão!

Presente tu estás desde o início nos primeiros cristãos,
Divino Espírito!
Firmeza e novidade, estrela da unidade,
amor concreto solidariedade!

Presente tu estás no sacrifício, na dor das multidões,
Divino Espírito!
Clamor e profecia ternura e ousadia,
sabor de nosso pão de cada dia.

A espiritualidade cristã consiste em reconhecer a presença do Espírito Santo na criação, em cada pessoa e nos acontecimentos bons na nossa história coletiva. Mais ainda, implica acolher o Espírito de Deus em nós, alimentando assim a fé, a esperança e a caridade-solidariedade.

O apóstolo Paulo, na carta à comunidade dos Gálatas, afirma: "O fruto do Espírito é amor, alegria, paz, paciência, bondade, fidelidade, mansidão e domínio de si" (Gl 5,22-23). O Espírito Santo suscita atitudes e hábitos que se dirigem tanto aos outros humanos quanto às outras criaturas, como: a alegria, a paz e a bondade; citadas por Paulo. E desenvolve em nós virtudes específicas para o nosso tempo, tais como: a empatia (sentir a dor e o contentamento do outro como nosso), a sobriedade feliz, a simplicidade voluntária e o engajamento em causas socioambientais.

2.7 Interdependência

A cultura ocidental colonizadora fragmentou as pessoas e dividiu o conhecimento em partes que se comunicam com dificuldade.

Criou um conflito entre os interesses do indivíduo e da coletividade. Separou a razão da emoção, a linguagem científica da narração e da poesia. Nesse contexto, a religião foi reduzida às práticas devocionais, ao ritualismo litúrgico e à moral individualista. Perdeu seu sentido original de "religar" todas as coisas e realidades em Deus. A política e o poder econômico se uniram, configurando uma forma de produzir, consumir e descartar que destrói a Terra e marginaliza os pobres e os povos originários. A concentração da população nas cidades e, especialmente, nas suas periferias desconectou a população da natureza.

Então a espiritualidade foi privatizada. Transformou-se em instrumento de autoajuda, para oferecer paz interior, lidar com a depressão e garantir o sucesso na vida. Mesmo com essas limitações reais, pode-se fazer uma legítima experiência de Deus. Porém, as consequências sociais e ecológicas são notórias, devido à falta de consciência e ao consentimento a um sistema que destrói a comunidade de vida do planeta. Pode acontecer um desvio perigoso ao se trocar o Deus Vivo por "ídolos", criados na medida de seus adoradores. E, o que é pior, usando o nome de Jesus.

Nesse cenário generalizado de fragmentação, a ecoespiritualidade faz a diferença. Cremos que "tudo está interligado": as pessoas, as comunidades, as culturas, os povos e os ecossistemas que formam a biosfera. Os pequenos e os grandes gestos de cuidado se completam. O todo é mais do que a soma das partes. A expressão "tudo está interligado", que perpassa a *Laudato Si'*, é sinônimo de "interdependência", termo caro aos ecólogos e ativistas socioambientais. O clipe de Cireneu Kuhn expressa como o cuidado essencial se manifesta de diversas maneiras, constituindo um conjunto fascinante e estimulador:[6]

---

[6] Disponível em: https://www.youtube.com/watch?v=PLsAtfUGcHU. Acesso em: 15/02/2022.

Tudo está interligado, como se fôssemos um.
Tudo está interligado nesta casa comum.

O cuidado com as flores do jardim, com as matas,
os rios e mananciais.
O cuidado com o ar e os biomas, com a terra
e com os animais.

O cuidado com o ser em gestação, com as crianças
um amor especial.
O cuidado com doentes e idosos; pelos pobres,
opção preferencial.

A luta pelo pão de cada dia, por trabalho, saúde e educação.
A luta pra livrar-se do egoísmo e a luta contra toda corrupção.

O esforço contra o mal do consumismo;
a busca da verdade e do bem.
Valer-se do tempo de descanso,
da beleza deste mundo e do além.

O diálogo na escola e na família, entre povos,
culturas, religiões.
Os saberes da ciência, da política, da fé,
da economia em comunhão.

O cuidado pelo eu e pelo tu, pela nossa ecologia integral.
O cultivo do amor de São Francisco,
feito solidariedade universal.

Tudo está interligado como se fôssemos um.
Tudo está interligado nesta casa comum.

A solução para superar os desafios da complexa crise socioambiental "requer uma abordagem integral para combater a pobreza, devolver a dignidade aos excluídos e, simultaneamente, cuidar da natureza"

(LS 139). Sob a inspiração dos povos originários andinos, descobrimos o "bem viver" como uma utopia possível e necessária. Promovemos a ecologia integral que inclui aspectos ambientais, sociais, políticos (LS 138-142), culturais e da vida cotidiana. A busca de uma conexão com a Terra e com todos os humanos que se empenham por uma nova sociedade nos constitui por dentro; tanto na ação transformadora quanto na contemplação. Manifesta-se na palavra e no silêncio, na solidariedade com os crucificados e na esperança da ressurreição.

Na colcha de retalhos da existência humana no planeta há tecidos rotos, que precisam ser trocados ou refeitos, como nossas avós faziam. Um desses está no gemido de toda a criação devido à degradação da nossa casa comum. O sofrimento também é constitutivo da espiritualidade ecológica. Gememos junto com a criação na esperança da libertação e da transmutação do nosso corpo pessoal e cósmico (Rm 8,19-23).

Somos, simultaneamente, discípulos e missionários, aprendizes e anunciadores. A natureza, na sua sabedoria, nos ensina a viver de maneira sustentável. Aprendemos uns com os outros com as contribuições dos movimentos ecofeministas, dos transgêneros, dos povos indígenas e dos afrodescendentes, das novas gerações, das igrejas e das religiões. Acreditamos que a diversidade humana, como a biodiversidade, quando se põe em espírito de cooperação, enriquece e fortalece nossos laços. Aqui reside a oportunidade de conversão para acolher os diferentes e exercitar o encantamento e a gratidão: "Como são numerosas tuas obras, ó Senhor! A todas fizeste com sabedoria. A Terra está cheia das tuas criaturas" (Sl 104,24).

Conclusão aberta

A relacionalidade humana e a interdependência na natureza têm suas raízes na comunidade divina. "Tudo está interligado, e isto nos convida a maturar uma espiritualidade da solidariedade global que brota do mistério da Trindade" (LS 240). No Espírito, cultivamos uma espiritualidade trinitária, relacional, amorosa e de justiça recriadora. E nele clamamos: "Envia teu Espírito Senhor, e renova a face da Terra!" (Sl 104,30).

Referências e literatura complementar

BÍBLIA SAGRADA. Edição pastoral. São Paulo: Paulus, 1990.

BOFF, L. *Ecologia*: grito da Terra, grito dos pobres. Petrópolis: Vozes, 2015.

CONCLUSÕES DA CONFERÊNCIA DE MEDELLÍN – 1968. *Trinta anos depois, Medellín é ainda atual?* 3. ed. São Paulo: Paulinas, 2010.

FERNANDES DA COSTA, R.; ROCHA SANTOS, F. (org.). *A mística do "bem viver"*. Belo Horizonte: Senso, 2019.

FREI BETTO; BOFF, L. *Mística e espiritualidade*. Petrópolis: Vozes, 2010.

MAÇANEIRO, M.; MURAD, A. *A espiritualidade como caminho e mistério*. São Paulo: Loyola, 1999.

MURAD, A.; RIBEIRO, S.; GOMES, P. R. *A casa da teologia*. São Paulo: Paulinas, 2010.

MÜSSIG, D. *Hacia un cristianismo ecológico*: aportes bíblicos y litúrgicos para el cuidado de la creación. Cochabamba: Itinerários, 2018.

PAPA FRANCISCO. *Encíclica Laudato Si'*: sobre o cuidado da casa comum. São Paulo: Paulinas, 2015.

SÍNODO PARA A AMAZÔNIA. *Documento Final*. 2019. Disponível em: http://secretariat.synod.va/content/sinodoamazonico/pt/documentos/documento-final-do-sinodo-para-a-amazonia.html. Acesso em: 15/02/2022.

SUSIN, L. C. (org.). *Mysterium Creationis*: um olhar interdisciplinar para o universo. São Paulo: Paulinas, 1999.

THEOKRITOFF, E. *Abitare la Terra*: uma visione cristiana dell'ecologia. Magnano: Qiqajon, 2009.

Clipes e áudios

KUHN, C. *Tudo está interligado*. Disponível em: https://www.youtube.com/watch?v=4odLNXpM25U. Acesso em: 15/02/2022.

MÚSICAS PARA MISSA. *O profeta*. Disponível em: https://www.youtube.com/watch?v=pCGVke8Pv6I&t=25s. Acesso em: 15/02/2022.

PADRE ZEZINHO. *Cântico das criaturas* (Dn 3). Disponível em: https://www.youtube.com/watch?v=ySn_4yLIHIY&t=15s. Acesso em: 15/02/2022.

PADRE ZEZINHO. *Em prol da vida*. Disponível em: https://www.youtube.com/watch?v=4odLNXpM25U. Acesso em: 15/02/2022.

TRILHA SONORA do filme *Irmão Sol, irmã Lua*, de Franco Zeffirelli. Versão brasileira. Disponível em: https://www.youtube.com/watch?v=C39tOUwp3Pc. Acesso em: 15/02/2022.

VALE, Rubinho. *Palavra e canção* (sem áudio). Disponível em: https://www.letras.mus.br/rubinho-do-vale/1123236/. Acesso em: 15/02/2022.

ZÉ VICENTE. *Um hino ao divino*. Disponível em: https://www.youtube.com/watch?v=B8xhmQ2yg0Q. Acesso em: 15/02/2022.

4ª JANELA

Ecologia integral: uma visão panorâmica[1]

1. Como chegamos à ecologia integral

Como vimos anteriormente, a palavra "ecologia" tem muitos significados que se complementam e enriquecem. É um "saber de saberes", uma ciência sobre a Terra e suas relações, um novo modelo de compreensão do lugar do ser humano no mundo. Evoca também a consciência crescente e o compromisso para que nosso planeta continue habitável para nós e as outras criaturas, agora e no futuro. O tema interessa a toda a humanidade, e não somente aos cristãos e membros de outras religiões. Os motivos são tantos! A ecologia incide na vida pessoal, implicando a saúde de corpo, mente e espírito. Diz respeito ao estilo de vida e opções de consumo. Ao mesmo tempo, ela suscita opções políticas e econômicas locais, regionais, nacionais

---

[1] Este texto é uma versão corrigida e ampliada do artigo *Laudato Si'* e a ecologia integral: um novo capítulo da Doutrina Social da Igreja. *Revista Medellín (Bogotá)*, v. XLIII, n. 168, pp. 469-494, mayo/ago. 2017.

e planetárias. As religiões, por sua vez, acumularam uma sabedoria em relação à convivência com os outros seres e descobriram na natureza sinais do sagrado. E, em diferentes graus, elas também foram capturadas pela máquina devastadora do consumismo da sociedade de mercado e pelo individualismo.

Daremos agora um passo a mais. Compreenderemos por que se acrescentou à ecologia o adjetivo "integral". Comecemos com um breve retrospecto histórico e vejamos como esse termo posteriormente foi assumido pelas igrejas cristãs.

Guillermo Kerber (2021, p. 62-64), autor uruguaio que atua no Conselho Mundial das Igrejas, localiza a origem da palavra "ecologia integral" no âmbito das ciências sociais, na década de 1970. Ken Wilber, em 1977, fala de "teoria integral", na obra *El espectro de la consciencia*, fazendo uma abordagem inter-religiosa. Michael Zimmerman, em 2003, refere-se à "ecología integral" como um paradigma para analisar os problemas ambientais. Combina vários enfoques, como: arte, ciências naturais, sociais e humanas e ética. Simultaneamente, uma perspectiva ampla da ecologia foi assumida nas igrejas cristãs, resultando em ética (atitudes, hábitos e ações) e espiritualidade. O Patriarca Bartolomeu, da Igreja ortodoxa russa e da comunhão das igrejas ortodoxas, já se dedica à questão ecológica na evangelização desde o final da década de 1980 e utiliza a expressão "cuidado com a Terra". Como já vimos, Leonardo Boff toma as "três ecologias" de F. Guattari (ambiental, social e mental) e acrescenta uma quarta, que abarca as outras, que ele denomina "ecologia integral" (BOFF, 2012).

Do ponto de vista educativo, os professores mineiros José Luiz Carvalho e Ana Maria Ribeiro fundaram o "Centro de Ecologia Integral" em 2001, mas já desenvolviam atividades nessa linha desde 1996. A revista *Ecologia Integral*, editada de 2001 a 2012, apresentava artigos acessíveis sobre diversos temas que integravam a ecologia pessoal, social e ambiental.[2] No primeiro número da Revista, Ana Maria afirma que "a ecologia integral junta novamente dimensões que nunca poderiam ter sido separadas: o ser humano, a sociedade e a natureza" (RIBEIRO, 2001, p. 11). Vale ainda citar o trabalho do pensador Uruguaio Eduardo Gudynas que, na década de 1980, propõe uma ecologia social latino-americana e participa da criação do CLAES – Centro Latino-americano de Ecología Social.[3] Gudynas (2011) desenvolve e divulga o tema do "bem viver" como estilo de vida e alternativa ao capitalismo, a partir da visão dos povos originários andinos. Podemos dizer que o "bem viver" é uma versão indígena latino-americana da ecologia integral.

Vejamos então como a ecologia integral ganha relevância com a Encíclica *Laudato Si'* do Papa Francisco, sobre o Cuidado da casa comum (2015), que é dirigida não somente aos católicos, mas a toda a humanidade.[4] O título nos reporta ao início do *Cântico das Criaturas*, de Francisco de Assis, na sua língua materna. Em português seria: "Louvado Sejas, meu Senhor, por todas as tuas criaturas".

O Papa Francisco ofereceu ao mundo um documento significativo sobre a ecologia integral. A *Laudato Si'* visa "nos ajudar a reconhecer a grandeza, a urgência e a beleza do desafio que temos pela frente": cuidar da casa comum, a Terra (LS 15). Faz-nos o apelo de "unir toda a família humana na busca de um desenvolvimento sustentável e integral" (LS 13).

---

[2] Disponível em: https://www.ecologiaintegral.org.br/revistaeco.htm. Acesso em: 22/05/2022.

[3] Disponível em: http://ambiental.net/sobre-claes/. Acesso em: 22/05/2022.

[4] "Encíclica", como o próprio nome diz, é uma carta circular, o documento mais importante da autoridade máxima da Igreja Católica. Os documentos oficiais da Igreja Católica são citados com siglas e o número dos parágrafos ou conjunto deles, por parágrafos e não por páginas. Assim, "LS n. 3" ou "LS 3" significa: *Laudato Si'*, parágrafo 3.

Francisco, após trabalhar com amplos e diversificados grupos de assessores, assim organizou a Encíclica:

- Introdução;
- O que está acontecendo na nossa casa comum (cap. 1);
- Como a Bíblia ilumina o compromisso com o cuidado do planeta. O Evangelho da Criação (cap. 2);
- Raízes humanas da crise socioambiental: o paradigma tecnocêntrico e o antropocentrismo moderno (cap. 3);
- Caminhos de solução: uma ecologia integral (ambiental, econômica, social e da vida cotidiana) e a justiça intergeracional (cap. 4);
- Algumas linhas de orientação e ação para quem detém o poder político e econômico: diálogo, políticas nacionais e internacionais (cap. 5);
- Educação para a aliança da humanidade com o ambiente. Cultivo da espiritualidade ecológica (cap. 6), marcada pela conversão e novas atitudes;
- Conclusão com duas orações: respectivamente, a homens de mulheres de várias religiões; e aos cristãos.

Alguns eixos perpassam todo o Documento, tais como: a relação íntima entre os pobres e a fragilidade do planeta, a convicção de que tudo está estreitamente interligado no mundo, a crítica às formas de poder que derivam da tecnologia, o convite a procurar outras maneiras de entender a economia e o progresso, o valor próprio de cada criatura, o sentido humano da ecologia, a necessidade de debates sinceros e honestos, a grave responsabilidade da política internacional e local, a crítica à cultura do descarte, a proposta de um novo estilo de vida a partir da nossa fé (LS 16).

Neste capítulo desenvolveremos as seguintes questões: Em que sentido a ecologia é integral?; Destaques sobre a ecologia integral no capítulo IV da *Laudato Si'*; e Conversão ecológica: simultaneidade de atitudes e práticas.

2. Em que sentido a ecologia é integral?

Na língua portuguesa, o adjetivo "integral" comporta vários sentidos, constituindo uma constelação de significados relacionados entre si. No âmbito da saúde, "integral" se aplica aos alimentos completos, inteiros, não submetidos a processos químicos para retirar fibras, açúcares, nutrientes ou gordura. Integral significa, portanto, inteiro, saudável; completo, que mantém suas propriedades originais. No campo da produção literária ou artística (como um livro, um filme ou uma peça de teatro), se diz "integral" daquela obra inteira, que não sofreu redução, censura ou mutilação. No espaço da discussão de ideias, se diz que uma visão integral é aquela que reúne diferentes elementos de maneira articulada e respeitosa. Em outras palavras, mesmo quando alguém toma posição sobre determinada questão, considera-se "o outro lado da questão".

No campo ético, o adjetivo "íntegro" caracteriza a pessoa sincera, transparente, que mantém suas convicções, não se deixa levar pela corrupção ou qualquer outro tipo de assédio do mal. Já o verbo "integrar" deriva do latim *integrare*, que quer dizer: ato ou efeito de tornar inteiro o que está separado, fragmentado ou dividido. Pode significar ainda: aglutinar, unir, juntar, compor. Na língua portuguesa, o verbo pronominal "integrar-se" significa: passar a fazer parte de uma coletividade; sentir-se membro de determinado grupo. Ou, ainda, ligar-se a um coletivo, de modo a constituir um conjunto fortalecido.

Portanto, o adjetivo "integral" – como os termos próximos "integrar", "integrar-se", "íntegro" e "integrado" – apresenta essa gama de significados: completo, inteiro, saudável, eticamente bom, comunitário, plural e aglutinador. Opõe-se ao que é parcial, restrito, unidimensional e eticamente questionável.

Um grupo organizado "integral" considera tanto o processo quanto os resultados. Por isso, exige o diálogo e a construção coletiva. Consiste em equilíbrio dinâmico, belo e frágil, em constante (auto) superação. Assim, o integral é inteiro, mas sem pretensão de ser total. Avalia-se, reconstrói-se. Incorpora e integra, sem destruir ou negar as tensões contextuais. Mantém a singularidade dos elementos que o constituem e acentua a interdependência entre eles.

Voltemos à pergunta inicial: em que sentido a ecologia é ou deve ser integral?

A grande parte dos evangelizadores, evangélicos e católicos, tendem a identificar "ecologia" com "preservação da natureza" ou com "zelar pelo verde". Tal compreensão tem duas limitações. O empenho ecológico não se limita a manter intacta as florestas e outras áreas de conservação. E, sim, em estabelecer processos sustentáveis que respeitem os ciclos de matéria e energia no planeta. Além disso, a ecologia não diz respeito somente à natureza, compreendida em uma visão idealizada e fora de nós. A grande novidade da ecologia contemporânea é a interdependência. Nós, humanos, estamos em constante relação entre nós mesmos e com a comunidade de vida do planeta, os ecossistemas. Fazemos parte da Terra, mas, ao mesmo tempo, somos diferentes dos outros seres. Ecologia não é sinônimo de natureza estática, e sim de busca por um planeta habitável para nós e outros seres. E, com a crescente concentração de pessoas nas cidades e o aumento da exclusão social, ganha importância a ecologia urbana, que diz respeito à qualidade da existência humana e de seu meio, especialmente para os mais pobres. Neste sentido, Francisco inicia o capítulo IV da *Laudato Si'*, afirmando:

> Dado que tudo está intimamente relacionado e que os problemas atuais requerem um olhar que tenha em conta todos os aspectos da crise mundial, proponho que nos detenhamos agora a refletir sobre os diferentes elementos de uma ecologia integral, que inclua claramente as dimensões humanas e sociais (LS 137).

O adjetivo "integral", incorporado à "ecologia" na *Laudato Si'*, traduz o esforço constante de pensar e atuar de maneira articulada, e não segmentada, para o bem da humanidade e da comunidade de vida do nosso planeta. Assim, o primeiro tópico da ecologia integral consiste na "ecologia ambiental, econômica e social" (LS 138-142).

A ecologia integral não se restringe ao ambiental, primeira dimensão que lhe deu origem. Implica pensar o ser humano em suas múltiplas relações, começando do âmbito econômico, que diz respeito à extração, produção, consumo e descarte de produtos (e serviços).

> A ecologia estuda as relações entre os organismos vivos e o meio ambiente onde se desenvolvem. E isto exige […] discutir acerca das condições de vida e de sobrevivência de uma sociedade, e […] pôr em questão modelos de desenvolvimento, produção e consumo. Tudo está interligado. […] Assim como os vários componentes do planeta – físicos, químicos e biológicos – estão relacionados entre si, assim também as espécies vivas formam uma trama que nunca acabaremos de individuar e compreender (LS 138).

A ecologia integral recusa a pretensão de abarcar todo o conhecimento e aceita humildemente sua provisoriedade, pois "os conhecimentos fragmentários e isolados podem tornar-se uma forma de ignorância, quando resistem a integrar-se numa visão mais ampla da realidade" (LS 138). A ecologia integral propõe uma forma de elaborar e transmitir o conhecimento que reúna vários saberes, superando assim a visão analítica e monofocal de cada ciência.

A ecologia busca ser integral enquanto estreita os laços do ambiental com o social. Considera o meio ambiente por inteiro, incluindo o humano. "Quando falamos de meio ambiente, fazemos referência também à relação entre a natureza e a sociedade que a habita. Isto nos impede de considerar a natureza como algo separado de nós ou como mera moldura da nossa vida. Estamos incluídos nela, somos parte dela e compenetramo-nos" (LS 139).

A qualificação de "integral" compreende também a maneira de abordar os problemas e encontrar as melhores soluções para a humanidade e o planeta. Ou seja, conjuga teoria e prática no único e complexo âmbito socioambiental.

Dada a amplitude das mudanças, já não é possível encontrar uma resposta específica e independente para cada parte do problema. É fundamental buscar soluções integrais que considerem as interações dos sistemas naturais entre si e com os sistemas sociais. Não há duas crises separadas: uma ambiental e outra social; mas uma única e complexa crise socioambiental. As diretrizes para a solução requerem uma abordagem integral para combater a pobreza, devolver a dignidade aos excluídos e, simultaneamente, cuidar da natureza (LS 139).

2.1 Ecologia integral: o bom e o belo

Desde o século XVI está em marcha um movimento na economia caracterizado pela crescente utilização da razão instrumental, provocando um "desencanto" em relação aos mistérios da natureza, à sua beleza e gratuidade. De um lado, a água, o solo, as rochas, as florestas, os animais foram reduzidos a coisas, a "recursos" (hídricos, minerais, energéticos, materiais), utilizados ao bel-prazer da humanidade. Coisificados, perderam sua alteridade e força simbólica. E a beleza real da natureza e das pessoas foi encoberta ou substituída por diversos recursos paisagísticos e cosméticos. De outro lado, a estética se tornou a grande arma de sedução para o consumo. A aparência, o simulacro, tomou o lugar do real. Então, rompeu-se a relação de interdependência do belo (estética) com o bom (ética).

A ecologia integral propõe o reencontro da estética com a ética. A palavra "beleza" aparece trinta e duas vezes no Documento. Em vários pontos da *Laudato Si'*, Francisco chama a atenção para a beleza dos ecossistemas e de cada ser para suscitar o encantamento e o respeito (LS 11).

O encantamento diante da beleza não diz respeito somente ao mundo criado por Deus. É bela a criação humana, especialmente a da tecnologia, porque fascinante e com possibilidade de ser utilizada para o bem. O belo não é somente estético, pois se torna quase sinônimo do "eticamente bom". Revela também aspectos inusitados do humano, que se abrem à transcendência (LS 103). Voltaremos ao tema da beleza como caminho para a consciência ecológica na 6ª janela.

A união da ética com a estética é fundamental para superar a visão utilitarista, que reduziu os seres a meros objetos. A ecologia integral resgata, assim, esse precioso valor para a humanidade, pois "não se deve descurar a relação que existe entre uma educação estética apropriada e a preservação de um ambiente sadio. Prestar atenção à beleza e amá-la ajuda-nos a sair do pragmatismo utilitarista" (LS 215)

Quando a *Laudato Si'* dialoga com a visão contemporânea, a qual sustenta que os processos de evolução do cosmos não terminaram e constituem sistemas abertos, ela também exercita esse olhar encantado.

Mostra, assim, que a visão integral da ecologia dá conta de articular os avanços da ciência com uma fé adulta.

Neste universo, composto por sistemas abertos que entram em comunicação uns com os outros, podemos descobrir inumeráveis formas de relação e participação. Isto nos leva também a pensar o todo como aberto à transcendência de Deus, dentro da qual se desenvolve. A fé permite-nos interpretar o significado e a beleza misteriosa do que acontece (LS 79).

Por fim, a ecologia é integral porque compromete – ao mesmo tempo – indivíduos, grupos, movimentos sociais, povos, nações e religiões. Cada um e todos são chamados a integrar-se nessa causa fascinante e bela. Múltiplas abordagens se conjugam levando em conta não somente a ciência como também a sabedoria dos povos e o patrimônio espiritual das religiões.

[Dada a] complexidade da crise ecológica e as suas múltiplas causas, as soluções não podem vir de uma única maneira de interpretar e transformar a realidade. É necessário recorrer às diversas riquezas culturais dos povos, à arte e à poesia, à vida interior e à espiritualidade. Se quisermos construir uma ecologia que nos permita reparar tudo o que temos destruído, então nenhum ramo das ciências e nenhuma forma de sabedoria pode ser transcurada, nem sequer a sabedoria religiosa com a sua linguagem própria (LS 63).

Portanto, o qualificativo "integral" para a ecologia comporta uma série de significados distintos e complementares, tais como: inteireza, articulação sem reduzir as diferenças, união da estética com a ética, diálogo da fé com a ciência, abrangência de múltiplos fatores (ambiental, econômico, social, cultural), unificação da perspectiva ambiental com a social, superação do pragmatismo utilitarista, simultaneidade de ações pessoais e coletivas, e uma espiritualidade unificadora.

3. A ecologia integral no capítulo IV da *Laudato Si'*

O capítulo IV da *Laudato Si'* apresenta uma ecologia integral e seus componentes: ecologia ambiental, econômica e social (LS 138-142); ecologia cultural (LS 143-146); e ecologia da vida cotidiana (LS 147-155). Relaciona a ecologia com o conhecido princípio do bem comum e a opção preferencial pelos pobres (LS 156-158). Conclui com o apelo de estender nosso compromisso às futuras gerações (LS 159-162). Propositalmente, o artigo indefinido "uma", em vez do artigo definido "a", deixa transparecer que existem outras visões, igualmente válidas, acerca da ecologia integral.

Francisco utiliza vários termos técnicos familiares aos pesquisadores e aos membros de movimentos socioambientais, mas desconhecidos do católico comum. Por exemplo: impacto ambiental; ecossistemas; uso sustentável; capacidade regenerativa; culturas homogeneizadas; ecologia humana; grandes projetos extrativistas; paisagem urbana; solidariedade intergeracional; modelos de desenvolvimento, produção e consumo. Isso permite um diálogo real com pessoas, grupos e instituições engajadas no ativismo socioambiental, que não fazem parte das igrejas. Eles percebem que a ecologia é tratada com conceitos corretos, e não de forma amadora e imprecisa. Também se oferece aos cristãos um conhecimento atualizado sobre o tema, para abrir sua visão e superar esquemas ingênuos e insuficientes. Tudo isso acontece a fim de que a Boa-Nova do Evangelho seja significativa na sociedade contemporânea.

Destacaremos alguns pontos desse rico capítulo, que são iluminadores para a compreensão e a vivência da ecologia integral. Estão em forma de breves frases, que remetem ao Documento, com seus respectivos números. Recomendamos ao leitor/a a leitura do texto completo. A *Laudato Si'* está disponível gratuitamente na internet. Vejamos.

3.1 Ecologia ambiental, econômica e social

- Como tudo está interligado, a ecologia exige avaliar os modelos de desenvolvimento, produção e consumo (LS 138);
- Consideramos não somente cada ser em particular como também o ecossistema, o conjunto de organismos que convivem em determinado espaço (LS 140);
- Há uma única e complexa crise socioambiental. Assim, a abordagem integral ao mesmo tempo devolve a dignidade aos excluídos e cuida da natureza (LS 139);
- O crescimento econômico deve incluir a proteção do meio ambiente, pois há uma interação entre os ecossistemas e as comunidades humanas. O todo é maior que a soma das partes (LS 141);
- A ecologia social compreende a atuação de instituições da sociedade civil, que têm consequências no meio ambiente e na qualidade de vida humana (LS 142).

3.2 Ecologia cultural

- A ecologia inclui o cuidado das riquezas culturais da humanidade. Pede atenção às realidades locais e à valorização da linguagem popular. A cultura compreende não só os monumentos do passado. Tem sentido vivo, dinâmico e participativo (LS 143);

- A visão consumista tende a nivelar por baixo as culturas e a desvalorizar sua variedade. Devemos lutar pelos direitos dos povos e das realidades locais, contra a imposição da cultura única gerada pela economia globalizada (LS 144). O desaparecimento de uma cultura é tão grave quanto a de uma espécie;
- A Igreja assume a defesa das culturas indígenas que, em várias partes do mundo, são ameaçadas por grandes projetos agropecuários e de mineração (LS 146).

3.3 Ecologia da vida cotidiana

- O autêntico progresso produz melhoria global na qualidade de vida humana (LS 147);
- Os pobres desenvolvem uma ecologia humana em meio a muitas limitações ambientais, como as péssimas condições de moradia; criam uma rede de comunhão e pertença (LS 148);
- A pobreza extrema em ambientes desumanizados conduz à perda das raízes, à proliferação de organizações criminosas e à violência. Mas as pessoas são capazes de superar essas situações e fazer uma experiência comunitária (LS 149);
- A boa planificação urbana integra vários saberes, busca a qualidade de vida, a harmonia com o ambiente, o encontro e a ajuda mútua das pessoas; considera o ponto de vista da população (LS 150);
- Cuide-se dos espaços comuns e das estruturas urbanas, visando melhorar o sentimento de "estar em casa" dentro da cidade, que nos envolve e une (LS 151);
- O acesso à habitação (ter uma moradia) é questão central da ecologia urbana (LS 152);

- São encantadoras as cidades que, já no seu projeto arquitetônico, dispõem de espaços que unem, relacionam e favorecem o reconhecimento do outro (LS 152);

- A qualidade de vida nas cidades está largamente relacionada com o transporte público. Deve-se reverter o tratamento indigno aos usuários, devido à superlotação, ao desconforto, à reduzida frequência dos serviços e à insegurança (LS 153);

- A vida caótica das cidades e a falta de serviços essenciais no campo atentam contra a dignidade do ser humano (LS 154);

- Aprender a aceitar o próprio corpo, a cuidar dele e a respeitar os seus significados é essencial para a ecologia humana (LS 155).

3.4 O princípio do bem comum

- A ecologia integral é inseparável da noção de bem comum, princípio central e unificador na ética social cristã (LS 156);

- O bem comum exige respeito aos direitos humanos fundamentais e à promoção da paz social (LS 157);

- Em um contexto mundial de tantas desigualdades sociais e de pessoas descartadas, a opção preferencial pelos pobres é fundamental para a efetiva realização do bem comum (LS 158).

3.5 A justiça intergeracional

- A busca do bem comum inclui a preocupação com as gerações futuras. É uma questão essencial de justiça. A terra que recebemos pertence também àqueles que hão de vir (LS 159);

- Que tipo de mundo deixaremos às crianças que estão crescendo? A nossa própria dignidade está em jogo. Somos nós os primeiros interessados em oferecer um planeta habitável para a humanidade que nos vai suceder (LS 160);

- O ritmo de consumo, desperdício e alteração do meio ambiente superou as possibilidades do planeta. O estilo de vida atual – insustentável – desembocará em catástrofes no presente e no futuro. Temos que fazer algo! (LS 161);

- O consumo excessivo dos pais prejudica os próprios filhos (LS 162);

- Devemos alargar o horizonte de nossas preocupações. Sejamos atentos às gerações futuras e aos pobres de hoje, que poucos anos têm para viver nesta Terra e não podem continuar a esperar (LS 162).

Em síntese, o capítulo IV descortina um horizonte extenso, significativo e articulado. Mostra que o cuidado com a casa comum não é somente uma questão ambiental. A ecologia está constituída por um mosaico vivo. As pedras principais são a manutenção do ciclo da vida no planeta e a justiça social. A elas se associam as culturas vivas dos povos e a qualidade de vida humana, especialmente no crescente contexto da cultura urbana. Tudo isso tem profundos laços com um tema central e gerador do Magistério Social da Igreja: o bem comum. Por fim, a busca do bem comum se estende para além do presente, postulando a solidariedade intergeracional.

O capítulo II da *Laudato Si'*, intitulado "Evangelho da Criação", fornece chaves bíblico-teológicas fundamentais para a ecologia integral. Destacamos aqui alguns pontos, sem a pretensão de exaurir o conteúdo desse texto iluminador:

- Não somos Deus. A Terra existe antes de nós e foi-nos dada. Os relatos da criação nos mostram que há uma reciprocidade responsável do ser humano com a natureza (LS 67);

- Nas narrações simbólicas de Gn 1–2 transparece que tudo está inter-relacionado. O cuidado da nossa própria vida e das relações com a natureza é inseparável da fraternidade, da justiça e da fidelidade aos outros (LS 70);

- A criação ainda não acabou. Deus está presente no mais íntimo de cada ser e nos processos da história. O Espírito de Deus encheu o universo de potencialidades que permitem brotar algo novo (LS 80);

- Nós e todos os seres do universo estamos unidos por laços invisíveis e formamos uma espécie de família universal; comunhão que nos impele a um respeito sagrado, amoroso e humilde (LS 89);

- Jesus vive em harmonia com o ecossistema. Não é um pessimista separado do mundo ou inimigo das coisas boas da vida. Ele convida seus seguidores a estar atentos à beleza que existe no mundo (LS 97-98);

- As criaturas deste mundo não são uma realidade meramente natural, porque o Ressuscitado as envolve e guia para a plenitude. As próprias flores do campo e as aves que ele, admirado, contemplou com os seus olhos humanos, agora estão cheias da sua presença luminosa (LS 100);

- O ser humano está no centro, junto com os outros seres, em busca de comunhão. É filho/a da Terra, a própria Terra em sua expressão de consciência, de liberdade e de amor. O destino do ser humano está associado ao destino do cosmos. Por isso, devemos cuidar da nossa casa comum, da qual fazemos parte.

4. Conversão ecológica: simultaneidade de atitudes e práticas

Como caminhar em direção à ecologia integral motivados pela fé? Como modificar nossos hábitos fazendo o salto de saqueadores para cuidadores da nossa casa comum? No horizonte cristão, essa mudança de vida se chama "conversão". A *Laudato Si'* propõe atitudes e ações que expressam uma conversão ecológica em todos os níveis e ao mesmo tempo. Aqui residem uns de seus aspectos originais e inconfundíveis: a simultaneidade e a conjugação de indivíduo e coletividade. Move-se no horizonte de uma ética integral, que supera os extremos tanto do subjetivismo quanto das visões que subestimam os indivíduos e as realidades locais. Vejamos.

4.1 Atitudes individuais

A *Laudato Si'* dedica muitos parágrafos a esse tema, ressaltando que a conversão ecológica exige uma forma diferente de cada pessoa ver o mundo, como também a mudança no estilo de vida (LS 206). Somam-se pequenas ações diárias de grande valor (LS 211), pois "uma ecologia integral é feita também de simples gestos cotidianos, pelos quais quebramos a lógica da violência, da exploração e do egoísmo" (LS 230). Convém recordar que atitudes individuais eficazes e duradouras não se limitam a gestos ocasionais. Elas comportam hábitos que se transformam em virtudes.

Uma atitude essencial tem a ver com a mudança de padrão de consumo e um estilo de vida sustentável. A espiritualidade cristã nos leva a viver com o necessário e a nos alegrarmos com pouco. Regressa à simplicidade que nos permite parar e saborear as pequenas coisas, agradecer as possibilidades que a vida oferece, sem nos apegarmos ao que temos nem ficar tristes por aquilo que não possuímos. Isso exige evitar a dinâmica do domínio e da mera acumulação de prazeres (LS 222).

A sobriedade, vivida livre e conscientemente, é libertadora. Não se trata de menos vida, nem vida de baixa intensidade; é precisamente o contrário. As pessoas que saboreiam mais, e vivem melhor cada momento, são aquelas que deixam de petiscar aqui e ali, sempre à procura do que não têm, e experimentam o que significa dar apreço a cada pessoa e a cada coisa, aprendem a familiarizar com as coisas mais simples e sabem alegrar-se com elas (LS 223).

Além disso, "uma ecologia integral exige que se dedique algum tempo para recuperar a harmonia serena com a criação, refletir sobre o nosso estilo de vida e os nossos ideais, contemplar o Criador, que vive entre nós e naquilo que nos rodeia" (LS 225). Ou seja, criar espaço para o silêncio, a contemplação e a oração.

A conversão ecológica repercute no coração e na prática do cristão de forma a deixar emergir, nas relações com o mundo que o rodeia, todas as consequências do encontro com Jesus, pois "viver a vocação de guardiões da obra de Deus não é algo opcional nem um aspecto secundário da experiência cristã, mas parte essencial de uma existência virtuosa" (LS 217). A partir do exemplo de São Francisco, se estabelece "uma sã relação com a criação como dimensão da conversão integral da pessoa. Isso exige também reconhecer os próprios erros [...] arrepender-se de coração, mudar a partir de dentro" (LS 218).

4.2 Ações comunitárias

São aquelas empreendidas por grupos de pessoas e organizações. Não se limitam às atitudes individuais. Exigem mobilização, discussão, busca de consenso e ações cidadãs com impacto na sociedade.

O movimento ecológico mundial já percorreu um longo caminho, enriquecido pelo esforço de muitas organizações da sociedade civil (LS 166). Elas são essenciais, pois, para se resolver a situação tão complexa do mundo atual, não basta que cada um seja melhor. Os indivíduos isolados podem perder a capacidade e a liberdade de vencer a lógica da razão instrumental, que transforma as pessoas e as outras criaturas em coisas a serviço do lucro e do sucesso individual. Então, é fácil sucumbir ao consumismo sem ética nem sentido social e ambiental (LS 219). Por isso,

> [...] aos problemas sociais responde-se, não com a mera soma de bens individuais, mas com redes. [...] Será necessária uma união de forças e uma unidade de contribuições. A conversão ecológica, que se requer para criar um dinamismo de mudança duradoura, é também uma conversão comunitária (LS 219).

O ativismo socioambiental tem papel imprescindível para a ecologia integral: "O movimento ecológico mundial já percorreu um longo e rico caminho, tendo gerado numerosas agregações de cidadãos que ajudaram na consciencialização" (LS 14). Somente a pressão da população e das suas instituições leva os governos a dar as respostas necessárias à crise socioambiental (LS 181).

As ações comunitárias não se limitam a "fazer coisas". Elas implicam o cultivo das relações inter-humanas de cooperação. "É necessário voltar a sentir que precisamos uns dos outros, que temos uma responsabilidade para com os outros e o mundo, que vale a pena ser bons e honestos" (LS 229).

4.3 Políticas institucionais

Traduzem a orientação de organizações privadas, públicas ou intergovernamentais em termos de leis, normas, procedimentos e processos. Certas políticas institucionais gestadas em organismos internacionais estabelecem consensos planetários. Assim, forçam as empresas e os governos nacionais a adotarem medidas para mitigar os impactos negativos sobre a Terra e estimular os impactos positivos. Por exemplo, os protocolos intergovernamentais em torno da biodiversidade, da desertificação, das florestas e do clima.

O Capítulo V da *Laudato Si'* é dedicado à política e à economia, delineando o que ele denomina "grandes percursos de diálogo que nos ajudem a sair da espiral de autodestruição onde estamos afundando" (LS 163). O cuidado com o planeta exige políticas públicas! O Documento parte do mais amplo e chega ao local. A palavra-chave, presente em cada seção desse capítulo, é clara: diálogo sobre o meio ambiente na política internacional (LS 164-175); diálogo para novas políticas nacionais e locais (LS 176-181); diálogo e transparência nos processos decisórios que envolvem empreendimentos de alto impacto ambiental (LS 182-188); política e economia em diálogo a serviço da vida (LS 189-198); o diálogo das religiões entre si e com as ciências (LS 199-201). A ecologia integral é necessariamente dialogal. "A gravidade da crise ecológica obriga-nos, a todos, a pensar no bem comum e a prosseguir pelo caminho do diálogo que requer paciência, ascese e generosidade" (LS 201).

A título de conclusão: janelas para abrir

A *Laudato Si'*, com o tema da ecologia integral, abre caminhos novos para as igrejas e para a humanidade, pois:

- Assume grande parte da terminologia do movimento ecológico, como: interdependência, impacto ambiental, ecossistemas, uso sustentável, capacidade regenerativa, culturas homogeneizadas, ecologia humana, grandes projetos extrativistas, paisagem urbana, tecnociência, antropocentrismo e biocentrismo, solidariedade intergeracional, modelos de desenvolvimento, produção e consumo... Tal postura, além de favorecer o diálogo com pessoas e grupos que não professam a fé cristã, confere um indiscutível grau de respeitabilidade ao Documento;

- Mostra que é necessário recorrer à contribuição das ciências ambientais, da filosofia, da sociologia e das ciências da educação, para uma compreensão lúcida acerca da ecologia integral;

- Articula um discurso teológico-pastoral integrador, no qual se somam o uso de conceitos, de poesia e de analogias;

- Propõe uma "conversão ecológica" que não é a fuga do mundo, mas voltar-se para o mundo com os olhos de Deus;

- Recolhe e legitima vários elementos da reflexão bíblica, da espiritualidade, da ética e da dogmática, desenvolvidos por diversos/as autores/as da ecoteologia;

- Apresenta, com clareza inconfundível, que a questão social e ecológica faz parte de uma mesma realidade, intimamente interligada. O clamor da Terra e o grito dos pobres constituem um único apelo de Deus, que exige cuidado com a casa comum e novas relações sociais.

Há vários pontos a desenvolver pela ecoteologia, a partir da *Laudato Si'*. Alguns deles serão tratados neste livro. Brevemente:

- A Encíclica não faz referência à importância da mulher e da reflexão ecofeminista. É preciso aprender delas;

- Há um longo caminho a trilhar para superar a polarização entre "antropocentrismo" e "biocentrismo". A teologia cristã – em diálogo com o movimento ecológico, pensadores contemporâneos e a sabedoria ancestral das culturas e religiões – ajudará a buscar novas sínteses;

- A *Laudato Si'* não abordou a contribuição das outras religiões para o cuidado com o planeta. Tal tarefa se descortina para a ecoteologia latino-americana, levando em conta não somente as grandes tradições religiosas vindas do oriente como também as religiões de matriz indígena e africanas no nosso continente;

- Temas emergentes específicos não foram contemplados na *Laudato Si'*, como a relação dos humanos com os animais nas sociedades industriais. Eles são um significativo objeto de pesquisa da ecoteologia.

Terminamos este capítulo relembrando a exortação final de Francisco na *Laudato Si'*:

> Caminhemos cantando! Que as nossas lutas e a preocupação por este planeta não nos tirem a alegria da esperança! Deus nos dá as forças e a luz de que necessitamos para prosseguir (LS 244).
>
> No coração deste mundo, permanece presente o Senhor da vida que tanto nos ama. Ele não nos abandona, não nos deixa sozinhos, porque se uniu definitivamente à nossa terra e o seu amor sempre nos leva a encontrar novos caminhos. Que ele seja louvado! (LS 245)

Referências

Bibliografia básica

MURAD, A.; TAVARES, S. S. (org.). *Cuidar da casa comum*: chaves de leitura teológicas e pastorais da *Laudato Si'*. São Paulo: Paulinas, 2016.

PAPA FRANCISCO. *Carta Encíclica Laudato Si'*: sobre o cuidado da casa comum. São Paulo: Paulinas, 2015.

Bibliografia complementar

BOFF, L. *Ecologia*: grito da terra, grito dos pobres. Rio de Janeiro: Sextante, 2004.

CONCILIUM 3: Revista Internacional de Teologia. *Ecoteologia*. Petrópolis: Vozes, 2009.

CRUZ, E. R. (org.). *Teologia e ciências naturais*: teologia da criação – Ciências e tecnologia em diálogo. São Paulo: Paulinas, 2011.

JUNGES, J. R. *Ecologia e criação*. São Paulo: Loyola, 2001.

JUNGES, J. R. *(Bio)Ética ambietal*. São Leopoldo: Unisinos, 2010.

KERBER, G. *O ecológico e a teologia latino-americana*. Porto Alegre: Sulina, 2006.

MOLTMANN, J. *Dios en la creación*: doctrina ecológica de la creación. Sígueme: Salamanca, 1987.

MORAES. M. C. *Ecologia dos saberes*: complexidade, transdisciplinaridade e educação. São Paulo: Antakarana/WHH, 2008.

MURAD, A. (org.). *Ecoteologia*: um mosaico. São Paulo: Paulus, 2016.

OLIVEIRA, P. A. R.; SOUZA, J. C. A. (org.). *Consciência planetária e religião*: desafios para o século XXI. São Paulo: Paulinas, 2009.

PANIKAR, R. *Ecosofía*: para una espiritualidad de la tierra. Madrid: San Pablo, 1994.

RIECHMANN, J. *Todos los animales somos hermanos*: ensayos sobre el lugar de los animales en las sociedades industrializadas. Madrid: Catarata, 2005a.

RIECHMANN, J. *Un mundo vulnerable*: ensayos sobre ecología, ética y tecno ciencia. 2. ed. Madrid: Catarata, 2005b.

5ª JANELA

Ecologia profunda e ecologia integral

Às vezes se ouve em alguns círculos de agentes de pastoral e de teólogos/as que a ecologia integral da *Laudato Si'* deve ser superada pela ecologia profunda. Em que sentido podemos assumir tal afirmação? Não seria mais coerente considerar a colaboração específica de cada uma e vê-las como companheiras? Nossa reflexão consistirá em apresentar, de forma didática, a proposta da ecologia profunda (*deep ecology*), a partir de seus fundadores, e então comparar com a ecologia integral da *Laudato Si'*. Com isso, espero favorecer a continuidade do diálogo e a aprendizagem recíproca, em vista de uma sociedade inclusiva, justa, florida e sustentável.

1. A proposta original da ecologia profunda

Arne Naess é considerado o fundador da "ecologia profunda" (*deep ecology*). Nascido na Noruega em 1912 e falecido em 2009, foi filósofo, professor na Universidade de Oslo, escritor e participante ativo no movimento ecológico europeu. Em 1970 ele começa a estudar sobre ecologia e a traçar uma relação original da filosofia com a ecologia. Como alpinista que escala em várias partes do mundo, Naess observa o ativismo político e social em diversas culturas.

Em 1972 Naess apresenta um texto na "3ª Conferência Mundial para o Futuro da Pesquisa", em Bucareste, com um resumo anexo intitulado "Os movimentos da ecologia superficial e a ecologia profunda de longo alcance". O texto foi publicado no ano seguinte e replicado em várias línguas. Naess consegue fazer uma síntese original dessas duas áreas do conhecimento. Seu interesse não é somente acadêmico. Naess propõe uma nova compreensão de ecologia e a adoção de políticas governamentais coerentes com ela. Esse ativista ecológico cunhou em sua língua o termo *dypøkologi*, traduzido como *deep ecology*, no inglês, e "ecologia profunda", no português.

Após a Segunda Guerra Mundial, a Europa experimentou uma época de intenso crescimento econômico e avanço tecnológico. Também eclodiram os efeitos negativos desse rápido desenvolvimento industrial e urbano, sobretudo na poluição do ar, do solo e da água. Difunde-se a obra de Rachel Carson, *Primavera silenciosa*, que denuncia os efeitos danosos dos agrotóxicos na agricultura (CARSON, 1962). Até então, qualquer indústria química de inseticidas e outros derivados podia lançar no meio ambiente o que quisesse, sem testes cientificamente projetados ou controle do governo. Surge a preocupação com o esgotamento dos recursos naturais, impulsionada por movimentos da sociedade civil em vários países europeus. Da fase "protecionista" se passa para a etapa do ativismo ecológico (SUÁREZ BARRERA, 2016). Mas não há, na ocasião, uma consciência desenvolvida acerca das causas sociais e culturais da crise ambiental nascente.

Naess denomina esse conjunto de iniciativas da sociedade civil, dos governos e das indústrias, para reduzir a poluição e o esgotamento dos recursos naturais, de "movimento da ecologia superficial", cujo objetivo central seria "a saúde e a vida opulenta dos habitantes dos países desenvolvidos" (NAESS, 1973/2007,

p. 98). Em contraposição, Naess delineia sete características do movimento da ecologia profunda de longo alcance, que já se manifestava em forma germinal (NAESS, 1973/2007, p. 98-100). Ele se pronuncia na perspectiva de um filósofo engajado. Valoriza os que lutam concretamente pela defesa do meio ambiente, que ele denomina "ecólogos de campo", ou seja, pessoas engajadas na causa ambiental e não simplesmente pesquisadores pretensamente neutros. Funda o "movimento da ecologia profunda". Vários artigos de Naess estão disponíveis na internet, normalmente em inglês, por exemplo, "A Collection of Essays by Arne Naess".[1] Posteriormente, Douglas Tompkins cria a "Fundação para a Ecologia Profunda",[2] consolidando e ampliando o trabalho iniciado por Naess e seus companheiros, e Alan Drengson apresenta brevemente as características atuais do "Movimento da *Deep Ecology*" (Some Thought on the Deep Ecology Movement).[3]

Vejamos quais são, segundo Naess, as sete características da ecologia profunda.

1.1 Imagem relacional do ser humano e da natureza

A ecologia profunda não considera os seres de forma isolada. Os organismos estão constituídos como nós na rede da vida (biosfera), no campo das relações que as constituem. Não se trata de algo que se acrescenta posteriormente. Esse modelo de "campo total" dissolve a visão do ser humano separado do meio ambiente, como se dele não fizesse parte.

---

[1] Disponível em: https://openairphilosophy.org/arne-naess/essays-by-arne-naess/ ou também em: http://trumpeter.athabascau.ca/index.php/trumpet/issue/view/23. Acesso em: 11/03/2022.

[2] http://www.deepecology.org/history.htm. Acesso em: 11/03/2022.

[3] http://www.deepecology.org/deepecology.htm. Acesso em: 11/03/2022.

1.2 Igualdade biosférica, em princípio

A *deep ecology* cultiva um respeito profundo e reverência pelos diferentes modos e formas de vida. O "ecólogo de campo" alcança uma compreensão a partir de dentro, que inclui todos os modos e formas de vida. Há uma igualdade de direito a viver e florescer. Reduzir tal direito aos seres humanos manifesta um antropocentrismo que é nocivo também para nós, os humanos. Ignorar nossa dependência ecológica e estabelecer uma relação de senhor-escravo em relação aos outros seres contribui para a alienação com respeito a si mesmo. A qualidade de vida dos humanos "depende em parte do profundo prazer e satisfação que experimentamos ao compartilhar com outras formas de vida" (NAESS, 1973/2007, p. 99). Por que, "em princípio", Naess justifica brevemente: "Qualquer práxis realista necessita de alguma morte, exploração e supressão" (NAESS, 1973/2007, p. 98). Ou seja, não é algo absoluto.

1.3 Princípios de diversidade e de simbiose (cooperação)

A diversidade aumenta as potencialidades de sobrevivência, as probabilidades de novos modos de vida e a riqueza de formas. Naess corrige um princípio da teoria da evolução de Darwin. Para ele, "a chamada luta da vida e a sobrevivência do mais apto devem ser interpretadas no sentido da capacidade de coexistir e cooperar em relacionamentos complexos, em vez da capacidade de matar, explorar e suprimir. 'Viva e deixe viver' é um princípio ecológico mais poderoso do que 'ou eu ou você'. Este último tende a reduzir a multiplicidade de tipos de formas de vida e também a destruir comunidades da mesma espécie. Atitudes ecologicamente inspiradas favorecem a diversidade de modos de vida humanos, de culturas, de ocupações e de economias" (NAESS, 1973/2007, p. 99).

1.4 Além das classes sociais

O princípio da diversidade, tomado isoladamente, não justifica as enormes diferenças entre classes e nações. O explorador vive de forma diferente do explorado, mas ambos são afetados negativamente em suas potencialidades de autorrealização. Na questão dos conflitos sociais deve-se levar em conta também os princípios da igualdade ecológica e da simbiose, da dependência e cooperação.

1.5 Luta contra a poluição e o esgotamento de recursos

Nesta causa, os ecologistas encontram apoiadores poderosos, mas – às vezes – em detrimento de sua posição total. Isso acontece quando a atenção é focada na poluição e no esgotamento de recursos, mas as intervenções para resolver os problemas aumentam os males de outros tipos. Assim, se os preços dos produtos básicos aumentam devido à instalação de dispositivos antipoluição, também crescem as diferenças de classe. Uma ética da responsabilidade implica que os ecologistas estejam do lado da ecologia profunda, considerando os seus sete pontos em conjunto e assumindo perspectivas mais amplas (NAESS, 1973/2007, p. 99).

1.6 Complexidade, não complicação

A teoria dos ecossistemas distingue o que é complicado e sem princípio unificador do que é complexo. Múltiplos fatores que interagem podem operar em conjunto para formar uma unidade, um sistema. Na biosfera, "organismos, modos de vida e interações em geral exibem um nível surpreendentemente alto de complexidade". Tal complexidade leva a pensar em termos de vastos sistemas. Então se percebe a ignorância humana acerca das relações tecidas na comunidade de vida do planeta (biosfera) como também o efeito de distúrbios que provocamos nela. Aplicado aos seres humanos, o princípio da complexidade favorece a divisão do trabalho, mas não a sua fragmentação. Estimula ações integradas que envolvem a pessoa em sua totalidade. Este princípio é sensível à continuidade das tradições vivas. Impulsiona economias que integram uma variedade de meios de vida; combinações de atividades industriais e agrícolas, de trabalhos intelectuais e manuais, de ocupações especializadas e não especializadas, de atividades urbanas e não urbanas. A implementação de políticas ecologicamente responsáveis requer um crescimento exponencial de habilidade técnica e de invenção em novas direções, diferentes daquelas implantadas pelos atuais governos (NAESS, 1973/2007, p. 99-100).

1.7 Autonomia local e descentralização

"A vulnerabilidade de uma forma de vida é aproximadamente proporcional ao peso que tenham influências remotas, de fora da região local em que essa forma obteve um equilíbrio ecológico" (NAESS, 1973/2007, p. 100). Por isso, deve-se fortalecer o autogoverno local e a autossuficiência material e mental, impulsionando a descentralização. Com o aumento da autonomia local, reduz-se a poluição e o consumo de energia, se mantivermos outros fatores constantes. Basta comparar uma localidade aproximadamente autossuficiente com uma que importa gêneros alimentícios, materiais de construção, combustível e mão de obra qualificada de outros continentes. O primeiro pode usar apenas cinco por cento da energia despendida pelo último. A autonomia local se fortalece por uma redução no número de instâncias de decisão nas cadeias hierárquicas, valorizando assim os conselhos locais e regionais (NAESS, 1973/2007, p. 100).

2. Dos princípios à plataforma da ecologia profunda

Naess reconhece que "muitas das formulações da pesquisa de sete pontos acima são generalizações bastante vagas, apenas defensáveis, tornadas mais precisas em certas direções" (NAESS, 1973/2007, p. 101). Em todo o mundo a inspiração da ecologia tem mostrado convergências notáveis. Sua pesquisa mostra uma, mas não a única codificação condensada dessas convergências.

Segundo ele, as perspectivas do "Movimento da Ecologia Profunda" não são derivadas simplesmente das ciências ambientais, nem por regras lógicas ou de indução. Antes, elas se originam do conhecimento e do estilo de vida do "ecólogo de campo". Essas pessoas concretas, que hoje denominaríamos "ativistas ambientais" é que sugeriram, inspiraram e fortaleceram a ecologia profunda, tanto nas suas origens quanto na atualidade.

Como filósofo, militante e pesquisador, Naess percebe a importância e os limites da ecologia científica, que estuda como interagem todos os componentes da biosfera. Então, ele propõe uma "ecosofia", uma sabedoria que vai além dos postulados científicos, pois inclui valores. Os princípios da ecologia profunda não são meramente teóricos; e, sim, clara e vigorosamente normativos, pois impulsionam atitudes individuais e ações coletivas. Visam influenciar as pessoas e os organismos responsáveis pela formulação de políticas.

Para Naess, movimentos ecológicos consequentes são mais ecofilosóficos do que ecológicos. "A ecologia é uma ciência limitada que faz uso de métodos científicos. A filosofia é o fórum mais geral de debate sobre fundamentos, descritivo e prescritivo [...]". Ecosofia seria "uma filosofia de harmonia ou equilíbrio ecológico" (NAESS, 1973/2007, p. 101). Uma espécie de sabedoria (*sofia*), "abertamente normativa, que contém normas, regras, postulados, anúncios de prioridade de valor e hipóteses sobre o estado das coisas em nosso universo. Sabedoria é sabedoria política, prescrição, não apenas descrição e previsão científica". Ou seja, a ecologia profunda não somente mostra como funcionam as interações na biosfera como também indica qual deve ser o tipo de abordagem mais conveniente para compreendê-las. Mais ainda, ela propõe ações a serem realizadas em favor da Terra. É o caráter global, e não a precisão em detalhes, que distingue a ecosofia.

Anos mais tarde, Hicham-Stéphane Afeissa reuniu vários artigos de Arne Naess, na obra intitulada *Uma ecosofia para a vida: introdução à ecologia profunda* (*Une écosophie pour la vie: introduction à l'ecologie profonde*) (NAESS, 2017). Segundo Afeissa, Naess organiza sua proposta da ecologia profunda em quatro níveis: (1) A ecosofia propriamente dita, que comporta ideias e intuições filosóficas, metafísicas e religiosas; (2) A plataforma correspondente aos objetivos principais do "Movimento Ecologia Profunda"; (3) Tradução prática, em termos de jurisdição ambiental em nível nacional e internacional; (4) Ações práticas em âmbito local (AFEISSA, em NAESS, 2017, p. 12).

Para Naess, tratar da questão ecológica exige o que chamamos hoje de "interdisciplinaridade" e cooperação de vários setores da sociedade. Ele propõe articular e integrar os esforços de uma equipe que inclui cientistas de uma variedade enorme de disciplinas, humanistas e quem toma as decisões das políticas ambientais. A abordagem global é essencial, mas as diferenças regionais devem determinar amplamente as políticas ambientais em cada local.

Uma análise serena da proposta de Naess, formulada em 1972, leva a perceber que várias de suas afirmações são praticamente um consenso no movimento ecológico e em vários setores da sociedade civil. Estamos de acordo que o ser humano faz parte do meio ambiente, que a diversidade e a cooperação (que ele denomina "simbiose") são mais importantes que a competição e os interesses individuais, tanto nos ecossistemas quanto nas comunidades humanas. O combate aos sintomas da crise ambiental, com as mudanças climáticas, a perda da qualidade da água, a poluição do solo e do ar, só terá resultados a longo prazo se for realizado com uma visão sistêmica, de interdependência. Os múltiplos fios que formam a teia da vida constituem uma complexidade impressionante. E para enfrentar a crise ecológica é necessário superar a globalização do mercado, favorecendo a produção local e as instâncias de participação que envolvam os cidadãos.

A polêmica reside na "igualdade biosférica": todos os seres vivos têm a mesma dignidade e os humanos não são superiores a eles. Naess e os outros membros do movimento da ecologia profunda trazem uma contribuição fundamental para superar o especismo (absolutização da espécie humana, em detrimento das outras), o antropocentrismo egoico e destruidor. Mas o próprio Naess coloca uma cláusula de exceção na sua afirmação, ao dizer "em princípio". Ele não explica o que significa a expressão: "Qualquer práxis realista necessita de alguma morte, exploração e supressão". O "biocentrismo radical", um dos ramos da ecologia profunda que se desenvolveu nas últimas décadas, chega a afirmar que o ser humano e todas as outras espécies têm igual valor em todas as circunstâncias. Sobre isso voltaremos mais tarde.

Onze anos depois, A. Naess e G. Sessions divulgam os *Princípios básicos da ecologia profunda* (*Basic Principles of Deep ecology*), que são uma plataforma de luta em vista de uma nova humanidade (NAESS; SESSIONS, 1984). Resumidamente:

(1) O bem-estar e o florescimento da vida humana e não humana sobre a Terra têm valor em si mesmos (valor intrínseco, valor inerente). Esses valores são independentes da utilidade do mundo não humano para os propósitos humanos;

(2) A riqueza e a diversidade das formas de vida contribuem para a realização desses valores e são valores em si mesmos;

(3) Os seres humanos não têm nenhum direito de reduzir essa riqueza e diversidade, exceto para satisfazer suas necessidades vitais;

(4) A prosperidade da vida humana e das suas culturas é compatível com um substancial decrescimento da população humana. O florescimento da vida não humana exige essa diminuição;

(5) A atual interferência humana no mundo não humano é excessiva e a situação está piorando de forma acelerada;

(6) Em conformidade com os princípios anteriores, as políticas precisam ser mudadas. As mudanças políticas afetam as estruturas básicas da economia, da tecnologia e da ideologia. A configuração que resultará dessa alteração será profundamente diferente da atual;

(7) A mudança de mentalidade ocorrerá, sobretudo, buscando-se a qualidade de vida, em vez de se aderir a padrões de consumo mais elevados. Haverá uma consciência profunda da diferença entre o grande (quantidade) e o importante (qualidade) (em inglês: *big/grate*);

(8) Aqueles que subscrevem os princípios precedentes têm a obrigação de tentar implementar, direta ou indiretamente, as mudanças necessárias (NAESS; SESSIONS, 1984, p. 1-10).[4]

Os autores articularam esses princípios de maneira literal, um tanto neutra, esperando que fossem aceitos por pessoas provenientes de diferentes posições filosóficas e religiosas. Eles incentivam os leitores

---

[4] Síntese em: http://www.deepecology.org/platform.htm. Acesso em: 11/03/2022.

"a elaborar suas próprias versões da ecologia profunda, esclarecer conceitos-chave e refletir sobre as consequências de agir com base nesses princípios". Portanto, a ecologia profunda não está estabelecida sobre afirmações imutáveis e inquestionáveis, mas, sim, a partir de algumas convicções consensuais (NAESS; SESSIONS, 1984, p. 5).

Naess e Sessions comentam brevemente sobre cada ponto da plataforma. Destacamos aqui algumas questões fundamentais. Segundo eles, o 1º princípio refere-se à biosfera, à ecosfera como um todo. Isso inclui indivíduos, espécies, populações, hábitat, bem como humanos e culturas não humanas. Implica, assim, profunda preocupação e respeito com todo o ecossistema. O termo "vida", em sentido amplo, é aplicado para seres bióticos e abióticos, como a água (NAESS; SESSIONS, 1984, p. 5-6). Quanto aos valores e à biodiversidade, reconhece-se que as chamadas "espécies simples, inferiores ou primitivas" de plantas e animais contribuem essencialmente para a riqueza e a diversidade da vida. "Elas têm valor em si mesmos e não são meramente passos em direção às chamadas formas de vida superiores ou racionais. E [...] a própria vida, como um processo ao longo do tempo evolutivo, implica um aumento de diversidade e riqueza" (NAESS; SESSIONS, 1984, p. 6).

A respeito do 3º princípio, eles comentam que o termo "necessidade vital" é deixado deliberadamente vago para permitir uma adequação a cada realidade. Devem ser consideradas as diferenças geográficas, de clima e das estruturas das sociedades. Estratégias provisórias precisam ser desenvolvidas para deter o grau de destruição do ser humano sobre o planeta. A situação atual é extremamente séria e exige mudanças profundas. Quanto mais esperarmos, mais drásticas serão as medidas necessárias (NAESS; SESSIONS, 1984, p. 6-7).

O 4º princípio diz respeito à necessidade de diminuir a população mundial (redução da taxa de natalidade) como um todo. Também é crucial coibir o crescimento populacional nas sociedades industriais desenvolvidas. "Dada a tremenda taxa de consumo e produção de resíduos de indivíduos nessas sociedades, eles representam uma ameaça e um impacto muito maiores na biosfera *per capita* do que os indivíduos nos países do Segundo e Terceiro Mundo" (NAESS; SESSIONS, 1984, p. 8).

O 5º princípio é autoexplicativo. O grau de destruição cresce em proporção geométrica. Os autores explicam o que significa para eles a "não interferência". Os seres humanos modificaram a Terra e continuarão a fazê-lo. "O que está em questão é a natureza e a extensão dessa interferência" (NAESS; SESSIONS, 1984, p. 8). Além disso, é necessário manter e ampliar as grandes áreas de conservação, que permitem a inter-relação e o desenvolvimento das espécies vegetais e animais.

O 6º princípio refere-se à necessária alteração de políticas, de estruturas econômicas, na tecnologia e na forma de pensar e difundir as ideias (que eles denominam "ideologia", em sentido neutro). A forma atual de implementar o crescimento econômico é incompatível com o florescimento da vida humana e não humana na Terra. A ideologia atual tende a valorizar as coisas enquanto têm valor de mercadoria. Prestigia-se o amplo consumo e o desperdício. A mudança exige outra postura. Permanecem como palavras-chave: "autodeterminação", "comunidade local" e "pense globalmente, aja localmente". Ao mesmo tempo, são necessárias ações cada vez mais globais, além das fronteiras dos países. As ONGs do Terceiro Mundo têm muitas dificuldades, pois os governos locais não se preocupam com a sustentabilidade e coíbem sua atuação. Então, o apoio à ação global, por meio de organizações internacionais não governamentais, se torna cada vez mais importante. Além disso, os autores sugerem a utilização de tecnologias apropriadas para cada contexto. "A diversidade cultural requer tecnologia avançada, isto é, técnicas que promovam os objetivos básicos de cada cultura. As chamadas tecnologias suaves, intermediárias e alternativas são etapas nessa direção" (NAESS; SESSIONS, 1984, p. 10).

Privilegiar a "qualidade de vida", e não o aumento do padrão de consumo, é o núcleo do 7º princípio, que diz respeito a uma mudança de mentalidade. Trata-se de abandonar os critérios de sofisticação e crescente elevação do "padrão de vida", que pauta a existência das pessoas, e optar por outra forma de considerar a vida, de crescimento baseado em valores, que os autores denominam "o florescimento humano".

Por fim, o 8º princípio comporta uma exigência ética: quem está de acordo com o que se apresentou na ecologia profunda deve se empenhar para concretizá-la na sua existência pessoal e cidadã.

3. Ecologia profunda e a ecologia integral. Relações e dissonâncias

Alan Drengson, um dos membros da fundação da *deep ecology*, explica o significado do adjetivo "profundo". Esse se refere, em parte, ao nível de questionamento, de propósitos e valores quando se lida com os conflitos ambientais. O movimento "profundo" envolve questionamentos até as causas fundamentais. A perspectiva superficial e de curto prazo geralmente promove correções tecnológicas (por exemplo, reciclagem, aumento da eficiência nos veículos, melhorias na agricultura de monocultura orientada para a exportação), com base nos mesmos valores e métodos orientados para o consumo na economia industrial. "A abordagem profunda de longo alcance envolve redesenhar todo o sistema com base em valores e métodos que realmente preservam a diversidade ecológica e cultural dos sistemas naturais" (DRENGSON, 2019).

Segundo Drengson, as características originais do movimento da ecologia profunda foram "o reconhecimento do valor inerente a todos os seres vivos e o uso dessa visão na definição de políticas ambientais". Quem atua por mudanças sociais baseadas nesse reconhecimento é motivado pelo amor à natureza e aos seres humanos. Os apoiadores da ecologia profunda estão unidos por uma visão de longo alcance, referente ao que é necessário para proteger a integridade das comunidades ecológicas e dos valores ecocêntricos da Terra. A ecologia profunda não despreza o ser humano em detrimento do ecossistema e dos outros seres. Tal crítica seria infundada. O princípio "número 1" da plataforma de Naess consiste no reconhecimento do valor inerente a todos os seres, incluindo os humanos. Além disso, a não violência de Gandhi norteia seu ativismo ecológico em palavras e ações (DRENGSON, 2019).

Ainda conforme Drengson, a ecologia profunda critica "a cultura industrial", cujos modelos de desenvolvimento interpretam a Terra apenas como matéria-prima a ser usada para satisfazer a produção e o consumo. Esses modelos não visam atender às necessidades vitais, e sim aos "desejos inflados", cuja satisfação exige cada vez mais consumo. As monoculturas destroem a diversidade cultural e biológica em nome da conveniência e do lucro (DRENGSON, 2019).

O físico Fritjof Capra assume a ecologia profunda como base de seus estudos sobre as relações interdependentes que constituem a biosfera ou "comunidade de vida" do planeta. O capítulo 1 de sua famosa obra *A teia da vida* recolhe as principais contribuições da ecologia profunda para a elaboração de um novo paradigma para a humanidade. Segundo ele, "o novo paradigma pode ser chamado de uma visão de mundo holística, que concebe o mundo como um todo integrado, e não como uma coleção de partes dissociadas. [...] A percepção ecológica profunda reconhece a interdependência fundamental de todos os fenômenos, e o fato de que, enquanto indivíduos e sociedade, estamos todos encaixados nos processos cíclicos da natureza (e, em última análise, somos dependentes desses processos)" (CAPRA, 1996, p. 15).

A seguir, esboçaremos uma comparação da ecologia profunda com a ecologia integral apresentada na *Laudato Si'*.

3.1 Semelhanças e convergências

- Ambas intentam superar uma ecologia superficial, limitada à questão ambiental ou de mera aparência. "Este comportamento evasivo (de uma ecologia superficial) serve-nos para mantermos os nossos estilos de vida, de produção e consumo. É a forma como o ser humano se organiza para alimentar todos os vícios autodestrutivos: tenta não os ver, luta para não os reconhecer, adia as decisões importantes, age como se nada tivesse acontecido" (LS 59);

- Tanto a ecologia profunda quanto a ecologia integral apresentam fundamentos científicos, compartilhados por pesquisadores de diversas áreas do conhecimento e por ativistas socioambientais. Ao mesmo tempo, ambas extrapolam o âmbito da ciência, pois se movem também no mundo dos valores e lançam um apelo ético à humanidade. Ambas também utilizam a filosofia como uma forma (não a única) de ler a realidade. Na ecologia profunda, é a ecosofia. Na ecologia integral da *Laudato Si'* a chave de leitura filosófica aparece sobretudo no capítulo III, na crítica à tecnociência e ao antropocentrismo dominador (despótico) contemporâneo;

- Ambas se colocam em uma atitude de diálogo, visando reunir o maior número de pessoas e organizações em benefício do planeta. Naess reconhece que alguns princípios da ecologia profunda são amplos ou um pouco abstratos, porque justamente visam somar diferentes perspectivas e visões. Francisco afirma: "Lanço um convite urgente para renovar o diálogo sobre a maneira como estamos construindo o futuro do planeta. Precisamos de um debate que nos una a todos, porque o desafio ambiental que vivemos e as suas raízes humanas dizem respeito e têm impacto sobre todos nós" (LS 14). Por isso mesmo, ambas delimitam um quadro teórico-prático de afirmações como base comum para reflexão, aprofundamento e futura ampliação de horizontes. Nesse sentido, são plataformas abertas, com bases firmes;

- A ecologia profunda e a ecologia integral acentuam a dimensão ética da ecologia. Ambas propõem a simultaneidade de atitudes individuais marcadas por um padrão de vida simples, com ações comunitárias e institucionais, bem como novas posturas na economia e na política, em nível local e internacional. Na ecologia integral de Francisco, as proposições éticas estão reunidas em um só documento. O capítulo V da *Laudato Si'* traça orientações para a política e a economia, enquanto o capítulo VI aborda a educação e a espiritualidade ecológicas. Na ecologia profunda elas se encontram em diversos textos. O movimento da ecologia profunda propugna uma nova visão do ser humano no mundo, que denomina "ecosofia". Essa exige mudanças de atitudes pessoais e de organização da sociedade. Já a *Laudato Si'* utiliza a expressão "conversão ecológica": "Para se resolver uma situação tão complexa como esta que enfrenta o mundo atual, não basta que cada um seja melhor. [...] Aos problemas sociais responde-se, não com a mera soma de bens individuais, mas com redes comunitárias [...] Será necessária uma união de forças e uma unidade de contribuições. A conversão ecológica, que se requer para criar um dinamismo de mudança duradoura, é também uma conversão comunitária" (LS 219);

- Ambas constatam que o ritmo atual de impacto negativo sobre o planeta alcançou um nível intolerável. "Nunca maltratamos e ferimos a nossa casa comum como nos últimos dois séculos. Mas somos chamados a tornar-nos os instrumentos de Deus Pai para que o nosso planeta seja o que ele sonhou ao criá-lo e corresponda ao seu projeto de paz, beleza e plenitude" (LS 53). Por isso, é necessário assumir ações imediatas para conter a destruição e também implantar políticas a longo prazo;

- A proposta da ecologia integral na *Laudato Si'* e a ecologia profunda compartilham da mesma limitação: não levam em conta o protagonismo das mulheres no cuidado da Terra nem incorporam a importante contribuição do ecofeminismo. Esse afirma que a ecologia profunda sustenta a igualdade entre as espécies, mas não propõe igualdade de gênero entre os humanos (ROSENDO, 2010);

- Tanto a ecologia integral quanto a ecologia profunda cultivam um olhar de contemplação, de gratidão e encantamento diante da beleza do nosso planeta. Mais ainda, experimentam uma linguagem que conjuga análise e síntese, narração e descrição, experiências locais e consciência planetária.

Podemos dizer, após passear livremente pelas duas, com suas diferenças, que a proposta da ecologia integral é profunda e a ecologia profunda é integral.

3.2 Dissonâncias, divergências e complementaridade

- A ecologia profunda e a ecologia integral criticam o paradigma antropocêntrico dominador da modernidade. Ambas buscam um novo paradigma, que considera a dignidade de todos os seres que habitam nossa casa comum. Mas há uma diferença substancial. A ecologia profunda, desde seus inícios, sustenta que há uma "igualdade biosférica" e que todos os seres do planeta têm direito à existência. Tal paradigma "ecocêntrico" ou "biocêntrico relacional" visa superar o antropocentrismo da modernidade. A ecologia integral da *Laudato Si'* comunga parcialmente dessa visão. De um lado, afirma com toda clareza que "cada criatura tem uma função e nenhuma é supérflua. Todo o universo material é uma linguagem do amor de Deus, do seu carinho sem medida por nós" (LS 84). Cada criatura tem importância, independentemente de sua utilidade para os humanos. De outro lado, insiste na originalidade do ser humano no conjunto da criação. Tal diferença se transforma em missão para administrar, proteger e cultivar a Terra. "Isto não significa igualar todos os seres vivos e tirar do ser humano aquele seu valor peculiar que, simultaneamente, implica uma tremenda responsabilidade. Também não requer uma divinização da terra" (LS 90). O paradigma da *Laudato Si'* é "antropocêntrico, inclusivo e relacional". Considera o ser humano no centro, junto com as outras criaturas;

- Existe uma diferença substancial quanto à visão social e política. A ecologia profunda é sensível à justiça ambiental. Busca aprender com a sabedoria dos povos originários. Mas efetivamente não acentua o protagonismo desses povos nem dos pobres. Além disso, não há uma crítica direta ao capitalismo, à "sociedade do mercado". Usam-se expressões mais amenas, como "sociedade industrial" e "cultura industrial". Já a ecologia integral da *Laudato Si'* tem uma visão unificada dos desafios ecológicos e sociais. "Não há duas crises separadas: uma ambiental e outra social; mas uma única e complexa crise socioambiental. As diretrizes para a solução requerem uma abordagem integral para combater a pobreza, devolver a dignidade aos excluídos e, simultaneamente, cuidar da natureza" (LS 139). Faz-se uma crítica explícita ao modelo econômico neoliberal e à predominância do capital financeiro (LS 129, 190, 194, 203);

- Também é distinta a forma de apresentar as dimensões da ecologia. O capítulo IV da *Laudato Si'* mostra que a ecologia integral comporta a ecologia ambiental, econômico-social, cultural e da vida cotidiana, com destaque para a realidade urbana (LS 138-155). Naess, por sua parte, apresenta um esquema que contempla quatro níveis, da motivação à ação: ideias e intuições filosóficas, metafísicas e religiosas (ecosofia); plataforma do "Movimento da Ecologia Profunda"; adequação jurídica em âmbito nacional e internacional; e iniciativas práticas em âmbito local;

- Outra diferença diz respeito à posição acerca do controle da natalidade. A ecologia profunda defende a adoção de políticas governamentais de controle do crescimento da população, como forma de atenuar o impacto negativo sobre o planeta. A *Laudato Si'*, por sua vez, reconhece a complexidade da questão, mas reafirma que "o crescimento demográfico é plenamente compatível com um desenvolvimento integral e solidário" (LS 50);

- Embora se dirijam a toda a humanidade, sem distinguir crentes ou não crentes, tanto o movimento da ecologia profunda quanto a ecologia integral da *Laudato Si'* têm fundamentos religiosos, mas de diferentes tradições. A segunda é nitidamente cristã. A primeira conjuga a visão budista de mundo, a ética de Gandhi e uma cosmologia imanente (a teoria de Gaia), inspirada na filosofia de Spinoza (VALERA, 2017). Isso não é problema. Ao contrário, permite uma preciosa troca de saberes e de visões.

Conclusão aberta

A ecologia profunda e a ecologia integral não são concorrentes. Nem parece que uma seja melhor, mais evoluída ou supere a outra. Ambas se enraízam em práticas transformadoras concretas de pessoas e grupos. Têm uma mística intercambiável. Estabelecem pontes com vários saberes. Assumem pressupostos filosóficos e científicos semelhantes, embora com algumas diferenças notáveis. Então, o diálogo profícuo entre seus protagonistas fortalecerá a árdua e bela luta em defesa da Terra e dos pobres. Sinergia, sim!

Referências

A COLLECTION OF ESSAYS BY ARNE NAESS. Disponível em: https://openairphilosophy.org/arne-naess/essays-by-arne-naess/. Acesso em: 11/03/2022.

CAPRA, F. *A teia da vida.* São Paulo: Cultrix, 1996.

CARSON, R. *Primavera silenciosa.* São Paulo: Melhoramentos, 1962.

DRENGSON, A. *Some Thought on the Deep ecology Movement.* Disponível em: http://www.deepecology.org/deepecology.htm. Acesso em: 11/03/2022.

NAESS, A. Los movimientos de la ecología superficial y la ecología profunda: un resumen (original: 1973). *Revista Ambiente y Desarrollo* 23 (1): 95-97, Santiago de Chile, 2007. p. 98-101.

NAESS, A. *Une écosophie pour la vie*: introduction à l'ecologie profonde. Artigos organizados por Hicham-Stéphane Afeissa. Paris: Du Seuil, 2017.

NAESS. A; SESSIONS, G. *Basic Principles of Deep ecology*: The Anarchist Library. 1984/2011. Disponível em: theanarchistlibrary.org. Acesso em: 11/03/2022.

PAPA FRANCISCO. *Encíclica Laudato Si'*: sobre o cuidado da casa comum. São Paulo: Paulinas, 2015.

ROSENDO, D. Olhares ecofeministas à ecologia profunda. *Fazendo Gênero 9*: diásporas, diversidades, deslocamentos, 2010. Disponível em: www.fg2010.wwc2017.eventos.dype.com.br › anais. Acesso em: 11/03/2022.

SPECIAL ISSUES ON ARNE NAESS. Life and Work Part One: Arne Naess, His Life and Work. The Trumpeter. *Journal of Ecosofie*. v. 21, n. 1, 2005. Disponível em: http://trumpeter.athabascau.ca/index.php/trumpet/issue/view/23. Acesso em: 11/03/2022.

SUÁREZ BARRERA. E. M. Iniciativas e sinais de esperança. Capítulo II. In: MURAD, A. (org.). *Ecologia*: um mosaico. São Paulo: Paulus, 2016.

VALERA, L. La dimensión religiosa de la ecología: la ecología profunda como paradigma. *Teol. Vida*, v. 58, n. 4, Santiago dic, 2017. Disponível em: https://scielo.conicyt.cl/scielo.php?script=sci_arttext&pid=S0049-34492017000400399. Acesso em: 11/03/2022.

6ª JANELA

A beleza na ecologia integral

Um dos presentes que Francisco brindou ao mundo foi a encíclica *Laudato Si'*, sobre o cuidado da casa comum. Acolhida com alegria e respeito por pesquisadores e membros de movimentos socioambientais de todo o mundo, por ecólogos e ecologistas, a encíclica não teve ainda o devido reconhecimento no seio da própria Igreja Católica. Talvez aconteça aquilo que o próprio Jesus viveu em Nazaré: um profeta não é bem aceito na sua cidade e no meio da parentela (cf. Mc 6,4s; Lc 4,24). Guardando as devidas proporções, a *Laudato Si'* se assemelha a um tesouro escondido no campo, ou bela e preciosa pérola (Mt 13,44-46). Sendo uma atualização do Evangelho, constitui um Boa-Nova oferecida a toda a humanidade, não somente aos católicos e demais cristãos. Mas precisa ser trazida à luz!

Podemos descobrir muitos aspectos significativos na *Laudato Si'*. Vamos nos concentrar em um: a beleza do nosso planeta e de Deus, que *encanta*[1] e nos chama a cuidar da casa comum.

---

[1] Propositalmente, colocaremos em destaque as palavras relacionadas a este tema, nas citações da *Laudato Si'*.

1. Um novo olhar sobre a Terra

A *Laudato Si'* visa nos ajudar "a reconhecer a grandeza, a urgência e a *beleza* do desafio que temos pela frente" (LS 15), de garantir a sustentabilidade no nosso planeta. Ela foi elaborada com a contribuição de muitas pessoas, de diversos campos do saber, como as ciências ambientais, a filosofia, a sociologia e a teologia. Mostra-se muito precisa do ponto de vista conceitual, o que é importante para conferir certa legitimidade, quando se trata de um tema candente, vital para a humanidade, objeto de pesquisa de muitas ciências. Ao mesmo tempo, é um texto tocante, que não se prende à frieza dos conceitos. Usando analogias e expressões poéticas, Francisco nos aproxima da realidade mais profunda do ser humano e do mundo, que os conceitos não conseguem abarcar.

A encíclica se abre com uma pergunta: o que é a Terra para nós, a partir do olhar de Francisco de Assis? Ela, nossa casa comum, "ora uma irmã, com quem partilhamos a existência, ora uma mãe *bela*, que nos acolhe nos seus braços" (LS 1). A expressão "casa comum" foi tomada do movimento ecológico. Quer dizer: habitamos o planeta junto com os seres abióticos (água, ar, solo, energia do sol) e os seres vivos, desde os microrganismos (protozoários, bactérias e fungos), passando pelas plantas (das gramíneas às gigantescas árvores da Amazônia), os insetos, os peixes e os pássaros, até animais mamíferos superiores. Por isso, o nosso planeta é também uma irmã, pois partilhamos da vida com milhões de outras criaturas. A Terra, como mãe, nos fornece os nutrientes para a existência. Dela vimos e ela nos acolhe com carinho. Mais ainda, somos parte da Terra. Aqui se supera uma visão limitada de que a natureza estaria fora de nós. Diz o papa: "Nós mesmos somos terra (cf. Gn 2, 7). O nosso corpo é constituído pelos elementos do planeta; o seu ar permite-nos respirar, e a sua água vivifica-nos e restaura-nos" (LS 2).

Você já pensou como reduzimos as outras criaturas a objetos? A começar das palavras que utilizamos. Dizemos que uma árvore é uma coisa, enquanto ela na verdade é um ser vivo. Coisas são uma mesa, uma bicicleta ou uma cadeira. E até estas são mais do que objetos, pois algumas delas comportam valor simbólico e relacional. Os católicos conhecem a tradicional divisão do rosário em mistérios gozosos, luminosos, dolorosos e gloriosos. Utilizando esta analogia, em linguagem poética, Francisco diz: "O mundo é algo mais do que um problema a resolver; é um mistério *gozoso* que contemplamos na alegria e no louvor" (LS 12).

A ecologia estuda as relações entre os organismos vivos e o meio ambiente onde se desenvolvem. E isso exige sentar-se a pensar e a discutir acerca das condições de vida e de sobrevivência de uma sociedade, com a honestidade de pôr em questão modelos de desenvolvimento, produção e consumo. Nunca é demais insistir que tudo está interligado. O tempo e o espaço não são independentes entre si; nem os próprios átomos ou as partículas subatômicas se podem considerar separadamente. Assim como os vários componentes do planeta – físicos, químicos e biológicos – estão relacionados entre si, também as espécies vivas formam uma trama que nunca acabaremos de individuar e compreender (LS 138).

O olhar integrador sobre o mundo se deve ao paradigma ecológico, que busca compreender a realidade como um todo, no qual os componentes são interdependentes.

Francisco, em uma admirável postura de diálogo com as ciências ambientais, relembra-nos de que "meio ambiente" não está fora de nós. Fazemos parte dele, pois tudo está interligado. "Quando falamos de meio ambiente, fazemos referência também a uma particular relação: a relação entre a natureza e a sociedade que a habita. Isto nos impede de considerar a natureza como algo separado de nós ou como uma mera moldura da nossa vida. Estamos incluídos nela, somos parte dela e compenetramo-nos" (LS 139).

A fé percebe que tal interdependência é querida por Deus, que, por seu Espírito, sustenta a criação, renova-a e leva-a à plenitude, como diz o teólogo alemão J. Moltmann. Nessa linha, Francisco proclama: "Sendo criados pelo mesmo Pai, estamos unidos por laços invisíveis e formamos uma espécie de família universal, uma comunhão sublime que nos impele a um respeito sagrado, amoroso e humilde" (LS 89).

Francisco sustenta também que "cada criatura tem uma função e nenhuma é supérflua. Todo o universo material é uma linguagem do amor de Deus, do seu carinho sem medida por nós. O solo, a água, as montanhas: tudo é carícia de Deus" (LS 84). As criaturas são intrinsecamente boas, porque provindas das mãos amorosas do Criador. Precisamos de ecossistemas em equilíbrio para continuar a habitar a Terra. "Assim como cada organismo é *bom e admirável* em si mesmo pelo fato de ser uma criatura de Deus, o mesmo se pode dizer do conjunto harmônico de organismos em um determinado espaço, funcionando como um sistema. Embora não tenhamos consciência disso, dependemos desse conjunto para a nossa própria existência" (LS 140).

De outro lado, a fé cristã reconhece que o pecado danificou (e danifica ainda) a harmonia do cosmos. Ela perverte o ser humano em dominador que destrói impiedosamente, rompendo as relações fundamentais: com Deus, com o próximo e com a Terra (LS 66). A plenitude de Deus somente se manifestará nas suas criaturas no fim dos tempos, na consumação do Reino, quando Cristo for "tudo em todos". Portanto, nossa visão sobre o mundo material e a biosfera é positiva, mas não ingênua ou idealizada.

Toda a natureza, além de manifestar Deus, é lugar da sua presença. Em cada criatura, habita o seu Espírito vivificante, que nos chama a um relacionamento com o desenvolvimento das "virtudes ecológicas". Mas, quando dizemos isto, não esqueçamos de que há também uma distância infinita, pois as coisas deste mundo não possuem a plenitude de Deus (LS 88).

Nosso planeta é mais do que um amontoado de coisas, ou uma mera fonte de recursos que poderíamos usar de qualquer forma, sem limites. Trata-se de um *outro*, que deve ser reconhecido como tal. E esse "rosto do outro" não tem somente beleza. Há um clamor da Terra, que se junta ao grito dos pobres, em favor da vida ameaçada.

Esta irmã clama contra o mal que lhe provocamos pelo uso irresponsável e o abuso dos bens que Deus nela colocou. Crescemos pensando que éramos seus proprietários e dominadores, autorizados a saqueá-la. [...] Entre os pobres mais abandonados e maltratados, conta-se a nossa terra oprimida e devastada, que geme e sofre as dores do parto (Rm 8,22) (LS 2).

2. Beleza, admiração e encantamento

A palavra "beleza", com seu sinônimo "formosura", aparece 32 vezes na Encíclica.[2] Em vários trechos da *Laudato Si'*, Francisco chama a atenção para a beleza dos ecossistemas e de cada ser, a fim de nutrir em nós o encantamento, a admiração[3] e o respeito. Ao tomar Francisco de Assis como modelo da atitude cristã diante do planeta, o papa adverte que é necessário nos aproximarmos da natureza e do meio ambiente com essa abertura para a *admiração*

---

[2] Na tradução portuguesa, usa-se somente "beleza". Na versão espanhola, "belleza" e "hermosura".

[3] Na versão brasileira, usa-se "admiração" e "admirar-se". Na versão espanhola há outras palavras, como "admirado" (LS 100) "asombrarse" (LS 98). Em português, fala-se de "maravilha"; em espanhol, "asombro" (LS 243).

e o *encanto*. Devemos falar a língua da fraternidade e da *beleza* na nossa relação com o mundo. Se nos sentirmos intimamente unidos a tudo o que existe, então brotarão de modo espontâneo a *sobriedade* e a solicitude (LS 11). E se isso não acontece? "Nossas atitudes serão as do dominador, do consumidor ou de um mero explorador dos recursos naturais, incapaz de pôr um limite aos seus interesses imediatos" (LS 11).

A beleza faz parte do plano salvífico de Deus! E, nesse plano, ela está indissociavelmente ligada à prática do bem, à ética. Francisco entende a beleza não somente em sentido estrito ou literal. Ele associa esta palavra àquilo que suscita em nós atitudes de surpresa, abertura, admiração, reverência, encantamento e respeito. Nas nossas línguas latinas, especialmente no italiano, é comum associar o adjetivo "belo" a um fato, um gesto, uma pessoa, um processo, um evento, uma postura de vida. Nesse caso, comporta sempre um juízo moral positivo. Belo seria sinônimo de bom, digno de admiração. Um gesto bonito (belo) é para ser seguido. Assim, quando nos deixamos tocar pela beleza-bondade dos outros, fazemo-nos aprendizes, discípulos.

Ao dialogar com a visão evolucionista e sistêmica do cosmos e da sociedade, Francisco aponta para uma beleza profunda que está no interior dos mecanismos complexos que regem a organização da matéria. Tais processos são reconhecidos pela fé como caminhos para Deus, "beleza sempre antiga e sempre nova", como dizia Santo Agostinho.

> Neste universo, composto de sistemas abertos que entram em comunicação uns com os outros, podemos descobrir inumeráveis formas de relação e participação. Isso nos leva também a pensar o todo como aberto à transcendência de Deus, dentro da qual se desenvolve. A fé permite-nos interpretar o *sentido e a beleza* misteriosa do que acontece (LS 79).

O encantamento diante da beleza não diz respeito somente ao mundo criado por Deus. A criatividade humana é bela e boa, especialmente a tecnologia, que nos fascina e oferece enormes possibilidades de ser utilizada com finalidade positiva. Ela manifesta também aspectos inusitados do ser humano.

> A tecnociência, bem orientada, pode produzir coisas realmente valiosas para melhorar a qualidade de vida do ser humano [...]. É capaz também de produzir coisas *belas* e fazer o ser humano, imerso no mundo material, dar o "salto" para o âmbito da *beleza*. Assim, no desejo de *beleza* do artífice e em quem contempla essa *beleza* dá-se o salto para uma certa plenitude propriamente humana (LS 103).

Francisco defende que a natureza, tão bonita, faz parte do bem comum. Todos devem ter acesso a ela. Por isso, reprova os projetos urbanísticos elitistas: "A privatização dos espaços tornou difícil o acesso dos cidadãos a áreas de particular *beleza*" (LS 45). Ele denuncia a beleza criada artificialmente pela tecnociência, visando somente ao lucro e à exploração.

> Esse nível de intervenção humana, muitas vezes a serviço da finança e do consumismo, faz com que esta terra onde vivemos se torne realmente menos *rica e bela*, cada vez mais limitada e cinzenta, enquanto ao mesmo tempo o desenvolvimento da tecnologia e das ofertas de consumo continua a avançar sem limites. Assim, parece que nos iludimos de poder substituir uma *beleza insuprível e irrecuperável* por outra criada por nós (LS 34).

A sensibilidade ao belo, a partir das maravilhas da natureza, deve ser vivida integralmente na relação com os outros (sobretudo os mais pobres) e Deus. Caso contrário, estaria restrito a interesses mesquinhos. "Não se pode propor uma relação com o ambiente, prescindindo da relação com as outras pessoas e com Deus. Seria um individualismo romântico *disfarçado de beleza* ecológica e um confinamento asfixiante na imanência" (LS 119).

No capítulo intitulado "O Evangelho da Criação" (LS 63-100), Francisco nos oferece uma leitura bíblico-teológica extraordinária. Insiste que cada criatura manifesta, de alguma forma, algo de Deus. A criação revela, sem palavras, a beleza e a bondade do Criador (já aludido em LS 12). O papa nos recorda a atitude contemplativa de Jesus, e como ele inspira uma espiritualidade integradora.

> [Jesus] vivia em contato permanente com a natureza e prestava-lhe uma atenção cheia de *carinho e admiração*. Quando percorria os quatro cantos da sua terra, detinha-se a contemplar a *beleza* semeada por seu Pai e convidava os discípulos a individuarem, nas coisas, uma mensagem divina, [...] a estar atentos à *beleza* que existe no mundo (cf. LS 97). [Jesus] não se apresentava como um asceta separado do mundo ou inimigo das *coisas aprazíveis da vida* [...]. Encontrava-se longe das filosofias que desprezavam o corpo, a matéria e as realidades deste mundo (LS 98).

Por vezes, na *Laudato Si'* a palavra "beleza" tem uma nítida conotação antropológica e ética. Trata-se de uma "outra beleza", além da aparência. Diz respeito ao cultivo das virtudes humanas da solidariedade e da cooperação. Quando aborda a ecologia urbana, Francisco destaca a necessidade de criar ambientes belos e humanizadores, especialmente para os mais pobres. E alerta os arquitetos e técnicos de planejamento urbano para o risco de se perderem no engano estético dos projetos. "Não é suficiente a busca da *beleza no projeto*, porque tem ainda mais valor servir a *outro tipo de beleza*: a qualidade de vida das pessoas, a sua harmonia com o ambiente, o encontro e ajuda mútua" (LS 150).

A ecologia urbana visa à promoção da dignidade, especialmente para os pobres. Não se trata somente de algo estético, mas sim de condições de vida humanizantes, em vários sentidos.

Como são *belas* as cidades que superam a desconfiança doentia e integram os que são diferentes, fazendo dessa integração um novo fator de progresso! Como são *encantadoras* as cidades que, já no seu projeto arquitetônico, estão cheias de espaços que *unem, relacionam,* favorecem *o reconhecimento do outro!* (LS 152).

Francisco dedica o último capítulo da *Laudato Si'* à "Educação e espiritualidade ecológicas" (LS 202-246). Aí, a sensibilização para a beleza é apresentada como meio pedagógico para despertar a consciência ecológica e introduzir no mistério de Deus. A união da beleza com a bondade é fundamental para superar a postura dominadora do "antropocentrismo despótico" (LS 68), que reduz todos os seres a meros objetos.

Quando não se aprende a parar a fim de *admirar e apreciar o que é belo,* não surpreende que tudo se transforme em objeto de uso e abuso sem escrúpulos. [Há] relação entre um adequada *educação estética* e a preservação de um ambiente são. *Prestar atenção à beleza e amá-la* nos ajuda a sair do pragmatismo utilitarista (LS 215).

Como o papa aborda o sentido espiritual da beleza? Como ela se articula com os sacramentos e a liturgia? Diz Francisco: "Os sacramentos constituem um modo privilegiado em que a natureza é assumida por Deus e transformada em mediação da vida sobrenatural" (LS 235), especialmente na Eucaristia. Segundo o Papa, na Eucaristia a criação encontra a sua maior elevação. A graça atinge uma expressão maravilhosa: "No apogeu do mistério da Encarnação, o Senhor quer chegar ao nosso íntimo. Não o faz de cima, mas de dentro, para podermos encontrá-lo no nosso próprio mundo. Unido ao Filho encarnado, presente na Eucaristia, todo o cosmos dá graças a Deus" (LS 236).

Na liturgia das Igrejas orientais, a beleza nos coloca diante de Deus, fonte de todo Bem. "A *beleza*, que no Oriente é um dos nomes mais queridos para exprimir a harmonia divina e o modelo da humanidade transfigurada, mostra-se em toda parte: nas formas do templo, nos sons, nas cores, nas luzes, nos perfumes" (LS 235, citando João Paulo II).

O Deus trindade, unidade na diversidade, é a fonte inesgotável de vida, fundamento amoroso e comunicativo de tudo que existe, modelo inspirador de todas as relações (LS 238-240). Viver o mistério trinitário significa adotar a relacionalidade a solidariedade como modo de ser e de agir.

> As Pessoas divinas são relações subsistentes; e o mundo, criado segundo o modelo divino, é uma trama de relações. [...] Isso nos convida não só a *admirar* os múltiplos vínculos que existem entre as criaturas como também nos leva a descobrir uma chave da nossa própria realização. Na verdade, a pessoa humana cresce, amadurece e santifica-se tanto mais quanto mais se relaciona. [...] Tudo está interligado, e isso nos convida a maturar uma espiritualidade da solidariedade global que brota do mistério da Trindade (LS 240).

Por fim, o papa nos fala de Maria glorificada, unida à humanidade e a toda a criação. Maria, figura da beleza de Deus, nos ensina esse olhar amoroso e sábio sobre a Terra.

> Ela vive, com Jesus, completamente transfigurada, e todas as criaturas cantam a sua *beleza*. [...] No seu corpo glorificado, juntamente com Cristo Ressuscitado, parte da criação alcançou toda *a plenitude*

da sua beleza. Maria não só conserva no seu coração toda a vida de Jesus, que "guardava" cuidadosamente (cf. Lc 2,51), como agora compreende também o sentido de todas as coisas. Por isso, podemos pedir-lhe que nos ajude a contemplar este mundo com um olhar mais sapiente (LS 241).

Na perspectiva ecoespiritual, o destino do ser humano e do mundo não é a aniquilação, mas sim a transformação e a plenitude. Não somente a nós, humanos, é reservada a vida eterna, o novo céu e a nova terra. Deus manifestará sua beleza e bondade sem fim. Todas as criaturas serão tocadas pela recapitulação em Cristo.

> No fim, encontrar-nos-emos face a face com a *beleza infinita de Deus* (cf. 1Cor 13,12) e poderemos ler, com *jubilosa admiração*, o mistério do universo, o qual terá parte conosco na plenitude sem fim. Estamos caminhando [...] para a casa comum do Céu. Diz-nos Jesus: "Eu renovo todas as coisas" (Ap 21,5). A vida eterna será uma *maravilha compartilhada*, onde cada criatura, esplendorosamente transformada, ocupará o seu lugar e terá algo para oferecer aos pobres definitivamente libertados (LS 243).

Na *Laudato Si*, a admiração diante da beleza (da criação, do ser humano e de Deus) faz parte das atitudes de alegria e de gratuidade. Essas estão presentes, com outro foco, nos documentos de Francisco *Evangelii Gaudium* e *Amoris laetitia*. Longe de levar o cristão ao espiritualismo desencarnado, o encantamento suscita respeito, ação de graça e práticas transformadoras.

Além disso, há outras chaves de leitura que completam a perspectiva da beleza-bondade. Uma delas, presente em toda a Encíclica, consiste em conhecer a realidade de forma crítica e solidarizar-se com a dor mundo e dos pobres. Por isso mesmo,

Francisco dedica o capítulo I da Encíclica a uma acurada análise de cenário planetário: "O que está acontecendo à nossa casa" (LS 17-61). Ele esclarece a que serve este capítulo: "O objetivo não é recolher informações ou satisfazer a nossa curiosidade, mas tomar dolorosa consciência, ousar transformar em sofrimento pessoal aquilo que acontece ao mundo e, assim, reconhecer a contribuição que cada um lhe pode dar" (LS 19).

O capítulo I mostra que a situação do planeta e dos pobres está longe das condições necessárias e ideais. O quadro traçado, lúcido e profundo, não soa como belo: Contaminação e mudança climática (LS 20-26); A questão da água (LS 27-31), Perda da biodiversidade (LS 32-42); Deterioração da qualidade da vida humana e degradação social (LS 43-47); Desigualdade planetária (LS 48-52). Diante de um cenário tão preocupante, o papa se pergunta por que reações tão fracas (LS 53-69). Ele denuncia a insensibilidade dos poderes econômicos e políticos diante da gravidade da situação. E conclui mostrando que a diversidade de opiniões sobre esse tema constitui um apelo para o diálogo e a ação conjunta, antes que seja tarde (LS 60-61).

A pobreza e a degradação ambiental são feias! Elas contrastam com o belo projeto de Deus para o mundo e para a humanidade. Por isso, Francisco faz um insistente apelo, diante do qual não podemos permanecer indiferentes:

> Estas situações provocam os gemidos da irmã terra, que se unem aos gemidos dos abandonados do mundo, com um lamento que reclama de nós outro rumo. Nunca maltratamos e ferimos a nossa casa comum como nos últimos dois séculos. Mas somos chamados a tornarmo-nos os instrumentos de Deus Pai para que o nosso planeta seja o que ele sonhou ao criá-lo e corresponda ao seu *projeto de paz, beleza e plenitude* (LS 53).

Conclusão aberta

Durante muitos séculos o cristianismo foi portador de uma visão pessimista sobre a Terra, como lugar de pecado e sofrimento. Não se deveria colaborar na salvação do mundo, e sim escapar dele. O corpo precisa ser "mortificado" (castigado). Qualquer forma de prazer, que não fosse o "gozo espiritual", era considerada suspeita e perigosa. As relações humanas, fora do contexto religioso, eram desvalorizadas. O Concílio Vaticano II nos reconciliou com a sociedade, com as "realidades terrestres". A Constituição Pastoral *Gaudium et Spes*, em particular, resgata o valor e a dignidade do ser humano. Assume que as grandes aspirações da humanidade ecoam de forma especial na comunidade dos seguidores de Jesus (GS 1). Na América Latina, *a teologia da libertação e a Igreja dos pobres* abriram caminhos inusitados do diálogo da Igreja com o mundo, a partir e com os setores populares. Lentamente, surgiu a questão ecológica.

A *Laudato Si'* lança um apelo claro e forte de cuidado com a casa comum, em estreita relação com a inclusão social dos pobres. Podemos responder de muitas e variadas formas a esse clamor, como pessoas e comunidades eclesiais. A título de sugestão, enumeramos algumas delas:

- *Cultivar o olhar de encantamento em relação à beleza da criação*. Isso exige, principalmente para aqueles que vivem em ambiente urbano, espaços e tempos de sintonia com a água, o solo, o ar, as árvores e os pássaros. Valorizam-se então as unidades de conservação, os parques e jardins públicos. Realizam-se passeios ecológicos, favorecendo também a intensificação dos laços humanos;
- *Alimentar uma espiritualidade simultaneamente ecológica e social*, que percebe a presença/ausência de Deus na realidade

do mundo (os humanos e os outros seres): bela, complexa, ambígua e frágil;

- *Retomar a prática da oração dos salmos*, saboreando e não somente repetindo palavras. Muitos salmos expressam, através do louvor e da súplica, a unidade entre a criação, a ética e a luta pela justiça social. Deus criador é o mesmo que liberta o seu povo das opressões históricas;

- *Investir*, sobretudo, nas escolas, obras sociais e paróquias, *na formação da consciência socioambiental* nas novas gerações (crianças e jovens) e nas lideranças cristãs;

- *Adotar um estilo de vida simples e alegre*, rejeitando o consumismo e a idolatria da tecnociência. Isso nos permite diminuir o impacto negativo sobre a biosfera e viver com mais intensidade e profundidade;[4]

- *Tornar conhecida* a Encíclica *Laudato Si'* nos espaços onde atuamos;

- *Assumir em nossas comunidades algumas ações coletivas* como forma de responder concretamente aos apelos da *Laudato Si'*;

---

[4] "A sobriedade, vivida livre e conscientemente, é libertadora. Não se trata de menos vida nem vida de baixa intensidade; é precisamente o contrário. Com efeito, as pessoas que saboreiam mais e vivem melhor cada momento são aquelas que deixam de debicar aqui e ali, sempre à procura do que não têm, e experimentam o que significa dar apreço a cada pessoa e a cada coisa, aprendem a familiarizar-se com as coisas mais simples e sabem alegrar-se com elas. Desse modo, conseguem reduzir o número das necessidades insatisfeitas e diminuem o cansaço e a ansiedade. É possível necessitar de pouco e viver muito, sobretudo quando se é capaz de dar espaço a outros prazeres, encontrando satisfação nos encontros fraternos, no serviço, na frutificação dos próprios carismas, na música e na arte, no contato com a natureza, na oração. A felicidade exige saber limitar algumas necessidades que nos entorpecem, permanecendo assim disponíveis para as múltiplas possibilidades que a vida oferece" (LS 223).

- *Unir-se* a outras organizações religiosas e da sociedade civil em defesa das causas socioambientais no nosso local de moradia e de trabalho;

- Para as Igrejas que têm templos, casas de retiro, obras socioeducativas e que gerem organizações complexas, como escolas, universidades, TVs, *traduzir o cuidado da casa comum em políticas ambientais institucionais*, visando reduzir os impactos ambientais e promover a consciência planetária. Por exemplo, gestão de resíduos sólidos, da água e da energia; empreender construções e reformas com material sustentável, reduzir o consumo, privilegiar fornecedores com postura ecológica, como os produtores da socioeconomia solidária.

Assim nos unimos a Francisco, à humanidade e à criação, em uma oração de ação de graças e súplica em favor da Terra.

Vós que envolveis com a vossa ternura tudo o que existe, derramai em nós a força do vosso amor para cuidarmos da *vida e da beleza*. [...] Curai a nossa vida, para que protejamos o mundo e não o depredemos, para que semeemos *beleza* e não poluição nem destruição (LS 246a).

Os pobres e a terra estão bradando: Senhor, tomai-nos sob o vosso poder e a vossa luz, para proteger cada vida, para preparar um futuro melhor, para que venha o vosso Reino de justiça, paz, *amor e beleza*. Louvado sejais! (LS 246b).

7ª JANELA

Ecoteologia. Por que e para quê?

Você já ouviu falar de *ecoteologia*? De forma breve, diz-se que ela é a reflexão de fé (teologia) em relação às diversas faces da ecologia, como: ciência, práticas sustentáveis e a nova compreensão do ser humano como membro da Terra. A relação fecunda entre a teologia e a ecologia integral requer o cultivo da espiritualidade e a elaboração de um saber próprio. Pensando nas pessoas que não são da área da teologia, iniciarei explicando brevemente em que consiste esse saber e como se conjuga com a adesão a Jesus Cristo (fé). A seguir, traçarei um quadro amplo sobre a ecoteologia, seus objetivos e características.

1. A teologia cristã em breve percurso

Durante vários anos eu assisti a um espetáculo simples, belo e encantador. Em um domingo do mês de outubro várias bandas do interior de Minas, a maioria composta de adolescentes e jovens, se apresentavam na Praça da Liberdade, localizada na capital mineira. Não eram bandas modernas, e sim aquelas tradicionais – com instrumentos de sopro e percussão –, executando marchinhas, composições clássicas e populares. Em algumas regiões do Brasil são chamadas de "fanfarras". Eu adorava escutar os diferentes instrumentos em harmonia, como: cornetas, trompetes, trombones, bombardinos, tubas, pratos, taróis e bumbos. Havia execuções musicais simultâneas em cada um dos quatro cantos da Praça. Mas eu gostava mesmo era da apresentação inicial, em que cada bandinha desfilava na via principal, com o maestro (ou maestrina) à frente. Como executar as músicas enquanto se caminhava? As partituras eram colocadas nas costas dos membros das bandinhas ou fanfarras. Isso me fez refletir, anos mais tarde, sobre a relação entre a fé e a teologia.

A fé é como a música. Dependendo do estilo, a música alegra o coração, estimula movimentos dos corpos, traz lembranças afetivas ou mesmo ajuda a relaxar... Ninguém precisa de teoria musical para cantar ou tocar alguns instrumentos. No interior do Brasil e nas periferias das cidades, há exímios tocadores de cavaquinho, violão e viola que jamais frequentaram escolas musicais. Mas, para garantir que as músicas não se percam e sejam executadas de maneira correta, há partituras. Nelas estão escritas as notas musicais, o compasso e outras informações necessárias.

Vimos na "3ª janela" como o ato de fé comporta, ao mesmo tempo, a confiança e entrega a Deus e a busca do conhecimento daquilo que ele nos revelou. Ora, se a fé é como a música, a teologia se assemelha à partitura musical. Ao mesmo tempo que cada geração vive de maneira própria o seguimento a Jesus, herda das gerações anteriores tanto as intuições espirituais quanto o conteúdo do que se crê, o que na teologia católica se chama "Tradição" (com T maiúsculo, para se diferenciar do tradicionalismo). A Tradição viva é a memória coletiva e seletiva da comunidade eclesial, que, como um rio caudaloso, traz e leva as experiências religiosas e sua formulação ("doutrina"). Caminhamos como os jovens músicos das fanfarras, orientados pelas "partituras da fé" que herdamos da sabedoria acumulada durante séculos e do testemunho dos cristãos vivos e falecidos.

No livro *A casa da teologia* (2010), definimos "a teologia como a reflexão sistemática, crítica e criativa sobre a fé cristã ou a partir da fé, a respeito da relação de Deus com a humanidade". A teologia não somente se ocupa de assuntos religiosos ou doutrinais como também tem algo a dizer sobre temas humanos significativos, interpretados por ela a partir da Bíblia e da memória eclesial. Como um saber elaborado, a teologia tem método, linguagem, comunidade de ensino e aprendizagem próprios. Isso a caracteriza como uma ciência da interpretação, da área das ciências humanas. Ela mantém laços estreitos com a filosofia e as ciências da religião. A teologia cristã tem, ao mesmo tempo, diferentes interlocutores e níveis de elaboração. Pode-se identificar elementos da teologia nas homilias, na liturgia, na catequese, nos grupos de reflexão bíblica, nos cursos de iniciação para lideranças. Seminaristas e futuros pastores de várias igrejas estudam uma teologia em vista do seu ministério. Existe a teologia acadêmica em instituições de ensino superior, reconhecidas pelo MEC, nos níveis de graduação, mestrado e doutorado, que é destinada a todos/as.

A teologia surge nos primeiros séculos do cristianismo e se desenvolve até os nossos dias. Ela visa responder à necessidade da comunidade eclesial de pensar sua fé e estimular seus membros a vivê-la na caridade e na esperança, estabelecer um diálogo com as culturas e povos, refutar acusações, assimilar e clarificar conceitos, criar imagens e analogias significativas. Em síntese, avançar no processo de interpretação da nossa crença. A teologia tem um pé firme no passado e o outro no presente, em vista do futuro. Ela não é mera repetição, e sim um processo criativo de apropriação e expressão.

No âmbito católico, a teologia predominante nos últimos cinco séculos se ocupou fundamentalmente da apologética, da dogmática e da moral. Diríamos, grosso modo: a primeira consistia em mostrar a plausibilidade da revelação cristã e do catolicismo em luta contra o ateísmo e a reforma protestante; a segunda, em explicar e replicar a doutrina cristã, condensada na Suma Teológica de Santo Tomás de Aquino; e, por fim, a terceira, visava apresentar as listas de pecado e suas condicionantes, para subsidiar os confessores. Além disso, o seminarista, único personagem que tinha acesso à teologia, precisava estar munido de todas as normas referentes à administração dos sacramentos e à estrutura eclesiástica. Em lugar secundário se colocava a espiritualidade, que aparecia em forma narrativa e parenética nos relatos idealizados da vida dos santos, enquadrados em um modelo estático (não tinham defeitos, desprezavam o corpo e "o mundo" e, desde o início, eram cheios de virtudes). A teologia apresentava de forma sistemática a espiritualidade cristã nos "tratados de ascética e mística".

No início do século XX, a teologia prova processos de renovação a partir de várias iniciativas, sobretudo na Europa. Inspirada por grandes pesquisadores protestantes, emerge a teologia bíblica no âmbito católico. A teologia dogmática abre-se a novas categorias de pensamento. A ética cristã parte de Cristo e de seu apelo à conversão e ao seguimento. Novas correntes de espiritualidade, como também a releitura das clássicas, estimulam os fiéis a viverem o seguimento de Jesus no mundo, em suas relações cotidianas. Volta-se ao estudo dos clássicos autores dos primeiros séculos, os chamados "padres da Igreja", que oxigenam a teologia. Com o movimento ecumênico, cristãos de diversas igrejas começam a derrubar muros e a construir pontes para viverem juntos o Evangelho. Na Igreja Católica, todo esse impulso renovador foi assumido no Concílio Vaticano II, que teve várias sessões de 1962 a 1965. Assim, a teologia contemporânea é compreendida como hermenêutica da fé (interpretação e atualização), com diversos interlocutores, a serviço da evangelização, da missão, do anúncio e do diálogo.

Mais do que uma área de estudo, a Bíblia volta a ser a base de toda teologia. O setor da sistemática empreende um caminho renovador no seu método, traçado pelo Decreto Conciliar *Optatam Totius*. Este decorre da Bíblia, percorre a patrística, enriquece-se com a Tradição legitimada nos concílios e documentos papais, sistematiza a reflexão com conceitos antigos e novos, e descobre o sentido para o nosso tempo (OT 16). A moral cristã se amplia enormemente, libertando-se do rigorismo e da fixação no pecado; enriquece-se no diálogo com as ciências humanas e incorpora novas disciplinas, como a bioética e a moral social. Embora ainda restrito ao ensino acadêmico das faculdades de teologia, o diálogo ecumênico e inter-religioso passa a constituir um pressuposto consensual nos congressos e simpósios de teologia, especialmente os realizados com as ciências da religião.

2. Teologias e sociedade

Nessa trilha aberta pelo Vaticano II, surge a teologia da libertação na América Latina, que não brota das instituições de ensino superior, e sim das práticas pastorais e do serviço efetivo aos pobres, em resposta aos grandes apelos da realidade humana no nosso contexto social. Ela é respaldada pela II Conferência do Episcopado Latino-americano, em Medellín (Colômbia), no ano de 1968.

A teologia da libertação (reflexão) e a Igreja dos pobres (prática) formam uma unidade indissolúvel. Os/as teólogos/as aprendem da sabedoria e da resistência dos pobres no campo e na cidade. Desenvolvem uma forma didática de "falar de Deus", em diálogo. Agentes de pastoral (leigos/as, religiosos/as, padres, missionários/as, pastores/as) ajudam a organizar as comunidades e apresentam uma leitura libertadora da Bíblia. Uma figura inesquecível é o Carlos Mesters, que, junto com outros/as biblistas e pastoralistas, fundou o CEBI – Centro Ecumênico de Estudos Bíblicos.[5] Diversas pastorais estimulam a participação das lideranças nos movimentos populares em defesa dos camponeses, dos trabalhadores urbanos, das mulheres, dos povos indígenas e de todos os oprimidos. Consagram-se o protagonismo dos pobres e o método "Ver – Julgar – Agir" na pastoral. Criam-se gestos e palavras mais adequados para traduzir esse estilo de ser cristã/o nas celebrações comunitárias, cultos e missas.

Alguns organismos e pastorais sociais, desde o início, já tinham presente a questão ecológica, embora essa não fosse ainda predominante, pois lidavam com pessoas e grupos em estreita relação com a terra. Por exemplo, a CPT – Comissão Pastoral da Terra[6] e o CIMI – Conselho Indigenista Missionário.[7] A consciência da inter-relação da ação pastoral com as culturas e os biomas se desenvolve claramente nos bispos da região amazônica brasileira, desde o primeiro encontro em Santarém, em 1972 (MURAD, 2019), passando pela criação da REPAM – Rede Eclesial Pan-amazônica,[8] o Sínodo para a Amazônia, em 2019, até as práticas atuais de evangelização.

Na esfera protestante houve também avanços significativos, embora minoritários, na reflexão teológica e na prática pastoral. Em âmbito internacional, é marcante a mobilização do CMI – Conselho Mundial de Igrejas (associação fraterna) –, que reúne um expressivo número de igrejas anglicanas, batistas, luteranas, metodistas e reformadas, a maior parte das igrejas ortodoxas, e muitas igrejas

---

[5] Disponível em: https://cebi.org.br/. Acesso em: 06/06/2022.

[6] Disponível em: https://www.cptnacional.org.br/. Acesso em: 06/06/2022.

[7] Disponível em: https://cimi.org.br/. Acesso em: 06/06/2022.

[8] Disponível em: https://repam.org.br/. Acesso em: 06/06/2022.

unidas e independentes.[9] A 6ª Assembleia do Conselho Mundial de Igrejas, em 1983, destacou o tema do "Cuidado com a criação". Estabeleceu então o processo "Justiça, Paz e Integridade da Criação" (JPIC). A proposta JPIC também foi assumida pela Igreja Católica de forma semelhante e se difundiu em alguns Institutos Religiosos de Vida Consagrada. Em 1988, o CMI lançou um programa sobre mudanças climáticas. Dois anos depois, realizou um importante encontro em Seul. Firmou-se ali um pacto em torno das seguintes questões concretas:

> (1) uma ordem econômica justa e a libertação da escravidão da dívida externa; (2) a verdadeira segurança de todas as nações e povos e uma cultura de não violência; (3) a construção de uma cultura que viva em harmonia com a integridade da criação e a preservação do dom da atmosfera da terra (o clima) para cultivar e sustentar a vida do mundo; (4) a erradicação do racismo e da discriminação em todos os níveis, para todos os povos, e o desmantelamento dos padrões de comportamento que perpetuam o pecado do racismo (CUNHA, 2016, p. 120).

No meio protestante denominado "evangelical" – no qual predominam o pentecostalismo, o proselitismo e a tendência a uma leitura literal da Bíblia – aconteceu, em 1974, o Encontro de Lausanne, que congregou quase 150 denominações. O documento final, intitulado "Pacto de Lausanne", proclama a missão das igrejas por uma "evangelização integral" que inclua a "responsabilidade social cristã".

> Deus é o Criador e o Juiz de todos os homens. Portanto, devemos partilhar o seu interesse pela justiça e pela conciliação em toda a sociedade humana, e pela libertação dos homens de todo tipo de opressão. Porque a humanidade foi feita à imagem de Deus, toda

---

[9] Disponível em: https://www.oikoumene.org. Acesso em: 06/06/2022.

pessoa, [...] possui uma dignidade intrínseca em razão da qual deve ser respeitada e servida, e não explorada. [...] A evangelização e o envolvimento sociopolítico são ambos parte do nosso dever cristão. [...] A mensagem da salvação implica também uma mensagem de juízo sobre toda forma de alienação, de opressão e de discriminação, e não devemos ter medo de denunciar o mal e a injustiça onde quer que existam (Pacto de Lausanne, 5).

Na América Latina, o setor progressista de igrejas evangélicas também aderiu à teologia da libertação e ao compromisso concreto por mudanças sociais, como bem caracterizou o teólogo metodista Cláudio Ribeiro (2018). Ele destaca teólogos/as da libertação evangélicos/as como José Miguez-Bonino, Julio de Santa Ana, Rubem Alves, Elza Tamez e Marcella Althaus-Reid. Privilegia os temas: justificação pela fé, a crítica bíblica à economia política e a sexualidade humana (RIBEIRO, 2018). Ainda no meio protestante latino-americano, merece destaque o grupo evangélico "Fraternidade Teológica Latino-americana", que desenvolveu a teologia da "missão integral". O nome mais importante é René PADILLA, com a obra *Missão integral: ensaios sobre o Reino de Deus e a Igreja* (2012).

Filhas e companheiras da teologia da libertação, outras correntes teológicas surgem ou se desenvolvem de maneira própria no nosso continente, como: a teologia feminista, a teologia índia, a teologia negra (afro-americana), a teologia *gay* ou *queer*, a ecoteologia e a teologia ecofeminista. Todas essas correntes são teologias contextuais. "Contextual" não significa somente "restrito a um determinado contexto" temporal, espacial ou cultural. A ecoteologia e as teologia de gênero estão presentes no mundo inteiro e dizem respeito a toda a humanidade, pois habitamos este único planeta e as relações de gênero nos constituem, como homens ou mulheres, transgêneros ou cisgêneros.

Tais teologias são contextuais porque consideram a dor e o crescente protagonismo crescente dos pobres, das mulheres, dos povos originários e afrodescendentes e de outros sujeitos como parte irrenunciável de sua identidade e missão. Elas são teologias críticas e construtivas. Críticas porque denunciam as práticas discriminatórias, os conceitos, os valores, as normas e os estereótipos de uma sociedade excludente, patriarcal e racista. Apontam as consequências funestas da teologia, quando essa reforça a "história única", na qual os/as outros/as são invisibilizados/as. Construtivas porque se reapropriam da Tradição cristã e a reconstroem criativamente, a partir de um marco de interpretação libertador. Contribuem para o avanço da reflexão teológica, trazendo à luz elementos que foram esquecidos no seu longo trajeto de dois milênios. Tais teologias integram as diferentes experiências e linguagens sobre Deus, sem impor o discurso padronizado ou uma única experiência como normativos (RINCÓN ANDRADE, 2020, p. 144).

3. Teologia da libertação e ecoteologia

Qual a relação da ecoteologia latino-americana com a teologia da libertação? Ela se assemelha à filha que aprende com a mãe, internaliza seus valores e trilha então seu próprio caminho, mantendo os vínculos. Segundo Gutiérrez, a teologia da libertação inclui as tarefas clássicas de sabedoria e saber racional (GUTIÉRREZ, 1976, p. 16-18) e oferece uma reflexão crítica da práxis histórica à luz da Palavra de Deus. A partir do seguimento de Jesus, é "teologia da transformação libertadora da história da humanidade". Não se limita a pensar o mundo, mas procura situar-se no processo por meio do qual o mundo é transformado. Ela acolhe o dom do Reino de Deus e se mobiliza. Protesta contra a dignidade humana pisoteada e a espoliação dos pobres. Engaja-se nas lutas do amor que liberta, na construção de nova sociedade, justa e fraterna (GUTIERREZ, 1987, p. 27).

A ecoteologia latino-americana se alinha com essa perspectiva da teologia da libertação e dilata seu horizonte. Como diz Leonardo Boff, aquela ouve o grito da Terra e o grito dos pobres como um único e mesmo clamor. Não se contenta em ser teologia práxis. Acentua o caráter contemplativo da teologia. Não somente age para transformar, mas também silencia, sintoniza, reverencia o mistério de Deus na história humana e nos processos cíclicos e evolutivos da biosfera. Dosa eficácia com gratuidade, esforço e fruição. Aprende da natureza a esperar o tempo favorável, a respeitar os ciclos e os ritmos. Conjuga indignação e encantamento.

A teologia da libertação enfatizou a dimensão comunitária da fé. Mostrou como a concupiscência, o pecado e a graça têm "espessuras" estruturais. Despertou-nos para as implicações políticas e sociais do seguimento de Jesus. Apelou para enfrentarmos as estruturas que geram e mantêm a pobreza e a exclusão. A ecoteologia latino-ame-ricana acolhe e incorpora tal projeto. E dá um passo além. Acentua a sua dimensão planetária e a interdependência do humano com a "comunidade de vida" da Terra. Tal opção traz consequências para a espiritualidade, o jeito de formular e expressar o pensamento, e a ação transformadora no mundo (práxis). Enquanto a teologia da libertação salienta as ações sociais e políticas em grande escala, a ecoteologia mostra que essas estão conjugadas com atitudes indi-viduais cotidianas e ações coletivas locais. Os vários níveis da ação transformadora (individual, comunitário, institucional, político-so-cial) são simultâneos.

Enquanto a teologia da libertação utilizou, no momento pré--teológico da elaboração, as mediações socioanalíticas (LIBANIO, 1987), especialmente a sociologia crítica, a ecoteologia estabelece pontes com outros saberes, especialmente a filosofia, a visão dos povos originários e as ciências ambientais. Como vimos no capítulo II, a ecoteologia abarca ampla gama de saberes teóricos e práticos, não somente o estudo sobre os ecossistemas e a relação entre o meio físico e biótico, as redes e cadeias alimentares. Incluem-se, entre outros: agroecologia, *ecodesign*, engenharia civil e arquitetura sustentável, geografia, legislação ambiental, gestão ambiental, educação ambiental, hidrologia, estudo dos solos etc. A interlocução com as ciências ambientais possibilita à ecoteologia formatar uma ética ecológica cristã, viável e cientificamente fundamentada. Mas não somente isso. Em sintonia com elementos do pensamento atual, como a teoria da complexidade, o "pensar ecoteológico" abre portas e janelas inusitadas para o conhecimento e a prática.

4. Ecoteologia em vários olhares

O termo "ecoteologia" foi cunhado e difundido inicialmente por David G. Hallman, ex-presidente do Conselho Mundial das Igrejas. Dentre suas obras, destaca-se *Ecotheology: Voices from South and North* (1994). Vários teólogos e teólogas moldaram a ecoteologia antes que a palavra fosse formatada. Vale ressaltar a contribuição original de Jürgen Moltmann, em *Deus na criação* (1989), e de Leonardo Boff, em *Ecologia: grito da Terra, grito dos pobres* (2004). Os primeiros textos desses autores remontam à década de 1980 e são referenciais básicos da ecoteologia.

Vejamos como alguns autores caracterizam a ecoteologia. Para isso, recorreremos ao chileno Román Guridi, ao brasileiro Sinivaldo Tavares e ao sul-africano Ernest Conradie.

Segundo Guridi (2018), a ecoteologia resulta do encontro da reflexão teológica com a crescente consciência ecológica. Essa nova consciência penetrou na teologia, mas também está presente em outras áreas do conhecimento e em práticas sociais. Permeia a educação, a economia, as artes, o planejamento urbano e os hábitos cotidianos.

A ecoteologia tem um duplo objetivo: exercer uma crítica cristã aos valores culturais, crenças e atitudes que estão subjacentes à crise ecológica, e realizar uma atualização ecológica do cristianismo, no ensino e na prática (CONRADIE, 2006, p. 3). Ela nos permite recuperar, reinterpretar e reconstruir elementos da Escritura e da Tradição, em diálogo com a sensibilidade ecológica contemporânea.

Isso configura um processo de revisão, recuperação, transformação e aprofundamento. A ecoteologia visa explicar "como e por que a sensibilidade ecológica é essencial para os crentes e uma parte nuclear de sua fé". Analisa a crise ecológica a partir de sua dimensão religiosa. Nesse empenho, revisa a compreensão de Deus, da criação e do lugar do ser humano. Exerce, simultaneamente, a dupla função de desconstrução e reconstrução (GURIDI, 2018, p. 84-85.87).

A ecoteologia redefine a noção de domínio humano sobre a criação e reinterpreta sua tarefa de administrar o mundo como cultivar e proteger. Essa busca novas metáforas e conceitos para expressar a relação de Deus com as criaturas e o vínculo do ser humano com elas. Além disso, inspira práticas ecológicas amigáveis. A ecoteologia explicita paradigmas bíblicos e outras tradições teológicas que ofereçam uma compreensão da realidade distinta do dualismo grego e da estratificação hierárquica dos seres. Acentua o valor intrínseco de todas as criaturas que têm origem em Deus e indica princípios éticos e critérios práticos para o discernimento de pessoas e de comunidades, em vista de novas formas de vida (GURIDI, 2018, p. 87).

Ernest Conradie (2006, 2014) identifica o seguinte leque de estratégias da ecoteologia no mundo: trabalhos em exegese e teologia bíblica; ética aplicada com temas relacionados com os animais, a alimentação, a biotecnologia, as mudanças climáticas; ecofeminismo e suas facetas regionais; projetos multiconfessionais sobre religião e ecologia, incorporando as cosmovisões dos povos originários; renovação da liturgia e da espiritualidade em perspectiva ecológica; iniciativas de revisão e atualização dos símbolos e doutrinas cristãs; e transformações locais para tornar as instituições e as comunidades cristãs mais ecológicas.

As distintas formas de concreção da ecoteologia têm a ver com os contextos culturais e geográficos. As produções de ecoteologia se diferenciam devido: às formas de lidar com o uso da Escritura; às perguntas formuladas e estudadas; às preocupações particulares ou gerais; à pluralidade de igrejas cristãs; o tipo de diálogo estabelecido com as ciências e a filosofia; o horizonte intelectual, os objetivos estabelecidos e a forma como se recebe e interpreta a Tradição cristã. "Estas diferenças nos temas, nos métodos e nas prioridades implicam tensões e também disparidade na qualidade e no alcance das pesquisas e publicações dentro da ecoteologia" (GURIDI, 2018, p. 101).

No dizer de Conradie, a ecoteologia é "uma tentativa de recuperar a sabedoria ecológica do cristianismo diante das ameaças e injustiças ambientais" (CONRADIE, 2006, p. 3). Ela é mais do que teologia da criação ou um campo da moral social: propicia novas (re)leituras da Bíblia e da Tradição eclesial, suplantando uma visão antropocêntrica egoica e dominadora; dialoga com várias ciências e saberes; recoloca questões vitais, como: qual a participação e o lugar das outras criaturas no projeto salvífico de Deus, já que elas têm valor intrínseco? Em que consiste a esperança bíblica de "novo céu e a nova terra"? Como reformular a relação entre matéria e espírito, corpo e alma? Além disso, se somos responsáveis pelo futuro da Terra habitável, isso exige desenvolver uma ética cristã planetária, que vá além das subjetividades, integre as causas sociais com as ambientais e inclua a paz e o diálogo inter-religioso em um mundo plural.

Para o teólogo brasileiro Frei Sinivaldo Tavares, a ecoteologia faz com que as questões colocadas pela grave crise ecológica atual irrompam no cenário teológico contemporâneo, impondo-se como os mais relevantes e urgentes temas da agenda da "ciência da fé". Nesse contexto, a tecnociência se torna um grande desafio para a fé cristã, pois essa se tornou o horizonte de compreensão do ser humano em relação ao mundo e a si próprio (TAVARES, 2022). A ela se liga o antropocentrismo desequilibrado, conforme denuncia o capítulo III da *Laudato Si'*. Mais ainda, está intrincada com a mercantilização da vida. Há uma "cumplicidade promíscua" entre a tecnociência e o mercado global. Então a ecoteologia deve enfrentar questões como:

> [...] é viável continuar nessa mesma direção imposta pelo paradigma contemporâneo do mercado e da tecnociência? O que fazer para que esse modelo da acumulação e do consumo, de crescimento linear e desmedido, seja desmascarado como principal responsável pela depredação dos bens e serviços naturais e pela ameaça do futuro do ser humano e da vida das demais espécies do planeta? (TAVARES, 2022).

A ecoteologia potencializa a reciprocidade do "grito dos pobres e os gemidos da Terra", ressignificando-os com o Evangelho da Criação. É uma teologia da crítica e da esperança. Crítica aos mecanismos perversos do poder dominante da tríade: "mercado, tecnociência e mídia"; esperança de uma nova sociedade em que a humanidade viva o respeito com a Terra e promova a justiça e a fraternidade nas relações humanas.

5. Singularidade da ecoteologia. Nossa visão

A ecoteologia latino-americana e caribenha consiste na reflexão sobre a fé cristã ou a partir dela, que incorpora a consciência ecológica como elemento transversal. Ela não somente discursa sobre a ecologia com categorias religiosas (pois, do contrário, não seria teologia) como principalmente intenta pensar a fé de forma ecológica. Isto é, de maneira interligada, articulando as diversas disciplinas e áreas de estudo que a constituem, continuando a proposta da opção pelos pobres da teologia da libertação e aprendendo das demais teologias libertadoras do nosso continente. Tal interdependência se mostra também na relação estreita entre o "pensar" e a "espiritualidade", bem como nas práticas sustentáveis, em âmbito pessoal, comunitário e institucional.

A ecoteologia é movida por algumas convicções, tais como: (a) A criação não é somente o palco onde acontece a história da salvação, mas participa ativamente dela; (b) Somos chamados por Deus a continuarmos a obra da criação e contribuirmos para levá-la à plenitude; (c) O clamor da Terra e o clamor dos pobres incitam uma conversão integral.

Resumidamente, a ecoteologia:

- Reelabora a reflexão da fé em diálogo com as ciências ambientais, as práticas socioambientais e o paradigma ecológico;
- Contribui no cuidado com o planeta, a sustentabilidade e o "bem viver";
- Desenvolve uma espiritualidade unificadora, celebrativa, alegre, esperançada, lúcida, conectada com o mundo humano e o cosmos;
- Articula a dimensão social da fé cristã e a consciência planetária, ampliando o horizonte da teologia da libertação;
- Agrega elementos das teologias de gênero, afro-americana, indígena, decolonial, ecumênica e do pluralismo religioso, aprendendo delas e cooperando com elas;

- Convoca todos/as a desenvolverem atitudes pessoais, ações coletivas, políticas institucionais e mudanças no processo de produção e distribuição dos bens, visando manter a Terra habitável, e promoverem a inclusão social dos pobres (MURAD, 2019).

É temerário tentar um quadro completo da contribuição da ecoteologia nas áreas de estudo da teologia acadêmica com os principais autores. Felizmente, há uma gama enorme de produções em livros, artigos e comunicações em congressos. O livro de Ernest Conradie (2006) recolhe uma lista imensa de obras em língua inglesa. Citaremos alguns temas e pesquisadores/as acessíveis no Brasil, a título ilustrativo. Convidamos você, caro/a leitor/a, a continuar essa busca. Seguramente, terá boas surpresas.

Na área da dogmática (ou sistemática), a ecoteologia evidentemente trata da teologia da criação sob a ótica ecológica (SUSIN, 2000, 2003; MOLTMANN, 1989; JUNGES, 2001), mas ela amplia seu leque de reflexão para além desse tema.

Vários aportes da ecoteologia foram respaldados e assumidos na *Laudato Si'*. Vejamos alguns exemplos.

A ecoteologia penetra na antropologia teológica ao refletir sobre o lugar do ser humano na Terra e, assim, superar a visão unilateral sobre nossa espécie em relação ao mundo.

A existência humana se baseia sobre três relações fundamentais intimamente ligadas: as relações com Deus, com o próximo e com a terra (LS 66).

Cada comunidade pode tomar da bondade da terra aquilo de que necessita para a sua sobrevivência, mas tem também o dever de a proteger e garantir a continuidade da sua fertilidade para as gerações futuras (LS 67).

Na cristologia, a ecoteologia ressalta a criação em Cristo e a ressurreição como início da nova criação: "As criaturas deste mundo já não nos aparecem como uma realidade meramente natural, porque o Ressuscitado as envolve misteriosamente e guia para um destino de plenitude" (LS 100).

Na escatologia, salienta-se como a tensão escatológica está presente na biosfera e traz à luz o tema do "Novo Céu e Nova Terra". A reflexão sobre a Trindade aponta que a biodiversidade e os laços de fraternidade humana se fundamentam na unidade e na diferença em Deus.

Acreditar em um Deus único, que é comunhão trinitária, leva a pensar que toda realidade contém em si mesma uma marca propriamente trinitária (LS 239).

A pessoa humana cresce, amadurece e santifica-se tanto mais quanto mais se relaciona, sai de si mesma para viver em comunhão com Deus, com os outros e com todas as criaturas. Assim assume na própria existência aquele dinamismo trinitário que Deus imprimiu nela desde a sua criação (LS 240).

Na teologia sacramental, especialmente a eucarística, a ecoteologia ressalta a elevação da matéria, assumida e transformada pela graça.

A criação encontra a sua maior elevação na Eucaristia. A graça, que tende a manifestar-se de modo sensível, atinge uma expressão maravilhosa quando o próprio Deus, feito homem, chega ao ponto de fazer-se comer pela sua criatura. No apogeu do mistério da Encarnação, o Senhor quer chegar ao nosso íntimo através de um pedaço de matéria. Não o faz de cima, mas de dentro, para podermos encontrá-lo no nosso próprio mundo (LS 236).

Na *área da Bíblia*, a ecoteologia retoma com novo olhar o precioso tema da Aliança de Deus com seu povo, e suas implicações sociais e ambientais, redescobre a visão socioambiental da mensagem dos profetas e revisita os Salmos, nos quais há uma unidade admirável entre criação, libertação histórica e salvação. Eles também nos ensinam a louvar a Deus com todas as criaturas. A ecoteologia destaca a relação entre Jesus de Nazaré, a causa do Reino de Deus e a cristologia cósmica. Dentre as muitas (e boas) publicações, destacamos os artigos da *Revista de Interpretação Bíblica Latino-americana* (RIBLA), especialmente nos números temáticos 65 (Espiritualidade bíblica em uma perspectiva ecológica, 2010) e 80 (Ecologia, 2019).

Há uma produção crescente de ecoteologia no Brasil, em outros países do nosso continente e no mundo. No campo da patrística mostra-se como, já nos primeiros séculos do cristianismo, havia uma sensibilidade ecológica à luz da fé em Jesus Cristo, sobretudo nos padres da Igreja Oriental (THEOKRITOFF, 2009). Relaciona-se o tempo litúrgico com o cuidado da criação (MÜSSIG, 2018). No âmbito da teologia do pluralismo religioso, a ecoteologia convida as religiões ao compromisso com a casa comum, bem como realça que há nelas expressões de uma mística ecológica e apresenta tarefas comuns (MAÇANEIRO, 2011).

Vale ressaltar a contribuição da teologia ecofeminista, com uma produção significativa, que associa de forma vigorosa as questões de gênero com a ecologia. Ela denuncia as manifestações danosas do patriarcalismo na sociedade, na Igreja e na teologia; apresenta como a opressão sobre os pobres e as mulheres e a exploração da Terra estão interligadas; considera as experiências das mulheres como um lugar hermenêutico da reflexão teológica e da prática pastoral; reconhece que as mulheres são as principais cuidadoras da Terra; articula narração, conceitos e poesia; intenta inovar no método e na linguagem; incorpora na ecoteologia a corporeidade humana; considera a Terra como "corpo de Deus"; convida para novas relações de gênero, marcadas pela reciprocidade e pela igualdade nas diferenças; e ensaia um rosto feminino de Deus em contraposição ao patriarcal (GEBARA, 1997; VÉLEZ, 2013). Voltaremos a esse tema na 10ª janela.

A ecoteologia contribui em estudos interdisciplinares a respeito de temas socioambientais significativos, como: a água (WOLFF, 2019), a segurança alimentar (PONTIFICIO CONSIGLIO DELLA GIUSTIZIA E DELLA PACE, 2015), a tecnociência (MURAD; REIS; ROCHA, 2019) e o enfrentamento das comunidades à mineração (BOSSI; MURAD, 2015). Insere na bioética o imperativo de cuidar do planeta (PESSINI et al., 2015), reflete sobre o modelo econômico vigente e critica sua visão de "desenvolvimento" (VIOLA; VIOLA, 2017), bem como propõe o "bem viver" – uma nova forma de existir, produzir e consumir –, que respeita o ambiente e promove relações saudáveis em vários níveis, retomando as tradições ancestrais dos povos andinos (ACOSTA; MARTÍNEZ, 2009; FERNANDES DA COSTA; ROCHA SANTOS, 2019). Além disso, a ecoteologia aborda outros temas candentes, como: o significado cultural e espiritual da alimentação (WIRZBA, 2014) e a "teologia da libertação animal" (SUSIN; ZAMPIERI, 2015).

Ao colaborar com movimentos de cidadania e ecologia, a ecoteologia anima homens e mulheres a se engajarem nas suas causas como algo constitutivo de sua vocação no mundo e caminho autêntico de santidade. "Viver a vocação de guardiões da obra de Deus não é algo de opcional nem um aspecto secundário da experiência cristã, mas parte essencial de uma existência virtuosa" (LS 217).

Em publicações anteriores, apontamos como a ecoteologia propõe práticas pessoais e coletivas, visando à sustentabilidade e ao cuidado da casa comum. Concretamente, sugerimos várias ações comunitárias em paróquias (MURAD, 2016) e em escolas confessionais (MURAD, 2018). Voltaremos a esse assunto no final do livro.

Conclusão aberta

O método da ecoteologia combina vários acessos à comunhão da criação: tradição, experiência, ciência, sabedoria, dedução e intuição. Expressa-se por símbolos e não somente com conceitos. Por fim, incorpora a imaginação criativa e preenche de esperanças o futuro.

A ecoteologia contribui na produção da "ciência da fé", que navega na Bíblia e na Tradição eclesial, sensível aos "sinais dos tempos". Ela se insere no movimento de continuidade, novas sínteses, articulação e avanço, que caracteriza a teologia contemporânea. Dada a crise das grandes narrativas no atual momento histórico e a produção incessante em várias áreas, é difícil desenvolver uma chave hermenêutica que dê conta de organizar tanta informação e reconfigurar a teologia. A ecoteologia tenta reorganizar, inferir e aprofundar dados da fé, consciente de realizar uma tarefa limitada, inacabada, provisória, como um mosaico incompleto.

No conjunto da reflexão da fé, a ecoteologia exerce papel justificador, crítico-construtivo e sapiencial. Como saber justificador, a ecoteologia rebate as críticas de Lynn White Jr. e outros pensadores, segundo as quais o cristianismo, desde suas origens, teria sido o grande responsável pela atitude de dominação sobre o planeta (WHITE, 2007). Ela esclarece que a visão bíblica não é antropocêntrica, mas sim teocêntrica relacional. O ser humano, constituído do "barro da Terra" e do sopro criador de Deus, é chamado a cuidar do jardim da criação (Gn 2) e a administrar os bens da Terra (Gn 1). O cristianismo não funda a ilusão do progresso ilimitado, porque não tem visão linear da história, e sim kairológica e messiânica (JUNGES, 2001, p. 15-16).

Enquanto saber crítico-construtivo, a ecoteologia denuncia a privatização da fé cristã, que a reduz a um recurso para resolver questões pessoais e cultivar uma paz restrita ao âmbito da subjetividade; mostra como o antropocentrismo unilateral contagiou os cristãos e suas práticas; evidencia a inviabilidade do consumismo para o futuro da humanidade e do planeta; e resgata elementos fundamentais da doutrina e da espiritualidade cristãs em diálogo com o pensar ecológico.

A ecoteologia é sapiencial, pois não visa somente ao conhecimento, e sim também ao "bem viver" e à realização do projeto divino de coexistência da pessoa com Deus, com seus semelhantes e com a comunidade de vida do planeta. Estimula os cristãos e não cristãos a peregrinarem neste mundo com equilíbrio, bom senso e cultivo da virtude do cuidado, e encita um caminho de santidade que não nega o mundo, mas o assume e o transforma à luz de Deus.

Raras vezes o estudante de teologia é estimulado a estabelecer relações entre aquilo que aprende especificamente na área da Bíblia, da história, da dogmática, da moral e da liturgia, com outras áreas. O mesmo se diz entre teologia, espiritualidade e pastoral, que parecem casas diferentes com vizinhos que não se comunicam. Diante disso, a ecoteologia acolhe o princípio holístico e holográfico do pensar teológico, ou seja, o todo é maior do que a soma das partes, e em cada parte se condensa algo do todo. Isso é fundamental para recuperar a unidade da teologia que se fragmentou em áreas e disciplinas por vezes desconectadas entre si.

O pensar ecológico é aquele das relações e da interdependência. Nesse sentido, toda e qualquer teologia necessita fazer um processo de conversão para ser mais ecológica. Em vez de levantar paredes entre as igrejas e construir cômodos independentes no ensino da teologia, a ecoteologia se empenha em criar janelas, portas e corredores nos quais circulam, de forma interdependente, o conhecimento de natureza conceitual, a espiritualidade e a prática de cuidado com a casa comum.

Para que ecoteologia? Para viver a fé com mais intensidade, contribuindo para o cuidado da criação, o cultivo da ecologia integral e a salvação do mundo, que é obra de Deus com a nossa colaboração. Para quem? A ecoteologia tem vários interlocutores e destinatários: cristãs e cristãos, pessoas de outras crenças ou sem adesão a determinada religião, comunidades religiosas, igrejas, alunos e professores de cursos de teologia, educadores e instituições educativas, ativistas socioambientais e qualquer grupo ou organização que deseja se engajar por uma sociedade justa, inclusiva, florescente e sustentável.

Referências

ACOSTA, A.; MARTÍNEZ, E. (org.). *El Buen Vivir*: una vía para el desarrollo. Quito: Abya-Yala, 2009.

BOFF, L. *Ecologia*: grito da Terra, grito dos pobres. Petrópolis: Vozes, 2015.

BOSSI, E; MURAD, A. (org.). *Igreja e mineração*: em defesa da vida e dos territórios. Brasília: CNBB, 2015.

CEBI. Disponível em: https://cebi.org.br/. Acesso em: 06/06/2022.

CHRISTIANITY: an ecological critique of Christianity and a Christian critique of ecological destruction. 2014/2020. Disponível em: https://fore.yale.edu/sites/default/files/files/09_Conradie_Christianity.pdf. Acesso em: 06/06/2022.

CIMI. Disponível em: https://cimi.org.br/. Acesso em: 06/06/2022.

CONCLUSÕES DA CONFERÊNCIA DE MEDELLÍN – 1968: trinta anos depois, Medellín é ainda atual? 3. ed. São Paulo: Paulinas, 2010.

CONRADIE, E. M. *Christianity and Ecological Theology*: Resources for Further Research. University of the Western Cape African sun media, 2006.

CONRADIE, E. M. The four tasks of christian ecotheology: revisiting the current debate. *Scriptura* 119 (2020:1), p. 1-13 (University of y of the Western Cape).

CONSELHO MUNDIAL DE IGREJAS. *La 11ª Asamblea del Consejo Mundial de Iglesias*. 2022. Disponível em: https://www.oikoumene.org/es. Acesso em:

CPT. Disponível em: https://www.cptnacional.org.br/. Acesso em: 06/06/2022.

CUNHA, M. N. *Laudato Si'*: o eco papal de uma busca ecumênica. In: MURAD, A.; TAVARES, S. S. (Org.). *Cuidar da casa comum*: chaves de leitura teológicas e pastorais da *Laudato Si'*. São Paulo: Paulinas, 2016. p. 115-128.

FERNANDES DA COSTA, R.; ROCHA SANTOS, F. (org.). *A mística do "bem viver"*. Belo Horizonte: Senso, 2019.

GEBARA, I. *Teologia ecofeminista*: ensaio para repensar o conhecimento e a religião. São Paulo: Olho d'Água, 1997.

GOMES, P. R.; MURAD, A.; RIBEIRO, S. *A casa da teologia*: introdução ecumênica à ciência da fé. São Paulo: Paulinas, 2010.

GURIDI, R. *Ecoteología*: hacia un nuevo estilo de vida. Santiago: Ed. Universidad Alberto Hurtado, 2018.

GUTIÉRREZ, G. *Teologia da Libertação*. São Paulo: Loyola, 1987.

FAJARDO, A.; OLIVEIRA, D. M. de (org.). *FTL 45 anos e as fronteiras teológicas na contemporaneidade*: Consulta Continental 2015 – Fraternidade Teológica Latino-americana. Disponível em: http://ftl.org.br/. Acesso em: 06/06/2022.

JUNGES, R. *Ecologia e criação*. São Paulo: Loyola, 2001.

JUNGES, J. R. *Ética ambiental*. São Leopoldo: Unisinos, 2004.

LIBANIO, J. B. *Teologia da Libertação*: um roteiro didático. São Paulo: Loyola, 1987.

MAÇANEIRO, M. *Religiões e ecologia*: cosmovisão, valores, tarefa. São Paulo: Paulinas, 2011.

MOLTMANN, J. *Dios en la creación*: doctrina ecológica de la creación. Sígueme: Salamanca, 1987.

MURAD, A. Gestão, exercício do poder e da sustentabilidade: uma reflexão multidisciplinar para gestores de escolas confessionais. In: DASSOLER, O. B. (org.). *Escolas católicas*: uma gestão em rede para a longevidade da obra. Curitiba: Positivo, 2018. p. 127-164.

MURAD, A. Da ecologia à ecoteologia: uma visão panorâmica. *Revista Fronteiras*, Fortaleza, v. 2, n. 1, p. 65-97, 2019a.

MURAD, A. Uma Igreja com rosto amazônico: memória e profecia a partir do contexto brasileiro. *Perspect. Teol.*, Belo Horizonte, v. 51, n. 1, p. 31-54, jan./abr. 2019b.

MURAD, A.; REIS, E. V. B.; ROCHA, M. (org.). *Tecnologia e ecologia*: múltiplos olhares. Rio de Janeiro: Lumen Iuris, 2019.

MURAD, A.; TAVARES, S. S. (org.). *Cuidar da casa comum*: chaves de leitura teológicas e pastorais da *Laudato Si'*. São Paulo: Paulinas, 2016.

MÜSSIG, D. *Hacia un cristianismo ecológico*: aportes bíblicos y litúrgicos para el cuidado de la creación. Cochabamba: Itinerários, 2018.

OIKOUMENE. Disponível em: https://www.oikoumene.org. Acesso em: 06/06/2022.

PACTO DE LAUSANNE. 1974. Disponível em: https://www.lausanne.org/pt-br. Acesso em: 06/06/2022.

PADILLA, R. *Misión integral*: ensayos sobre el Reino de Dios y la Iglesia. Buenos Aires: Kairós, 1976.

PAPA FRANCISCO. *Encíclica Laudato Si'*: sobre o cuidado da casa comum. São Paulo: Paulinas, 2015.

PESSINI, L. et al. *Bioética em tempos de globalização*. São Paulo: Loyola, 2015. p. 105-126.

PONTEFICIO CONSIGLIO DELLA GIUSTIZIA E DELLA PACE. *Terra e Cibo*. Vaticano: Ed. Vaticana, 2015.

REIS, E. V. B.; ROCHA, M. (org.). *Filosofia, direito e meio ambiente*: aproximações e fundamentos para uma nova ética ambiental. Belo Horizonte: 3i Editora, 2016.

REPAM. Disponível em: https://repam.org.br/. Acesso em: 06/06/2022.

REVISTA DE INTERPRETAÇÃO BÍBLICA LATINO-AMERICANA, *Ecologia*, n. 80, 2019/2.

RIBEIRO, C. O. Raízes protestantes da teologia latino-americana da libertação. *Rev. Pistis Prax., Teol. Pastor.*, Curitiba, v. 10, n. 3, p. 682-702, set./dez. 2018.

RIBLA. *Espiritualidade bíblica em uma perspectiva ecológica*. Petrópolis: Vozes, n. 65, 2010/I.

RINCÓN ANDRADE, M. *La teología ecofeminista y la ecología integral*: un diálogo sobre el futuro de nuestra casa común. Tese de Doutorado. Bogotá: Universidad Javeriana, 2020.

SUSIN, L. C. (org.). *Mysterium Creationis*: um olhar interdisciplinar para o universo. São Paulo: Paulinas, 1999.

SUSIN, L. C. *A criação de Deus*. São Paulo: Paulinas, 2003.

SUSIN, L. C.; ZAMPIERI, G. *A vida dos outros*: ética e Teologia da Libertação animal. São Paulo: Paulinas, 2015.

TAVARES, S. S. *Ecologia e decolonialidade*: implicação mútua. São Paulo: Paulinas, 2022.

THEOKRITOFF, E. *Abitare la Terra*: uma visione cristiana dell'ecologia. Magnano: Qiqajon, 2009.

VÉLEZ, C. Teología feminista latinoamericana de la liberación: balance y futuro. *Horizonte*, Belo Horizonte, v. 11, n. 32, p. 1801-1812, out./dez. 2013.

VIER, Frei Frederico (org.). *Compêndio do Vaticano II*: constituições, decretos, declarações. 13. ed. Petrópolis: Vozes, 2000.

VIOLA, A. N. B.; VIOLA, F. I. (org.). *Repensar el desarrollo*: aportes en torno a *Laudato Si'*. Buenos Aires: GRAMA, 2017.

WIRZBA, N. *Alimento e fé*: uma teologia da alimentação. São Paulo: Loyola, 2014.

WOLFF, E. (org.). *Águas para a vida!* Apelo aos povos e seus credos. São Paulo: Recriar, 2019.

8ª JANELA

Criação e salvação à luz da ecologia integral[1]

Agora conversarei com você sobre um assunto que está no começo, no meio e no fim da teologia. Faz parte do nosso "ato de fé", comum às igrejas cristãs de diferentes denominações. Desejo mostrar como isso tem a ver com a ecologia integral e com a ecoteologia.

Ao recitar o credo ou símbolo dos apóstolos, começamos assim: "Creio em Deus Pai todo-poderoso, criador do céu e da terra". A seguir, professamos que Jesus é nosso Salvador. E se conclui: "[Creio] na ressurreição do corpo (ou da carne) e na vida eterna". A teologia cristã, no correr dos séculos, desenvolveu o significado dessas palavras que, originalmente, eram proclamadas na liturgia do Batismo. Elas se tornaram disciplinas específicas da teologia. A primeira era o "tratado da criação", que depois se transformou em "antropologia teológica". Ou seja, o ser humano diante de Deus e de sua criação, o paraíso e a queda (pecado original). A segunda afirmação trata

---

[1] Este capítulo é uma versão atualizada e adaptada do artigo: "O núcleo da ecoteologia e a unidade da experiência salvífica". *Pistis & Praxi, Teologia Pastoral*, Curitiba, v. 1, n. 2, p. 277-297, jul./dez. 2009.

da salvação/redenção em Cristo e foi chamada de "soteriologia", pois em grego *soter* significa "salvador". E a terceira diz respeito ao destino do ser humano após a morte e a plenificação do mundo. A disciplina teológica que aborda esse tema se chama "escatologia" (do grego: *éscaton*, "o último").

Para entender melhor tudo isso, farei um voo panorâmico sobre como os componentes da experiência salvífica (criação, redenção e plenificação) foram associados entre si no correr da história. Será impossível fixar-se em detalhes ou contemplar figuras visionárias que avançaram para além de seu tempo. Por fim, veremos como essa articulação acontece na ecoteologia. Recordo que a palavra "criação" tem ao menos dois sentidos. O primeiro, que será contemplado neste capítulo, compreende o ato criador de Deus, nos inícios. O segundo diz respeito à totalidade dos seres existentes atualmente. Em linguagem religiosa chamamos de "criação" àquilo que a ecologia compreende como o conjunto dos ecossistemas que compõem a Terra (e outros planetas, estrelas e galáxias). A criação inclui todos os habitantes de nossa casa comum, que estão em constante relação de interdependência: o meio físico (água, solo, ar, energia do sol) e os seres vivos (microrganismos, plantas, animais e os humanos).

A teologia da criação (como nosso mundo começou) não compete com as "ciências da terra", que buscam compreender como se deu a evolução da matéria, até chegar à atual condição do nosso planeta. Ela também não aceita o "criacionismo", que é uma visão anacrônica sobre a origem do planeta. Segundo o criacionismo, o mundo foi criado literalmente em seis dias, conforme o relato de Gênesis 1. A essa visão estática, que confunde a narração com o seu significado, se associa a versão ingênua e anticientífica de que a Terra é plana.

Como os processos de evolução do planeta ainda estão em curso, na interação constante de matéria e energia, podemos dizer que a criação nos inícios continua na criação atual, no presente. De forma semelhante, a ação salvífica da vida, morte e ressurreição de Jesus Cristo, acontecida em determinado contexto de tempo e espaço, se prolonga na história humana, até a sua consumação.

Ora, o que esses temas têm a ver com a ecologia integral e com a reflexão de fé em perspectiva ecológica, que chamamos de ecoteologia? Eu acredito que uma originalidade (não a única) da ecoteologia está justamente na forma como ela compreende *a relação entre criação, graça e pecado, encarnação, redenção e consumação*. Ou seja, a unidade e a interdependência dos elementos que constituem a experiência salvífica cristã. E, no interior desta reflexão, ela descobre *que todos os seres criados participam do projeto salvífico de Deus*.

1. Unidade de criação e salvação na Bíblia

Na experiência do povo de Israel, a crença no Deus *criador* amplia e aprofunda a fé em Javé *salvador/libertador*. Até praticamente o século V antes de Cristo, a salvação era entendida em sentido histórico, e não incluía ainda o destino do ser humano após a morte. O mesmo Senhor que libertou o povo da escravidão do Egito – e essa é a experiência salvífica fundante –, convoca-o para o pacto da Aliança. Já vimos como em alguns salmos passa-se tranquilamente da proclamação do Deus criador para o Deus salvador. O salmo 136 resume esse louvor ao Deus criador e salvador: o amor de Javé perdura para sempre! O Deus que criou os céus, a terra, as águas, os astros (v. 1-9), libertou o povo da escravidão do Egito (v. 10-15) e o conduziu pelo deserto (v. 16-24). Deus cria salvando e salva criando (RUIZ DE LA PEÑA, 1989, p. 13-75).

Está presente na Bíblia o clamor dos justos, daqueles que se comprometem com a Aliança, para serem libertados ou salvos de várias situações difíceis, como: a doença, o risco iminente da morte, a perseguição dos malvados, denominados como "ímpios" ou "opressores" (Sl 3,2-7; Sl 7,2-10). Clama-se a Javé para que ele livre o povo da guerra (Sl 46,9-11), liberte o pobre e lhe dê paz e sono tranquilo (Sl 4,2-3.9), afaste os injustos e violentos (Sl 54,3-6), enfim, resgate os justos das mãos dos inimigos (Sl 69,2-3.19). A libertação/salvação se estende também aos bichos: "A tua justiça é como as altas montanhas; os teus juízos como o oceano. Como é precioso o teu amor! Tu socorres (salvas) os homens e os animais" (Sl 36,7-8).

Após a frustrante experiência do reinado, acontece a destruição da nação e o exílio na Babilônia. Anos depois, o retorno do "pequeno resto" à sua terra é lido por alguns profetas como esperança de "um novo céu e uma nova terra" (Is 65,17-25). O termo não alude a uma reconfiguração da natureza, de novas espécies de plantas e animais, e sim a uma nova sociedade onde reina a paz, a fraternidade, o conhecimento de Deus, a justiça e a misericórdia (JUNGES, 2001, p. 19-31), e a harmonia entre os animais – representada pela imagem da convivência pacífica do lobo e o cordeiro, do leão e o boi (v. 25). O autor bíblico expressa que a criação, como ato primeiro de Deus, não está acabada, pois está aberta ao futuro. Se o povo de Deus mudar suas atitudes com relação a Javé e colocar em prática os seus preceitos, algo se transformará também no ambiente. Mais. De forma simbólica – e não se trata somente de uma metáfora –, os outros seres participam da glória que Deus reservada ao seu povo:

> É na alegria que vocês vão sair (do exílio), e serão conduzidos na paz. Na passagem de vocês, montanhas e colinas explodirão em aclamações, e todas as árvores do campo baterão palmas (Is 55,12s).

Como mostramos no capítulo I, a Bíblia testemunha a reciprocidade e a sintonia dos humanos com a criação da qual fazem parte, e vice-versa. Água, solo, ar, sol, lua, estrelas, plantas, peixes, pássaros e outros animais louvam a Deus conosco. O texto acima afirma que as árvores se alegram com a volta dos exilados para sua terra. E em Apocalipse 12,15-16 se narra que a serpente/o dragão vomita um rio atrás da mulher (a comunidade dos seguidores de Jesus) para afogá-la. Mas a terra socorre a mulher e engole o fluxo de água. Não somente cuidamos da terra, mas ela também cuida de nós.

Os evangelhos sinóticos anunciam que Jesus é o Messias, o Salvador, o Filho de Davi, que inaugura o *Reinado de Deus* (Mc 1,15) e manifesta *o Deus do Reino*, Pai materno de bondade e misericórdia. Pelos gestos e palavras de Jesus, o Reino está acontecendo. A salvação já começou! O evangelista Lucas mostra isso, de forma breve e inequívoca, no encontro de Jesus com Zaqueu: "Hoje a salvação entrou nesta casa (Lc 19,9). Já o quarto Evangelho, especialmente no prólogo, diz que a experiência salvífica ganha densidade máxima com a encarnação do Filho de Deus: "O Verbo habitou entre nós, e nós vimos sua glória" (Jo 1,14).

Os escritos paulinos interpretam o sentido da morte e ressurreição de Jesus para as primeiras comunidades cristãs. Paulo usa várias imagens e analogias, tomadas do contexto cultural judaico e greco- -romano: libertação do pecado, vitória sobre a morte, vida entregue, redenção da escravidão do pecado, expiação, morte do justo (2Cor 5,15; Rm 6,10; Gl 2,20; Ef 5,2). Nenhuma delas, de forma isolada, dá conta de explicar o sentido salvífico da morte de Jesus (FRANÇA MIRANDA, 2004, p. 75-79). Paulo realça que a ressurreição de Jesus também é salvadora. Jesus, o Ressuscitado, é o primogênito, o verdadeiro Adão, o primeiro membro da nova humanidade (Cl 1,15.18). Assim, podemos esperar a vinda gloriosa de Jesus, na qual ele entregará o Reino ao Pai (1Cor 15,24). Dessa esperança ativa da consumação, da recapitulação, da plenificação do mundo, todas as outras criaturas participam, gemendo e clamando (Rm 8,22)! E o autor do Apocalipse anuncia que essa esperança já começou a se realizar: "Eu vi um novo céu e uma nova terra" (Ap 21,1).

Como bem observa J. Moltmann, quem procura por declarações sobre a criação no Novo Testamento, frequentemente, se decepciona. O testemunho neotestamentário sobre a criação não está centrado no início do mundo, e sim na ressurreição de Jesus e na presença do Espírito. Nos textos do Novo Testamento, o ato criador de Deus é compreendido como "chamar à vida", "ressuscitar" e "vivificar", pois se referem à criação no fim dos tempos, ou seja, à nova criação (MOLTMANN, 2007, p. 62).

Podemos dizer, à luz da Sagrada Escritura, que a criação do mundo e a nova criação, iniciada com a ressurreição de Jesus, são realidades interdependentes. De forma semelhante, a encarnação de Jesus, sua vida e missão, sua morte de cruz e a ressurreição são distintos momentos de uma mesma realidade salvífica. Ofertada ao ser humano como graça e dom, a salvação começa a se realizar na história (irrupção do Reino de Deus) e se consuma para além dela, após a morte de cada um/a e no fim dos tempos. Os que acolhem a graça divina são transformados em novas criaturas (2Cor 5,17) e estabelecem relações, baseadas no amor, com a comunidade humana e todos os outros seres (FRANÇA MIRANDA, p. 125-149).[2]

Então, a salvação em Cristo possui diferentes momentos. Já se inicia em germe no ato criador de Deus. Deixa suas pegadas na história do povo de Israel. A promessa começa a se realizar com o nascimento de Jesus de Nazaré. Ganha consistência nos gestos e palavras de Cristo durante sua vida pública. Alcança o ápice na sua morte redentora e na ressurreição. Prolonga-se na efusão do Espírito e na missão dos seus seguidores.

---

[2] Sobre a dimensão cósmica da graça, ver França Miranda, 2004, p. 189-199.

2. A fragmentação da experiência salvífica na teologia tradicional

Na teologia, que se consolidou a partir da escolástica medieval, a reflexão sobre a criação se ocupa em mostrar que Deus Pai fez todas as coisas a partir do nada. Deus é a causa última da criação, a origem de toda origem. A criação é compreendida como algo acabado. O Senhor criou até o sexto dia. Não existe a noção de historicidade nem de processo. "A criação mesmo não tem tempo nem história" (MOLTMANN, 2007 p. 54).

Na piedade e na catequese, a mensagem positiva da teologia da criação é ofuscada pela ênfase na queda ou no *pecado original* e em suas consequências para a humanidade. Embora o texto bíblico repita tantas vezes, de maneira colorida e poética, que "Deus viu que tudo era bom" (Gn 1,10.12.18), a teologia, a ascética e a mística[3] carregam o quadro com tons cinzentos. O sonho do Éden acabou, pois o ser humano foi expulso do paraíso! Salientam que, depois do erro de Adão e Eva – considerados então como personagens históricos –, toda a humanidade está marcada pela fragilidade e a tendência ao mal, denominada "concupiscência". Irremediavelmente pecadora![4] Tal ensinamento impacta na percepção sobre o valor da materialidade da Terra criada por Deus. Uma *teologia da graça* mal compreendida,

---

[3]   Classicamente, no catolicismo, a teologia consistia em explicar a doutrina emanada da Bíblia, dos teólogos, dos concílios e dos papas. Um segmento da teologia, a moral, ensinava sobre os Dez Mandamentos e a lista dos pecados, em vista do sacramento da Penitência. A ascética e a mística indicavam o caminho espiritual a seguir, pelo exercício do sacrifício, da renúncia ao mundo e da prática das virtudes.

[4]   A teologia católica distingue "concupiscência" de "pecado". Segundo o Concílio de Trento, a concupiscência enfraquece o ser humano e o leva a pecar, mas não é pecado. Já a reforma protestante identifica as duas grandezas como praticamente idênticas. Lutero, radicalizando a visão de São Paulo e de Agostinho, sustenta que o ser humano é escravo do pecado e sua consciência está vendida ao mal. A alternativa consiste em aceitar Jesus como o Salvador que não leva em conta nossos pecados.

conjugada com a espiritualidade dualista – que estabelece contrastes extremos entre "natural" e "sobrenatural",[5] "profano" e "sagrado" –, faz com que a natureza e a dimensão material do mundo sejam consideradas como "coisa". Elas seriam realidades neutras ou negativas em relação à esfera do "espiritual".

Nesse contexto, ganha peso uma *teologia da redenção exclusiva sobre a cruz*. Essa faz uma leitura estreita sobre os textos bíblicos a respeito da salvação. De forma simples, diríamos que no Ocidente predominou a linha teológica que afirma: *o Filho de Deus veio ao mundo para consertar o erro de Adão e Eva. Essa salvação acontece devido ao sangue derramado na morte de cruz. A encarnação é somente a condição necessária para acontecer a redenção, pela morte na cruz. A* ressurreição se reduz "ao grande milagre", a demonstração patente de que Jesus é o Filho de Deus (CAULY, 1924, p. 72).

E a *consumação* de tudo (a pessoa, a história e o cosmos), da qual se ocupa a escatologia? Na Igreja Católica, criou-se uma divisão entre as "últimas coisas" (ou novíssimos) pessoais: morte, juízo particular, céu, purgatório e inferno; e as coletivas: segunda vinda de Jesus, juízo final, ressurreição dos mortos e fim do mundo (LIBANIO; BINGEMER, 1985, p. 203-208). A relação entre ambas seria pequena. Importa ao cristão garantir a salvação de sua alma e morrer em estado de graça.

As igrejas protestantes, por sua vez, acentuam o anúncio da segunda vinda de Jesus e "o fim do mundo". As correntes conservadoras sustentam algo mais grave: se o mundo vai acabar e esta Terra será destruída, não teria sentido lutar pela justiça social e muito menos pelas questões ambientais, pois, "quanto pior, melhor será"! Catástrofes cósmicas, pestes e guerras seriam os sinais evidentes da *parusia*, a vinda gloriosa de Jesus.

---

[5] Sobre a relação natureza/graça, ver: França Miranda, 2004, p. 48-56.

Então, está ausente o alegre anúncio da nova criação, com a participação de todas as criaturas. Este mundo foi criado para passar. Dele, levamos somente a fé (acento protestante) ou os méritos (acento católico). As realidades históricas não têm valor em si mesmas, nem se constituem como mediação salvífica. Importa garantir a salvação individual, de cada fiel, neste mundo marcado pela maldade!

A ecoteologia dificilmente se desenvolverá em pessoas e em grupos que ainda alimentam essa forma fragmentada de conceber a criação, a salvação e a consumação. Raramente ela criará raízes, se faltar uma noção positiva da história humana. O discurso religioso, na evangelização e na catequese, necessita dar o devido valor à encarnação do Filho de Deus. Isso é requisito para que a ecologia integral seja significativa na vida cristã, e não algo secundário.

Herdamos um cristianismo que não se importa com as grandes questões da humanidade. Não sente a necessidade de dialogar com elas, em uma relação recíproca de ensinar e aprender. As igrejas, neste contexto, se assemelham aos professores da "educação bancária", na expressão de Paulo Freire. Somente querem transmitir a verdade que já está pronta. Assim, a questão ecológica, que é tão importante para o presente e o futuro da humanidade, não repercute como um apelo de Deus ou uma oportunidade para viver a mensagem cristã em nova pauta.

3. A busca da unidade perdida
em perspectiva antropocêntrica

Os últimos setenta anos foram fundamentais para mudanças no horizonte da fé cristã. Várias correntes teológicas e movimentos concretos, nascidos nas igrejas cristãs, propiciaram uma visão articulada dos elementos que compõem a experiência salvífica. Basta recordar o desenvolvimento da pesquisa bíblica, o movimento pela renovação da liturgia, a volta às fontes da patrística, a visão histórica dos dogmas e as iniciativas ecumênicas. Tais mudanças foram acolhidas e oficializadas na Igreja Católica pelo Concílio Vaticano II. A teologia, em diálogo com o mundo contemporâneo, assume o antropocentrismo moderno, que considera o ser humano como centro do universo e a razão de ser de tudo o que existe.

> Todas as coisas existentes na terra são ordenadas ao homem como a seu centro e ponto culminante (GS 2).

Como se apresenta, então, a teologia da criação? Com a ajuda da hermenêutica bíblica, afirma-se que os relatos de Gênesis 1–2 são simbólicos. Não competem com as ciências naturais, como a arqueologia e a biologia, pois têm outra finalidade. A teoria da evolução não se contrapõe à fé, pois busca explicar o "como", enquanto a fé responde à questão do "porquê", ou seja, o sentido e o direcionamento da criação. A teologia mostra que a realidade material é boa, pois vem das mãos do Criador. De outra parte, na perspectiva antropocêntrica, acentua que tudo foi criado para o ser humano. Busca dar sentido positivo à expressão: "Dominar e submeter todas as criaturas". Reflete, no mesmo tratado, acerca do projeto criador de Deus, a criação do ser humano em Cristo, o pecado original e a dimensão histórica da salvação (RUIZ DE LA PEÑA, 1993). Supera-se o equívoco de identificar a concupiscência com o desejo sexual. Introduz-se a categoria "História da Salvação", a partir da experiência bíblica.

Devemos a Karl Rahner uma significativa contribuição para a reflexão teológica sobre a unidade da experiência de salvação, pois articula criação, graça e pecado, redenção em Cristo e consumação da esperança cristã. Ele recoloca a teologia da graça em perspectiva unificadora (RAHNER, 1984, p. 319-334). Rahner traz à luz a dimensão cristocêntrica de toda a criação, tirando daí consequências para o ser humano. Usando a categoria "existencial sobrenatural", explica que todos os homens e mulheres, pela ação da graça divina, têm um direcionamento positivo, um horizonte de transcendência, o que os possibilita receber uma possível revelação de Deus. O ser humano é um potencial ouvinte da Palavra (RAHNER, 1989, p. 145-164). A criação não é neutra, pois está orientada para Cristo e se fundamenta nele. Por fim, resgata o valor da encarnação do Filho de Deus. Rahner retoma a intuição dos padres orientais, que no Ocidente permaneceu minoritária: mesmo que os seres humanos não tivessem pecado, o Filho de Deus ter-se-ia se encarnado. O processo criador (não é um instante, e sim um processo), que é trinitário, visa à encarnação. Deus, comunidade amorosa e gratuita, cria o homem e a mulher em Cristo e para Cristo, visando a um diálogo salvífico que alcançará seu ponto máximo quando o Filho de Deus participar da existência humana (FRANÇA MIRANDA, 2004, p. 41-45). A encarnação confere imenso valor às realidades históricas. Na sua contingência, elas são assumidas e transformadas pelo Filho de Deus encarnado.

O Concílio Vaticano centra a teologia no ser humano, que encontra seu sentido pleno em Jesus Cristo. Supera a visão individualista, o pessimismo em relação à materialidade e ao corpo, e a concepção da graça como extrínseca (fora da realidade humana). Articula história e escatologia, redescobre o valor salvífico da ressurreição de Jesus. Veja alguns textos elucidativos na Constituição Pastoral *Gaudium et Spes*:

- É a pessoa humana que deve ser salva. É a sociedade humana que deve ser renovada. É, portanto, o homem considerado em sua unidade e totalidade, corpo e alma, coração e consciência, inteligência e vontade... (GS 3);

- O homem foi criado "à imagem de Deus", capaz de conhecer e amar seu Criador, que o constitui senhor de todas as coisas terrenas para que as dominasse e usasse, glorificando a Deus. [...] O homem é, com efeito, por sua natureza íntima, um ser social. Sem relações com os outros, não pode nem viver nem desenvolver seus dotes. Deus, portanto, como lemos novamente na Escritura Sagrada, viu "serem muito boas todas as coisas que fizera" (GS 12);

- O mistério do homem só se torna claro verdadeiramente no mistério do Verbo encarnado. [...] Cristo manifesta plenamente o homem ao próprio homem e lhe descobre a sua altíssima vocação (GS 22);

- Por Cristo e em Cristo ilumina-se o enigma da dor e da morte, que fora de seu Evangelho nos esmaga. Cristo ressuscitou, com sua morte destruiu a morte e concedeu-nos a vida, para que, filhos no Filho, clamemos no Espírito: *"Abba, Pai!"* (GS 22);

- A esperança escatológica não diminui a importância das tarefas terrestres, mas, antes, apoia o seu cumprimento com motivos novos (GS 21).

Muitos teólogos contribuíram para a mudança de eixo, a "virada hermenêutica" da teologia contemporânea. Essa é básica para reconquistar a unidade da experiência salvífica cristã, viver na fé a ecologia integral e desenvolver a ecoteologia. Recordemos aqui alguns nomes dessa plêiade. Os grandes teólogos franceses como Congar, De Lubac e Chenu nos legaram, entre tantas coisas, a redescoberta da centralidade de Jesus Cristo e do Espírito Santo, a revisão da eclesiologia e a visão unificadora da graça divina (GIBELLINI, 1998, p. 164-212). A reflexão original de J. Moltmann, com a teologia da esperança, reposiciona o eixo da escatologia cristã: da projeção ao além-morte para a promessa e o futuro. Moltmann põe as bases para a relação entre escatologia e história (MOLTMANN, 2005). Oscar Culmann cria a categoria "tensão escatológica". Afirma que a salvação já se realiza em Jesus, ao mesmo tempo que ainda não se consumou. Nessa dialética do "já" e "ainda não" está em jogo também a existência cristã. Culmann e outros autores contribuem, assim, para a teologia da história da salvação, em relação com a história humana, centrada em Cristo (GIBELLINI, 1998, p. 255-260). Já W. Pannenberg repensa a antropologia teológica à luz da cristologia e vice-versa, mostrando uma profunda relação entre elas (PANNENBERG, 1983, p. 179-206).

A teologia latino-americana da libertação, em um movimento de continuidade e ruptura, assume e transforma o que recebeu da teologia europeia contemporânea; centra sua reflexão em Jesus e no Reino de Deus; considera a unidade da relação entre a graça divina e ação humana, respeitando a prioridade da iniciativa divina; acolhe a tensão escatológica como motivadora do compromisso histórico; fundamenta-se na visão da Igreja como povo de Deus em marcha na história; cultiva a leitura comunitária da Sagrada Escritura como "alma de toda a teologia" e da pastoral; e acrescenta alguns elementos originais: "o grito dos pobres" como grande apelo de Deus à conversão, a dimensão estrutural e social da graça e do pecado, a prioridade prática das ações sobre a reflexão teórica e a espiritualidade encarnada em diversas etnias e culturas.

4. Criação e salvação na perspectiva da ecologia integral

Como já vimos, ao acolher a ecologia integral na vivência e na doutrina cristã, a fé cristã se amplia. A ecoteologia oferece não somente um tema a mais como também influencia na maneira de pensar o seguimento de Jesus e suas consequências.

Um dos princípios da ecologia, segundo Capra (2003), consiste na originalidade de sua lógica. Ela se constrói com o pensamento sistêmico, que "significa pensar em termos de relações, padrões e contexto" (CAPRA, 2003, p. 21). Embora seja possível distinguir as partes de qualquer sistema vivo, a realidade do todo é mais do que a soma de suas partes. Pensar ecologicamente não significa simplesmente refletir sobre o ecossistema e o ser humano (o que se pensa, o "objeto material" na expressão escolástica), e sim pensar "na relação entre eles". E, nesse sentido, nós aprendemos das comunidades de vida (ou biosfera) que um determinado ser, biótico ou abiótico (não vivo ou vivo), não é compreendido de forma isolada, e sim no contexto das relações que estabelece. Nos ecossistemas, essas relações são de competição e de cooperação. E há um predomínio da segunda sobre a primeira: "A vida, desde o seu início há mais de três bilhões de anos, não conquistou o planeta pela força, e sim através de cooperação, parcerias e trabalho em rede" (CAPRA, 2003, p. 25).

O que a ciência da fé e a ecologia integral acrescentam à teologia contemporânea? A ecoteologia propõe a superação da fragmentação dos saberes, uma visão holística e holográfica (o todo é mais que a soma das partes, e em cada parte ressoa o todo), que integra emoção e razão, experiência e conceptualização. Em continuidade com a teologia latino-americana da libertação, acentua a interdependência da reflexão teológica, prática pastoral, espiritualidade e engajamento em vista de uma nova sociedade.

Do ponto de vista do conteúdo, há muitos aportes da ecoteologia, como mostramos no capítulo anterior. Aqui, estamos frisando a compreensão unificada acerca da experiência salvífica (ato criador, história humana, encarnação, redenção e consumação), que inclui todas as criaturas que habitam nossa casa comum. Isso traz várias implicações. Há uma correção do antropocentrismo contemporâneo. O ser humano pode estar no centro, mas junto com as outras criaturas, em centros múltiplos e interligados. Pela graça divina, a humanidade é fruto da evolução do cosmos, sua expressão em grau da mais elaborada autoconsciência. Compreender-se nessas relações de dependência, autonomia, diferenciação e alteridade com as outras criaturas evita a atitude de dominação e suscita compromisso. O ser humano é responsável pelo futuro da história, pelas futuras gerações e pelo planeta Terra, embora não tenha controle de todas as variantes aí implicadas.

Também a espiritualidade se amplia, como abordamos no capítulo II. Se toda a criação saída das mãos de Deus, com seus processos cíclicos e evolutivos, está fundada na Palavra criadora do Filho e sustentada pelo Espírito Santo, ela adquire um valor espiritual. Critica-se, assim, a visão moderna que "desencantou" todos os seres. Rejeita-se a perspectiva depredadora do mercado, que considera as comunidades de vida do planeta e seus componentes (água, solo, ar, energia) como meros "recursos" a serem apropriados pelos "donos da Terra", visando somente ao lucro. Revaloriza-se a comunhão com o ecossistema e redescobre-se sua dimensão sacramental.

Apresentaremos breves tópicos do pensamento de Pierre Teilhard de Chardin, padre jesuíta, teólogo, filósofo e paleontólogo francês, falecido em 1955. Ele desenvolveu uma visão que integrou a teoria da evolução das espécies, a espiritualidade, a teologia da criação e da encarnação e da espiritualidade. Na *Missa sobre o mundo*, Teilhard de Chardin proclama de forma poética como Deus cria e eleva o mundo material e a realidade humana; louva pela presença do Espírito Santo e da Palavra no cosmos e na história.

No princípio havia o Verbo soberanamente capaz de sujeitar e de modelar toda matéria que nascia. No princípio não havia frio e trevas; havia o fogo. [...] É a luz preexistente que, paciente e infalivelmente, elimina nossas sombras. Nós, criaturas, somos, por nós mesmos, a sombra e o vazio. E vós [...] Espírito ardente, fogo fundamental e pessoal (T. DE CHARDIN, 1994, p. 22).

Aconteceu. O fogo, mais uma vez, penetrou a Terra. Não caiu ruidosamente sobre os cumes das montanhas, como o raio em seu esplendor. O Senhor forçaria as portas para entrar em sua própria casa? Sem tremor, sem trovão, a chama iluminou tudo por dentro. Desde o coração de menor átomo até a energia das leis mais universais. Naturalmente invadiu, individualmente e em seu conjunto, cada elemento, cada força, cada ligação do nosso cosmos. E este, espontaneamente, [...] se inflamou. Toda a matéria doravante está encarnada, meu Deus, pela vossa encarnação (T. DE CHARDIN, 1994, p. 25).

Teilhard de Chardin preconiza o "pan-en-teísmo", ou seja, o olhar de fé que percebe Deus em todas as criaturas, mas não reduz o Criador à criação. Mantém-se assim a alteridade divina. Deus está no mundo, mas também é mais do que o mundo. O ser humano abre-se à manifestação gratuita do Senhor da Vida.

Eu vos agradeço, meu Deus, por ter conduzido o meu olhar, até fazê-lo descobrir a imensa simplicidade das coisas! Vou saborear [...] a forte e calma embriaguez de uma visão da qual não consigo esgotar a coerência e as harmonias. [...] A Unidade que me acolhe é tão perfeita que nela sei encontrar, perdendo-me, a realização última de minha individualidade. [...] Adoro um Deus palpável! [...] Mas preciso ir sempre mais longe, sem jamais poder em nada repousar, a cada instante arrebatado pelas criaturas, e a cada instante ultrapassando-as, em contínua acolhida e em contínua despedida. [...] Deixo-me deliciosamente embalar pela divina fantasia. Ao mesmo tempo, contudo, sei que a Vontade divina não me será revelada [...] a não ser no limite do meu esforço (T. DE CHARDIN, 1994, p. 27-28).

Contemplar Deus no mistério da criação leva a uma espiritualidade na qual se supera a dicotomia entre matéria e espírito, sem anular a diferença entre elas. Para Teilhard, o espírito não é a negação da matéria, mas a própria matéria quando alcança o umbral mais avançado da evolução e da autoconsciência. Isso acontece devido à centralidade da criação em Cristo, que também é a direção e meta do futuro da história e do cosmos. Assim, o homem e a mulher de fé alcançam um olhar transfigurado sobre o mundo. Daí brota a oração de reverência, de louvor, de entrega e de compromisso. Leia devagar e saboreie esta prece:

> Cristo glorioso, que reunis em vossa exuberante unidade todos os encantos, todos os gostos, todas as forças, todos os estados – sois vós que o meu ser chamava com um desejo tão vasto quanto o universo: vós sois verdadeiramente o meu Senhor e meu Deus! Quanto mais profundamente vos encontramos, Mestre, mais a vossa influência se descobre universal.
>
> Ensinai ao meu coração a verdadeira pureza, aquela que não é a separação que torna as coisas anêmicas [...]; revelai-lhe a verdadeira caridade, aquela que não é o medo estéril de fazer o mal, mas a vontade vigorosa de forçar, todos juntos, as portas da vida.
>
> Toda a minha alegria e o meu êxito, toda a minha razão de ser e o meu gosto de viver, meu Deus, estão suspensos a essa visão fundamental da vossa conjunção com o universo. [...] Dominado por uma vocação que atinge as últimas fibras da minha natureza, quero anunciar os inumeráveis prolongamentos do vosso ser encarnado através da matéria, [...] ó Alma que transpareceis em tudo aquilo que nos envolve! (T. DE CHARDIN, 1994, p. 37-39).

Como a ecoteologia articula a visão sobre a criação primeira com a Trindade, a graça, a encarnação, a redenção e a consumação? Recuperando a unidade da experiência salvífica cristã e incluindo nela a totalidade da criação, ou seja, a comunidade de vida do planeta. A partir de qualquer um dos elementos, toca-se nos outros.

5. A contribuição de Moltmann
em *Deus na criação*

Vejamos como o teólogo alemão Jürgen Moltmann coloca esses temas teológicos centrais em unidade e relação, em sua conhecida obra *Deus na criação*. Tomemos algumas das *ideias-diretrizes para uma doutrina ecológica da criação*, que está no primeiro capítulo da obra citada (MOLTMANN, 1987, p. 15-32). O livro original de Moltmann foi publicado no início da década de 1980, quando ainda não era comum os termos "ecologia integral" e "ecoteologia". Ele utiliza a expressão "doutrina ecológica da criação".

5.1 O conhecimento participativo

Estar vivo significa existir em relações com outros. A vida é comunicação em comunhão. Algumas ciências modernas sustentam que se conhece melhor os objetos e os estados de coisas quando se consideram as relações e coordenações com seu entorno, incluindo o observador humano. Uma compreensão integral será menos precisa nos detalhes, mas mais rica na sua amplitude. Assim, a visão ecológica da criação rejeita o pensamento analítico, com suas distinções de sujeito e objeto, em favor de uma forma de pensar comunicativa e integradora (MOLTMANN, 1987, p. 15).

O que acontece, então? Mudam os interesses que guiam o conhecimento. Já não se conhece para dominar, mas para participar, para integrar-se nas relações recíprocas. O pensamento integrador pretende introduzir essa comunhão na aliança, tomar consciência dela e aprofundá-la. Como já vimos anteriormente, o método da ecoteologia inclui vários acessos para conhecer e entrar em comunhão com a criação: tradição, experiência, ciência, sabedoria, dedução e intuição. Utiliza símbolos (e não somente conceitos) que configuram o inconsciente e regulam a consciência, e, por fim, incorpora a imaginação criativa e prenhe de esperanças. "Em teologia, a fantasia é inseparável de Deus e de seu Reino. Se expulsamos da teologia as imagens da fantasia, a mataremos" (MOLTMANN, 1987, p. 17-18).

5.2 A criação dirigida para a glória

A visão cristã da criação se constrói à luz do Messias, Jesus, e do tempo messiânico. Ela pretende "libertar o homem, pacificar a natureza e redimir a comunhão de homem e natureza dos poderes do negativo e da morte". No futuro radical, na consumação escatológica, a criação será transformada em morada da glória de Deus. Esperamos que, no Reino da glória, Deus habitará por completo e para sempre em sua criação, e fará que todas as suas criaturas participem da plenitude de sua vida eterna. No que depende de Deus, o futuro absoluto desta Terra e de seus habitantes não será a destruição, e sim a glorificação. Deus cria em vista da glorificação dos humanos e de todas as outras criaturas.

> Se o Deus criador mesmo habita em sua criação, então a converte em sua pátria, assim na terra como no céu. Todas as criaturas encontram então em sua proximidade a fonte inesgotável de suas vidas, encontram pátria e repouso em Deus (MOLTMANN, 1987, p. 18-19).

5.3 O sábado da criação

Moltmann faz uma releitura do capítulo 1 de Gênesis e mostra que o centro do relato não é a emergência do ser humano no sexto dia, como se interpreta em chave antropocêntrica, e sim o sétimo dia. No sábado Deus descansa; e todas as criaturas, inclusive os humanos, descansam nele. A criação se consuma no sábado. Em sentido amplo, o sábado é também a consumação do mundo vindouro. "O sábado é o que bendiz, santifica e revela ao mundo como criação de Deus".

Na tradição cristã, o Deus que repousa, que faz festa, que se regozija com sua criação passou a segundo plano. Ora, no repouso do sábado o mundo é percebido como criação de Deus. Cada sábado interrompe o tempo do trabalho, aponta para o ano sabático, no qual se restabelecem as relações primigênias entre os humanos e a natureza, segundo a Aliança. Também evoca esperança do tempo do Messias. A partir da ressurreição de Jesus, celebra-se o primeiro dia da semana, o domingo, como o dia messiânico (MOLTMANN, 1987, p. 19-20).

5.4 Preparação da criação para a consumação do Reino de Deus

A encarnação supõe e consuma a criação. Indo além do princípio clássico sobre a relação natureza *versus* graça, Moltmann afirma que a graça não somente aperfeiçoa como prepara a natureza para a glória eterna. Graça não é perfeição da natureza, mas preparação messiânica do mundo para a realização plena do Reino de Deus. Isso porque a graça de Deus é visível na ressurreição de Cristo, e sua ressurreição é o começo da nova criação do mundo. Ou seja, temos um esquema tríplice, regido pela glória. Assim, a glória consuma a natureza e a graça e configura já aqui, de forma provisória, a relação entre ambas (MOLTMANN, 1987, p. 21-22).

5.5 Criação no Espírito

A tradição teológica acentuou a figura de Deus Pai Criador para reforçar o monoteísmo e o senhorio de Deus sobre tudo o que foi criado. No entanto, a criação é um acontecimento trinitário: o Pai cria pelo Filho, no Espírito. Consequentemente, ela "foi realizada por Deus, conformada por meio de Deus e existe em Deus".

O Espírito leva a termo a atuação do Pai e do Filho. O Deus uno e trino inspira sua criação sem interrupção nenhuma. "Tudo quanto é, existe e vive sob o permanente afluxo das energias e possibilidades do Espírito." "O criador mesmo está presente em sua criação, mediante as energias e possibilidades do Espírito. Entra nela e é, ao mesmo tempo, imanente a ela."

O fundamento bíblico para a criação no Espírito se encontra no salmo 104,29s: "Escondes teu rosto e se aniquilam, retiras teu sopro e expiram, e ao pó retornam. Envias teu sopro e são criadas, e renovas a face da terra". Assim, "as criaturas são criadas com o afluxo permanente do Espírito divino, existem no Espírito e são renovadas mediante ele". Se o Espírito Santo é derramado sobre toda criatura, então a fonte da vida está presente em tudo o que é e vive. As criaturas manifestam a presença da divina fonte da vida. Ora, o Espírito cria a comunhão de todas as criaturas com Deus e entre elas mesmas. Então, a existência, a vida e o tecido das relações recíprocas subsistem no Espírito: nele vivemos, nos movemos e existimos (At 17,28). E as relações são tão primigênias como as coisas.

Tudo existe, vive e se move em outros, com outros, para outros, nas conexões cósmicas do Espírito divino. Da e na comunhão do Espírito divino nascem os modelos e simetrias, os movimentos e os ritmos, os campos e os conglomerados materiais da energia cósmica. O "ser" da criação no Espírito é, pois, a cooperação, e as conexões manifestam a presença do Espírito na medida em que permitem conhecer a harmonia global.

Não se trata de panteísmo, pois o Espírito de Deus atua introduzindo-se no mundo sem confundir-se com ele. Este mundo está aberto ao futuro do Reino da glória, que renovará, unirá e consumará a terra e o céu. O Espírito que cria também conserva, renova e leva à consumação (MOLTMANN, 1987, p. 22-26).

5.6 Imanência de Deus no mundo

A visão ecológica da criação implica uma nova ideia de Deus. O eixo não é mais a distinção entre Deus e o mundo, e sim *o conhecimento da presença de Deus no mundo e da presença do mundo em Deus*. A fé judaica salienta a diferença entre Deus e o mundo. Javé não é mundano e o mundo não é divino. Deus não se manifesta nas forças e ritmos da natureza, mas na história e na Aliança. Não se permite venerar as forças da fertilidade como divinas. Javé se contrapõe a Baal, o deus cananeu da fertilidade. Deus está na transcendência. Mas atualmente é necessário captar e ensinar a imanência de Deus no mundo.

"Deus não é somente o criador do mundo, mas também o Espírito do universo." A criação é obra das mãos de Deus, distinta dele, mas também presença diferenciada de Deus Espírito, presença do Uno nos muitos. Na rede relacional de Deus com suas criaturas, há relações unilaterais, que dizem respeito somente a Deus: criar, conservar, sustentar e consumar. E há outras que são recíprocas e configuram uma cósmica comunhão de vida entre Deus e suas criaturas: inabitar, compadecer, participar, acompanhar, suportar, deleitar e glorificar.

A visão trinitária da criação parte de uma tensão imanente em Deus mesmo: Deus cria o mundo e ao mesmo tempo entra nele.

O mundo vive da força criadora de Deus e Deus vive nele. Há, simultaneamente, uma autodiferenciação e uma autoidentificação de Deus em relação à criação.

Dois conceitos ajudam a confirmar essa afirmação: a doutrina judaica da *schekiná* e a doutrina cristã da Trindade. Na rabínica e cabalística doutrina da *schekiná*, Deus se "abaixa" até os seres humanos e vem morar entre eles. Está presente em cada uma de suas criaturas e permanece ligado a elas na alegria e no sofrimento. Segundo a doutrina cristã da Trindade, Deus cria, reconcilia e redime a criação por meio do Filho, na força do Espírito.

O Filho, eternamente outro em Deus mesmo, se converte em sabedoria, no modelo pela qual se cria. Ele se faz carne e entra no mundo para redimi-lo. E padece a autodestruição da criação para salvá-la mediante seu sofrimento.

Deus é também Espírito, a harmonia global, a estrutura, a informação, a energia do universo. As evoluções e as catástrofes do universo são também os movimentos e as experiências do Espírito da criação. E o Espírito se transcende em todas as criaturas (MOLTMANN, 1987, p. 26-29).

5.7 O princípio da mútua compenetração

> Em Deus se dá uma comunhão eterna das diversas pessoas em virtude de sua recíproca inabitação e de sua mútua compenetração [...]. A pericorese é a fonte de todo vivente, o tom de todas as ressonâncias e a origem de todos os mundos que dançam e se agitam ritmicamente. Em Deus acontece o amor mútuo e recíproco (MOLTMANN, 1987, p. 29).

Assim sendo, as mônadas não são isoladas, mas compõem-se de muitas janelas. A partir do princípio da pericorese (compenetração recíproca), afirmamos que "tudo o que vive, vive em uma forma especificamente sua nos outros, com os outros, dos outros e para os outros" (MOLTMANN, 1987, p. 29-30).

5.8 Espírito e consciência humana

Em consonância com o pensamento de T. de Chardin, Moltmann afirma que "consciência é espírito reflexivo e reflexo". No ser humano, "espírito é o compêndio de sua organização e de sua autotranscendência, de suas simbioses internas e externas". Assim, o espírito abarca toda a estrutura corpóreo-psíquica do humano (MOLTMANN, 1987, p. 31-32).

"Os seres humanos são componentes e subsistemas do sistema cósmico da vida, e do Espírito divino que habita nele." E, por outro lado, "o espírito divino, cósmico, social e individual alcança sua consciência mais ampla e superior de si mesmo no ser humano. A evolução é o automovimento do Espírito divino da criação" (MOLTMANN, 1987, p. 31-32).

Conclusão aberta

A ecoteologia não é uma corrente a mais na teologia contemporânea. Cremos que ela é uma perspectiva integradora e dialogal que deve perpassar a reflexão sobre a fé cristã, sua espiritualidade e sua ética. Ela não parte de um tema externo ou ocasional, mas daquilo que é mais precioso à fé cristã: a unidade e a complexidade da experiência salvífica. A novidade, sim, reside em considerar que, no projeto de Deus, o ser humano está colocado junto às outras criaturas. A salvação cristã tem uma irrenunciável dimensão histórica e cósmica. Esse novo olhar fecunda a reflexão teológica, a mística e a prática cristã. Entoamos, assim, como T. Chardin, esta prece: "Para que em toda criatura eu vos descubra e vos sinta, Senhor, que eu creia!".

Referências

CAPRA, F. Alfabetização ecológica: o desafio para a educação do século 21. In: TRIGUEIRO, A. (org.). *Meio ambiente no século 21.* Rio de Janeiro: Sextante, 2003. p. 19-33.

CAULY, M. *Curso de instrução religiosa.* São Paulo: Francisco Alves, 1924.

FRANÇA MIRANDA, M. F. *A salvação de Jesus Cristo.* São Paulo: Loyola, 2004.

GIBELLINI, R. *A teologia do século XX.* São Paulo: Loyola, 1998.

JUNGES, J. R. *Ecologia e criação.* São Paulo: Loyola, 2001.

LIBANIO, J. B.; BINGEMER, M. C. L. *Escatologia cristã.* Petrópolis: Vozes, 1985.

MOLTMANN, J. *Dios en la creación:* doctrina ecológica de la creación. Salamanca: Sígueme, 1987.

MOLTMANN, J. *Teologia da esperança.* São Paulo: Loyola, 2005.

MOLTMANN, J. *Ciência e sabedoria.* São Paulo: Loyola, 2007.

MÜLLER, I. (org.). *Perspectivas para uma nova teologia da criação.* Petrópolis: Vozes, 2003.

PANNENBERG, W. *Quistiones fundamentales de teología sistemática.* Salamanca: Sígueme, 1976.

PANNENBERG, W. La resurrección de Jesús y el futuro del hombre. In: PANNENBERG, W. *Pascua y el hombre nuevo.* Santander: Sal Terrae, 1983.

RAHNER, K. Gracia: exposición sistemática. In: RAHNER, K. *Sacramentum Mundi* (Enciclopédia Teológica). Barcelona: Herder, 1984. p. 278-283.

RUIZ DE LA PEÑA, J. L. *Teologia da criação.* São Paulo: Loyola, 1989.

RUIZ DE LA PEÑA, J. L. *Creación, gracia, salvación.* Santander: Sal Terrae, 1993.

9ª JANELA

Caminhada da fé, pecado e conversão ecológica[1]

Faz tempo, ao percorrer diversos canais católicos de TV, me detive em uma homilia, na qual o celebrante acentuava a gravidade dos "pecados mortais" e da "condenação eterna do inferno". Ele limitava o tema "aos pecados de natureza sexual" e, ao final, propunha uma "conversão" restrita à prática da castidade. Nenhuma palavra a respeito dos gritantes abismos sociais e dos crimes ambientais. Fiquei assustado com o rigorismo moral, o olhar unilateral e a falta de consistência teológica do pregador. Anos depois, fui convidado pelo grupo "Igrejas e Mineração" a fazer uma reflexão sobre "pecado e conversão ecológica" e revisitei o assunto nas fontes.

Percebi que, na ação evangelizadora, os temas do pecado e da conversão são ignorados ou mal trabalhados. Parece algo reservado

---

[1] Este texto é uma versão corrigida e ampliada do artigo "Pecado y conversión ecológica", publicada pela articulação "Iglesias y minería". O artigo de caráter acadêmico, mais breve, se intitula: "Pecado e conversão ecológica: contribuição da ecoteologia para a discussão acerca de religião e consciência ecológica", do VII Congresso ANPTECRE – PUC Rio, 2019, p. 243-258.

para a Quaresma. Ora, eles devem estar ligados ao seu contexto bíblico originário, que é o da Aliança e da adesão à proposta de Jesus, ou seja, à experiência da fé e do seguimento. Assim, integram também os aspectos pessoais, comunitários e estruturais da conversão. Partilho com você algumas convicções que brotaram desse estudo. Aqui apresento a versão pastoral do texto, visando facilitar a discussão em grupos. Espero que ele seja útil para sua vida cristã e de sua comunidade, à luz da ecologia integral.

Começo com uma música para você escutar, saborear e pensar. Ela se chama *Fuxico*:[2]

Me disseram que o amor tem duas caras.
Uma é bela e não separa.
A outra é solta em multidão.
Me contaram que o amor tem dois sentidos.
Um é herói, outro é bandido.
Quando um diz sim, outro diz não.

Ele e sabiá cantando
numa laranjeira em flor.
Ele é pedra de bodoque,
bate e vai deixando a dor.

Me falaram que o amor são passarinhos.
Um que mora em vários ninhos,
outro morre em solidão.
Me avisaram que o amor tem duas asas.
Uma vem sempre pra casa,
a outra vai sem direção.

---

[2] Autoria: Dinho Oliveira e Gutemberg Vieira; interpretação de Pereira de Viola. *Fuxico*. Disponível em: https://www.youtube.com/watch?v=gN-ijZebheA. Acesso em 09/03/2022.

O amor, eu soube que tem dois lumes.
Feito uma faca de dois gumes,
um liberta, outro é prisão.

Porque o amor sempre ajeita um jeito diferente
de chegar bem juntinho da gente
e de ficar contando ao coração.

Os sentimentos humanos como o amor, o ódio ou a indiferença são ambíguos. Em diferentes proporções, eles estão presentes em nós e em nossas escolhas, em diferentes culturas e sociedades. Somos capazes de realizar grandes opções de vida, marcadas por coragem, ousadia, generosidade e altruísmo, ou nos manter no descaso e na passividade; ou, ainda, aderir ao mal, à mentira, à violência. Em meio a essa condição paradoxal do humano (que pode ser até desumano), cremos na vitória do amor. O Deus de Jesus "sempre ajeita um jeito diferente de chegar bem juntinho da gente e de ficar contando ao coração".

O título desta composição sinaliza essa dupla possibilidade. "Fuxico" significa fofoca, falar mal da vida alheia, maledicência. Mas "fuxico" também é uma técnica artesanal na qual se recortam retalhos que são costurados em forma de flores, compondo um belo tecido de muitas cores. A elaboração artesanal das peças de fuxico é feita sobretudo por mulheres. Na caminhada da fé elaboramos lindas peças: coloridas, diversas, deslumbrantes. Mas também podemos nos desviar da rota, negar-nos a trilhar, sucumbir à maldade. É nesse contexto que se coloca o tema do pecado e da conversão. Não se trata de uma invenção religiosa, e sim de uma leitura religiosa da condição humana. E isso tem implicação em acolher ou rejeitar a ecologia integral.

1. Horizonte bíblico

1.1 Escrituras judaicas (Antigo Testamento)

Um dos eixos centrais das Escrituras judaicas é a *Aliança* de Deus com o seu povo eleito. Javé olha para a gente esmagada pela escravidão no Egito, tem pena dela e a liberta pelas mãos de Moisés (Ex 3,7-10). Junto com a libertação e a promessa da "terra prometida", Deus propõe um pacto: "Eu serei o vosso Deus e vós sereis o meu povo" (Ex 6,6-8; Jr 31,1). O Deus libertador educa os antigos escravos para serem uma comunidade com identidade comum. Tal é a finalidade da longa caminhada pelo deserto, durante aproximadamente quarenta anos: fortalecer os laços com Deus, entre os clãs e os seus membros (Dt 8,2-6).

No longo e penoso caminho no deserto, o povo passa por várias *tentações* que, como o nome sugere, são tentativas equivocadas de se desviar do caminho da Vida. Dentre elas: a construção de um ídolo (o bezerro de ouro) (Ex 32,1-10); a ilusão de que a vida de escravo no Egito era melhor (Nm 11,4-9); a recusa ao sóbrio alimento do deserto (Ex 16,20); o pessimismo para desistir de continuar caminhando (Nm 20,4). Há sempre o risco de não ouvir o apelo de Deus, endurecer o coração e desviar-se (Sl 95,8): "Hoje, se ouvirdes a sua voz, não endureçais o vosso coração, como ocorreu na rebelião, durante o tempo da provação no deserto, onde vossos pais me tentaram, pondo-me à prova, ainda que, durante quarenta anos, tenham contemplado as minhas obras" (Sl 95,7-9; Hb 3,7-9).

O *pecado* se manifesta como ações que rompem a Aliança com Deus. As palavras hebraicas relacionam o pecado com "errar o alvo" ou "desviar-se do caminho", e não tanto com transgredir uma lei objetiva (Sl 44,18). Em linguagem atual, diríamos: sair do caminho da fé e do seguimento de Jesus e trilhar caminhos enganosos. Há algo que leva ao pecado: "desviar o coração" (Dt 30,17), deixar-se seduzir pelo mal, esquecer a Aliança (Os 11,7).

Na visão dos profetas, os grandes pecados são:

- A idolatria: abandonar a fidelidade a Deus e cultuar outros deuses e deusas, normalmente ligados aos cultos de fertilidade, dependentes dos ciclos da natureza (Dt 6,6-10);
- Praticar a injustiça contra os pobres, os órfãos e as viúvas, os estrangeiros e os pobres. Eles estavam em situação de "vulnerabilidade social". E isso tem consequências espirituais, sociais e ecológicas:

> Façam julgamento verdadeiro, e cada qual trate com amor e compaixão o seu irmão. Não oprimam a viúva e o órfão, o estrangeiro e o pobre; e ninguém fique, em seu coração, tramando o mal contra o seu irmão. Eles, porém, não quiseram prestar atenção, deram-me as costas e endureceram os ouvidos para não ouvir. [...] Eles transformaram num deserto essa terra deliciosa (Zc 7,9.14).

Os pecados estão interligados. Para os profetas, quem pratica a injustiça contra os fracos, mesmo que siga as exigências cultuais, está longe de Deus. É uma religião falsa (Is 1,10-20). A fonte para praticar o bem consiste em manter-se na fidelidade ao Deus vivo e verdadeiro. As investidas dos profetas contra esse culto falso se dirigem aos detentores do poder (Am 6,1), aos comerciantes que exploram os pobres (Am 8,4-6) e à comunidade crente (Am 5,21-25). Raramente se dirige a um indivíduo sozinho. Aqui está a raiz do que denominamos hoje "pecado social" ou "pecado estrutural". O povo esqueceu de Deus, abandonou sua Aliança. As relações estão contaminadas, deterioradas, apodrecidas. Por denunciar tal situação, os profetas são perseguidos (Am 7,10-15) e ameaçados de morte.

No capítulo 30 do livro do Deuteronômio, a contraposição entre "fidelidade à Aliança" e "pecado" encontra-se respectivamente nas expressões "escolher o caminho da vida" ou "escolher o caminho da morte". A morte aqui não tem um sentido biológico, e sim ético e espiritual.

> Se você obedecer aos mandamentos de Javé seu Deus, que hoje lhe ordeno, amando a Javé seu Deus, andando em seus caminhos e observando os seus mandamentos, estatutos e normas, você viverá e se multiplicará. Javé seu Deus o abençoará na terra onde você está entrando para tomar posse dela. Todavia, se o seu coração se desviar e você não obedecer, se você se deixar seduzir e adorar e servir a outros deuses, eu hoje lhe declaro: é certo que vocês perecerão! Vocês não prolongarão seus dias sobre a terra, onde estão entrando, ao atravessar o Jordão, para dela tomar posse. Hoje eu tomo o céu e a terra como testemunhas contra vocês: eu lhe propus a vida ou a morte, a bênção ou a maldição. Escolha, portanto, a vida, para que você e seus descendentes possam viver, amando a Javé seu Deus, obedecendo-lhe e apegando-se a ele, porque ele é a sua vida e o prolongamento de seus dias. Desse modo você poderá habitar sobre a terra que Javé jurou dar a seus antepassados Abraão, Isaac e Jacó (Dt 30,16-20).

Não basta tomar posse da terra; é preciso zelar por ela. O livro do Deuteronômio oferece uma série de preceitos sobre o cuidado com a criação. Os dez mandamentos incluem o descanso para o gado e os animais domésticos, reconhecendo, assim, sua dignidade (Dt 5,14). Os animais devem ser bem tratados, evitando o sofrimento (Dt 25,4) e o esforço excessivo (Dt 22,10). Deve-se acolher os animais perdidos e devolvê-los ao seu dono (Dt 22,1-4). Preservem-se os pássaros com filhotes, garantindo assim a continuidade de sua existência (Dt 22,6-7). Não se pode destruir as árvores frutíferas, mesmo em situação de guerra (Dt 20,19-20). Respeitem-se as plantas cultivadas (Dt 20,6;

23,25-26; 24,19-21). As plantações são uma bênção divina e todos têm direito de se alimentar delas (GRENZER; GROSS, 2020).

O povo de Israel tinha uma consciência ecológica diferente da atual. Os profetas mostram que praticar o pecado, que é desviar-se do caminho da vida, traz terríveis consequências sociais e também para a terra, que é devastada (Is 1,7). A infidelidade a Deus e a degradação das relações levarão a uma destruição do país e do meio ambiente. Existe uma percepção da solidariedade da terra com o povo. Na volta dos exilados, as árvores e os montes batem palmas (Is 55,12). Na oração de louvor, convida-se o mar, os rios e as montanhas a se alegrarem com o salmista, pois Deus vem julgar o mundo com justiça (Sl 89,7-9). O mesmo Deus que cria o mundo, liberta o povo da escravidão e o salva. Seu amor dura para sempre (Sl 136). Já refletimos sobre esse assunto nos capítulos 1 e 4.

Não é fácil trilhar o caminho do bem e da justiça, pois há na sociedade um grupo de pessoas perversas que praticam a maldade e criam um ambiente de injustiça e iniquidade. Vários salmos mostram o clamor do justo (aquele que vive conforme a Aliança) diante das perseguições dos ímpios (ou perversos). Veja, por exemplo, os salmos 3, 4, 5, 7 e 10.

O tema do pecado individual aparece claramente no salmo 51: "Lava-me da minha injustiça e purifica-me do meu pecado! [...] Porque eu reconheço a minha culpa, e o meu pecado está sempre na minha frente [...] Ó Deus, cria em mim um coração puro, e renova no meu peito um espírito firme!" (Sl 51,4.5.12). Este salmo posteriormente foi atribuído a Davi, quando o rei se apropriou da mulher de seu soldado Urias e provocou a morte dele (2Sm 11,2-15). Convém acentuar que o pecado pessoal não é individualista, pois a fidelidade ou desvio à Aliança com Deus estão inseridos na comunidade.

Considerava-se que os pecados cometidos por uma geração teriam consequências na comunidade atual e nas próximas gerações. Apesar de o profeta Jeremias enfatizar a responsabilidade individual (Jr 31,29-31), tal visão permanece ainda no tempo de Jesus. Por isso, os discípulos perguntam a respeito do cego: "Quem pecou, ele ou seus pais?" (Jo 9,2). Essa concepção parece mágica, mas ela sinaliza uma solidariedade intergeracional, que foi revalorizada pela ecologia contemporânea. O bem ou mal que praticamos terá consequências para as novas gerações de humanos e dos outros seres vivos.

Quanto mais importante é o papel de uma pessoa na sociedade (como o rei, o profeta, o sacerdote, o chefe do clã), maior é a bênção que ele espalha para o povo e sua descendência (Gn 12,1-3); ou, ao contrário, a maldição, se ele incorre em grave pecado. Bênção e maldição têm ao mesmo tempo caráter pessoal, comunitário e social. Afetam o presente e o futuro.

Nas Escrituras há um insistente apelo para que aqueles que detêm o poder (o rei e os sacerdotes) e todo o povo se convertam e se voltem para Deus (1Rs 8,33-34). Deus conhece os corações de todos (1Rs 8,39-40) e escuta os pedidos de perdão (1Rs 1,46-50). Se cada um e o povo todo escutarem a voz de Deus, abandonarem o mau caminho, melhorarem seus hábitos e suas práticas (Jr 8,8.11; Jr 26,3), Deus manterá sua promessa e concederá a paz, a posse, o cultivo do solo e sua fertilidade.

As Escrituras judaicas testemunham uma tensão entre a visão dos profetas, e do Deuteronômio, e a dos sacerdotes. A corrente profética acentua o caráter social da Aliança e a fidelidade do coração. Já a corrente sacerdotal, que ganha espaço após o exílio da Babilônia, enfatiza o cumprimento da *Lei* (em maiúsculo), que é simultaneamente religiosa e social. A Lei inclui preceitos do culto e da convivência humana e introduz uma série de regras da pureza ritual. O próprio termo "lei" permite uma dupla interpretação: adesão amorosa a Deus (Sl 19,8-9; Sl 119), traduzida em gestos e atitudes (pessoais e comunitárias); ou submissão cega às determinações legais que escravizam, como denuncia Jesus e o apóstolo Paulo.

1.2 Novo Testamento

Segundo Mateus e Lucas, Jesus se prepara para a missão refazendo o caminho que Israel traçou após a libertação do Egito. Jesus passa quarenta dias no deserto e depois é tentado por Satanás. Mas resiste a todas as tentações (Mt 4,1-11; Lc 4,1-13) e, assim fortalecido, inicia sua missão (Mt 4,17).

Nos evangelhos sinóticos (Mateus, Marcos e Lucas), a palavra-chave que expressa a "Nova Aliança" de Deus com seu povo é "seguir a Jesus" (Lc 5,11; Mc 1,18,20). Os homens e mulheres (Lc 8,1-3) que o seguem fazem uma caminhada na fé, inclusive do ponto de vista literal. Andam com ele em vilas e povoados, percorrem caminhos áridos e empoeirados, levam consigo somente o essencial, são acolhidos para comer e dormir em casas simples e despojadas. Os/as seguidores/as de Jesus são aprendizes, discípulos/as. As palavras e gestos de Jesus incitam "a mudar de paradigma", a se converterem aos critérios da misericórdia divina e da fraternidade/sororidade. Eles e elas criam laços tão profundos que agora são uma nova família, não mais determinada pelos laços de parentesco: "Minha mãe e meus irmãos são aqueles que ouvem a Palavra de Deus e a põem em prática".

Uma das novidades do ensino e da prática de Jesus consiste em anunciar que Deus é o Paizinho carinhoso (*Abba*). Não o Deus da Lei, e sim da misericórdia, tal como mostram as três parábolas da alegria em Lucas, capítulo 15. Deus é como a mulher pobre que se alegra com suas amigas quando encontram uma moedinha perdida. Assemelha-se ao pastor que, em vez de quebrar a pata da ovelha que foge, a traz nos ombros e chama os amigos e vizinhos para festejar. E, sobretudo, é o pai bondoso que acolhe de volta o filho imaturo (Lc 15,11-32). Esse amor, oferecido gratuitamente, mesmo se as pessoas não o merecem, será denominado posteriormente como "graça" pelo apóstolo Paulo.

No tempo de Jesus, a religião dominante era controlada pelos escribas e fariseus nas pequenas cidades e pelos saduceus e a elite sacerdotal no templo de Jerusalém. Eles classificavam diversas categorias de pessoas como "pecadoras". Essas eram malvistas e em alguns lugares não tinham acesso à sinagoga, lugar de oração semanal e de leitura dos textos sagrados (a Lei e os profetas). Dentre os pecadores públicos, os evangelhos citam as prostitutas e os cobradores de impostos (Mt 21,32). Esses, além de servir aos romanos, se apropriavam de parte da coleta. A insistência no "pecado dos outros" fortalecia a posição daqueles que se consideravam "os justos", pois cumpriam a Lei, que era simultaneamente religiosa e civil (Lc 18,9-13).

Nesse sistema excludente e de pureza ritual, os doentes entravam no rol dos impuros e pecadores. Em Marcos 2,3-12, Jesus perdoa os pecados do paralítico e faz com que ele vença a paralisia e caminhe. Como sinal de que o Reino de Deus está chegando, Jesus cura muitos doentes. Além de restabelecer a saúde, dom fundamental para viver, era uma forma de trazer as pessoas de volta para o convívio social e anunciar a vinda do Novo Tempo (Mt 11,4-6). Assim se compreende a cena em que Jesus cura Bartimeu, o mendigo cego de Jericó (Mc 10,46-52), que estava literalmente "à beira do caminho" (v. 46). Após a cura, ele "segue Jesus no caminho".

Jesus não acrescenta mais pecados à longa lista já existente no judaísmo nem condena ninguém *a priori*. Em uma sociedade com traços teocráticos, as pessoas consideradas "pecadoras" eram marginalizadas ou, para usar uma expressão contemporânea, subalternizadas. Aqui ganha sentido a *comensalidade*, o gesto de Jesus de colocar-se à mesa com os pecadores e tomar as refeições com eles (Lc 5,27-31). Esse era um grande sinal de inclusão, de comunhão e de restabelecimento dos laços rompidos. Diríamos hoje: perdoar pecados e conviver com os pecadores era também promover a pertença social e resgatar a cidadania.

Jesus fica indignado com aqueles que colocam a lei religiosa e o preceito do sábado acima do ser humano necessitado. Esse é seu ensinamento, por exemplo, quando os discípulos recolhem as espigas de trigo no sábado, que são restos da colheita reservados aos pobres (Mc 3,23-28). O evangelista Mateus junta uma série de discursos de Jesus denunciando o fingimento, os esquemas de dominação, a perseguição aos profetas, a mentira, a inversão de valores dos "doutores da Lei" e dos fariseus (Mt 23). Mas raramente se usa a palavra "pecado". De outro lado, os evangelistas alertam que "o pecado contra o Espírito Santo não tem perdão" (Mc 3,28-30). Esta expressão parece indicar o fechamento total do ser humano à proposta de Jesus.

No conjunto dos evangelhos sinóticos, o mais importante é a oferta amorosa do Pai: a vinda do Reino de Deus em Jesus e com Jesus. Ele não prega a justiça retributiva (dar a cada um o que merece), mas sim a justiça recriadora (dar a todos aquilo que eles necessitam para ser felizes e fiéis à Aliança com Deus): "Busquem primeiro o Reino de Deus e a sua justiça" (Mt 6,33). Predomina nos evangelhos o empenho de Jesus em *perdoar* os pecados; *curar* das doenças físicas, psíquicas e somáticas; *libertar* as pessoas das ideologias dominadoras, que no seu tempo eram principalmente as religiosas; e *recobrar* a esperança em Deus e no seu reinado. "O domínio de Deus que aparece no Novo Testamento é uma soberania do amor e da misericórdia, e não um domínio baseado num conjunto de leis a serem observadas" (FRANÇA MIRANDA, 2004, p. 33).

Jesus começa sua pregação anunciando: "O Reino de Deus está próximo. Convertam-se e creiam no Evangelho" (Mc 1,15). O pecado, como rejeição ao Pai e ao Reino de Deus, deve ser perdoado e *suprimido*. A conversão exige humildade (reconhecer seu pecado), fé (acreditar que é possível ser diferente e confiar em Deus), mudança de mentalidade e nova atitude. Por vezes, a conversão exige a reparação do dano causado. O exemplo típico é Zaqueu, rico e chefe dos cobradores de impostos. Jesus vai ao encontro dele, oferece-se para ir a sua casa. Ele se converte e devolve, em proporção bem maior, tudo o que extorquiu dos pobres (Lc 19,1-9).

O apóstolo Paulo estende a reflexão sobre o pecado, contrapondo-o com a graça. Ele anuncia que Jesus Cristo libertou o homem e a mulher do domínio do pecado (no singular) com sua morte e ressurreição redentoras. Utiliza, para isso, a imagem do escravo que alcança a liberdade – redenção (Rm 6,3-10). No entanto, permanece no ser humano essa ambiguidade de luzes e trevas. Somos em Cristo novas criaturas (Gl 6,15), mas devemos estar atentos para não recair novamente na escravidão (Gl 5,1). Às comunidades, Paulo lança um forte apelo à conversão: "Reconciliem-se com Deus!" (2Cor 5,20).

Paulo coloca em oposição a "vida segundo o espírito" e a "vida segundo a carne" (Gl 5,16-26). A palavra "segundo a carne" (*sarx*) não significa aqui o corpo humano, ou ainda a sexualidade, como posteriormente se interpretou. E, sim, o ser humano frágil e autossuficiente, que não se abre ao amor gratuito e sanativo de Deus. Mais do que falar em "pecados" (no plural), Paulo usa o termo "pecado" para indicar todo um contexto negativo que desumaniza e afasta as pessoas de Deus e de seu projeto. Ele confia na vitória de Cristo Ressuscitado sobre as forças do mal na história: "Onde abundou o pecado, superabundou a graça" (Rm 5,20).

Segundo o Evangelho de João, a rejeição a Jesus e à sua proposta (que chamamos de "pecado") se dá no âmbito individual e coletivo. Há um conjunto de forças negativas que se opõem a Jesus, a ponto de levá-lo à morte. Se o Cristo é a luz de Deus vindo a este mundo, essas são trevas que tentam ofuscá-lo (Jo 1,9-11). Quem pratica o mal odeia a luz, pois essa revela suas ações equivocadas. Quem pratica a verdade vem para a luz, para que suas ações se manifestem, pois são feitas em Deus (Jo 3,20-21). As trevas, as forças do mal na história, cegam os olhos das pessoas (1Jo 2,11b). Em uma polêmica com seus contemporâneos, que desejam assassiná-lo, Jesus afirma que "todo aquele que faz o pecado é escravo dele" (Jo 8,34). É inútil se apoiar na mera pertença religiosa, como se isso os fizessem livres. O diabo, o príncipe deste mundo, mata e engana. Ele é o pai da mentira (Jo 8,44). Então, há outra dimensão do pecado e dos que o difundem. O pecado não somente se justifica, se esconde, foge da luz, como também combate com falsos argumentos, promove a mentira e visa aniquilar os que estão no caminho da luz.

Em síntese, há uma constelação de conceitos interdependentes e essenciais para entendermos a graça, o pecado e a conversão a partir da Bíblia: a prioridade do chamado de Deus (Aliança) e do seguimento de Jesus; a peregrinação na fé e seus riscos; a necessidade de ouvir a voz de Deus e manter-se no caminho da Vida; as tentações que nos seduzem e podem nos desviar da meta; a misericórdia divina que é sempre maior do que nossos pecados; a simultaneidade da dimensão pessoal, comunitária e política da graça e do pecado; o perdão, a conversão e a reconstrução das relações; a ambiguidade de luzes e sombras do ser humano, santo e pecador; o pecado como ruptura da amizade com Jesus e a perda da sintonia com a criação; um contexto, uma situação, um clima que condicionam as atitudes negativas e destruidoras de pessoas e da coletividade; a esperança da vitória da graça sobre as negatividades humanas.

Do ponto de vista da teologia e da espiritualidade, a "graça" não é somente os favores que Deus nos concede. Nesse caso, "graça alcançada" significa benefícios e dádivas recebidas, como a cura, a conquista de algo difícil e a superação de situações ameaçadoras. A graça é a própria Trindade que se doa a nós e nos convida a participar do Reino de Deus como discípulos/as e missionários/as de Jesus. Classicamente se diz que a graça é dom gratuito que sana e eleva, cura dos pecados e do mal, e nos faz experimentar a vida divina, na tensão entre a realização da promessa e sua consumação, o *já* e o *ainda não*. A graça acolhida se transforma em fé.

2. Fé, pecado e conversão à luz da ecologia integral

2.1 Reciprocidade e conversão

O primeiro dom de Deus consiste na criação. Deus constitui o gênero humano como parte da Terra. No dizer de Francisco na *Laudato Si'*, nosso planeta é como a casa onde habitamos com as outras criaturas, uma irmã com quem partilhamos a existência, uma mãe bondosa que nos acolhe nos seus braços (LS 1). O mundo é algo mais do que um problema a resolver; é um mistério gozoso que contemplamos na alegria e no louvor (LS 12). Cada criatura e o conjunto das criaturas (ecossistema) têm valor em si mesmos e são o primeiro Evangelho (LS 69).

Existe uma relação de reciprocidade responsável entre o ser humano e a natureza. Cada comunidade toma da Terra aquilo de que necessita e tem o dever de protegê-la e de garantir a continuidade de sua fertilidade para as gerações futuras (LS 67). A Aliança de Deus com seu povo, anunciada nas escrituras judaicas, se estende a toda a criação, como aparece no relato da Aliança ampliada, depois do dilúvio: "Eu estabeleço a minha aliança com vocês e com seus descendentes, e com todos os animais que os acompanham: aves, animais domésticos e feras, com todos os que saíram da arca e agora vivem sobre a terra" (Gn 9,9-11). A graça ecológica suscita gratidão a Deus, louvor, encantamento, êxtase diante da beleza da nossa casa comum. E porque nos encantamos, desejamos cuidar.

O pecado ecológico consiste na rejeição à "graça ecológica", é um desvio da missão do ser humano de administrar, cuidar e cultivar o jardim da criação. No dizer de Deuteronômio, capítulo 30, em vez de escolher o caminho da vida, opta-se pelo caminho da morte. A expressão bíblica "desviar o coração" se aplica bem aqui. O ser humano nega sua realidade de criatura limitada, que faz parte da Terra. Considera-se dono, dominador e saqueador (LS 2). Atitude de orgulho, autossuficiência, prepotência e vaidade.

O pecado ecológico comporta também a indiferença perante os clamores da Terra. É a "falta de consciência", tal como a compreende Paulo Freire. Por sua vez, a conversão ecológica se traduz em consciência crítico-construtiva. Ela leva a enfrentar a ideologia do antropocentrismo desordenado (LS 69) e destruidor. Identifica os mecanismos de opressão do mercado global sobre os pobres e a comunidade de vida do planeta (biosfera). Tal consciência não se limita ao conhecimento teórico. As grandes questões socioambientais do mundo ecoam em nós como uma dor que nos toca por dentro. E assim se buscam alternativas para mudar essa situação (LS 19).

O pecado ecológico é semelhante ao pecado social ou pode ser uma manifestação dele. Aquele não atinge somente os indivíduos, mas também as estruturas sociais, políticas e culturais. Também diz respeito a cada um/a de nós, pois no nosso cotidiano assumimos atitudes que impactam, positiva e negativamente, o solo, a água, o ar e os outros seres vivos. Cada pessoa pode medir, por exemplo, sua pegada ecológica e reduzi-la. Tal como acontece com outros desvios do ser humano em relação ao sonho de Deus, a conversão ecológica inclui o pedido de perdão, a mudança de mentalidade, a adoção de atitudes individuais e o empenho em ações coletivas e institucionais. "Nunca maltratamos e ferimos a nossa casa comum como nos últimos dois séculos. Mas somos chamados a colaborar com Deus para que o nosso planeta seja o que ele [Deus] sonhou ao criá-lo e corresponda ao seu projeto de paz, beleza e plenitude" (LS 53). É ineficaz buscar primeiro a mudança do coração para depois lutar por novas estruturas. Os processos estão interligados.

O pecado fragmenta o ser humano, divide-o interiormente, faz dele alguém indiferente à dor do outro ou um cúmplice da iniquidade. A conversão, por sua vez, significa a reconstrução de unidade do humano consigo mesmo, com os outros, com a comunidade de vida do planeta e com o Deus da Vida. Então, a conversão ecológica faz parte do nosso processo de vida, para sermos melhores, mais felizes e integrados. Ela se expressa no nosso empenho pela ecologia integral, que, segundo a *Laudato Si'*, articula aspectos diversos e complementares da ecologia: ambiental, econômica, social, cultural, da vida cotidiana, urbana e rural, e intergeracional (capítulo IV da *Laudato Si'*). Na nossa cultura latino-americana e caribenha, busca-se o "bem viver".

Há *tentações* ligadas ao pecado ecológico. Elas são interdependentes: individuais e coletivas. Por exemplo, a tendência ao consumismo, a sede de poder e dominação (sobre as outras pessoas e criaturas), o acirramento da competição, a indiferença perante o sofrimento dos pobres e da Terra. Como se diz na teologia tradicional, não são pecados enquanto se limitam às tendências. Se há consentimento e prática das pessoas e da sociedade – mediante gestos, atitudes e padrões culturais –, causam estragos. Quando se tornam padrões de comportamento, justificados por ideologias, têm uma enorme força sedutora. Arrastam as pessoas... Em contrapartida, graça e conversão ecológicas estão intimamente relacionadas à justiça intergeracional, ao empenho pela continuidade da teia de vida no nosso planeta.

2.2 Por que as pessoas "religiosas" não reconhecem seu impacto negativo sobre o planeta?

Existe um fator ideológico. As classes dominantes conseguem convencer as pessoas de que a situação do planeta não é tão séria como alertam os cientistas, os ativistas ambientais e os grupos religiosos comprometidos com as questões socioambientais. Os argumentos mentirosos, as *fake news*, os pseudopesquisadores que divulgam conclusões encomendadas pelas empresas, acrescidas do individualismo, da manipulação midiática e das "distrações", incrementam a "indiferença global" (cf. o filme *Não olhe para cima*).

Há também fatores culturais. A cultura moderna e pós-moderna introduziu na ética a predominância do indivíduo sobre a tradição e as normas. Parece certo ou errado aquilo que a pessoa considera assim, o que ela sente que é bom ou ruim para seus interesses. Isso cria, até nos ambientes conservadores, uma dicotomia entre o que se prega e o que se vive. Mantêm-se as aparências, mas as práticas pessoais são outras. Toma-se da doutrina tradicional o que convêm às pessoas e aos seus grupos de referência. O mesmo vale para os pecados. Alguns são acentuados, especialmente os relacionados à sexualidade. Outros são rechaçados, como a humildade para o diálogo, a caridade e a justiça.

Existem motivos teológico-pastorais. O pecado, no catolicismo tradicional, está ligado aos atos individuais (e não comunitários ou institucionais) que objetivamente transgridam certas normas definidas. Para isso, há uma lista de pecados individuais que emanam de uma visão adaptada dos dez mandamentos da Lei de Deus (que não são os mesmos da Bíblia, cf. Êxodo 20,1-10) e dos cinco mandamentos da lei da Igreja. A doutrina tradicional distingue os "pecados mortais", que retiram o "estado de graça" da pessoa, dos "pecados veniais ou leves". Há pouco espaço para compreender que a indiferença, a inconsciência ecológica e o padrão de vida consumista ferem as relações básicas dos humanos com Deus e suas criaturas. Uma caminhada de fé integral, por sua vez, exige conversão, ampliação da consciência ética, do conhecimento e da prática do amor solidário.

Segundo a moral católica tradicional, codificada em manuais antes do Vaticano II, para que haja pecado são necessárias quatro condições: (a) um indivíduo que o pratique; (b) consciência do que é certo e do que é errado e sentimento de culpa quando erra; (c) intenção de realizar o mal; (d) prática efetiva do ato pecaminoso (CAULY, 1924, p. 265-266). Por exemplo, matar é um pecado contra o quinto mandamento. Se alguém mata acidentalmente uma pessoa, não comete pecado, pois falta a intenção. Se deseja matar alguém, mas não o faz, também não peca, pois falta a matéria, o fato concretizado.

Nessa visão, o pecado individual, relacionado à culpa e à transgressão objetiva da norma, é perdoado por meio de: (a) o sacramento da Penitência, quando o presbítero, em nome da Igreja, perdoa os pecados e propõe uma prática de reparação que, por vezes, é devocional (como rezar vários Pai-Nossos e Ave-Marias); dificilmente a reparação implica processos para atenuar as consequências negativas do pecado cometido; (b) gestos penitenciais, como privar-se de certos alimentos e bebidas, peregrinar a santuários, renunciar a algo prazeroso, que demonstra arrependimento.

Atitudes, gestos e estilo de vida antiecológicos não se encaixam nesse esquema de pecado, pois: (a) não são somente individuais como também coletivos e estruturais; (b) pessoas coniventes com o dano ambiental não têm consciência dos seus equívocos e, portanto, não seriam culpadas; (c) pode-se degenerar o meio ambiente sem ter a intenção negativa de fazê-lo; (d) a não ser o caso de uma empresa poluidora (como as mineradoras), é muito difícil medir o dano imediato causado por uma pessoa no seu dia a dia. Embora já haja indicadores dos impactos ambientais negativos de um indivíduo, como a "pegada ecológica", esses carecem de uma chave religiosa.

O cristianismo neoconservador – católico ou evangélico – é simultaneamente individualista, corporativo e ideológico. É individualista em seu discurso, que é voltado para cada pessoa isoladamente. A prática religiosa visa fornecer consolo, "paz" e sucesso individual para as subjetividades, nos moldes da sociedade de mercado. Anuncia-se um Jesus sem o Reino de Deus. Mesmo quando se concentram grandes multidões, a pregação é dirigida para cada um/a. Ao mesmo tempo, essa versão do cristianismo é corporativa, pois as pessoas são guiadas por líderes religiosos (sacerdotes ou pastores) que indicam o comportamento adequado a seguir. Não se defendem os interesses da sociedade civil e dos grupos subalternos, e sim os interesses das igrejas. Elas se associam a grupos políticos de direita para manter ou aumentar seu espaço público de atuação e garantir privilégios. Nesse contexto, há pouca sensibilidade para direitos humanos, lutas populares, defesa das causas indígenas e compromisso socioambiental. Os problemas sociais e ecológicos não despertam sentimento de inquietação ou desejo de conversão. A culpa é transferida para os outros, de forma a justificar os preconceitos e até a criminalizar os movimentos identitários, sociais e ecológicos.

3. Teologia e o magistério recentes: o pecado social

O Concílio Vaticano II, na *Gaudium et Spes* e na *Lumen Gentium*, amplia a visão clássica sobre o pecado e a conversão, ao articular diversas dimensões: pessoal, comunitária, eclesial e cósmica. Passa de uma concepção coisista para a personalizante, centrada no sujeito e na comunidade, considerando a complexidade da realidade humana (MATTOS, 2015, p. 732). Ver, por exemplo, GS 10, 13, 25, 75, e LG 8,11.

Vários teólogos da ética cristã (teologia moral) recolocaram o seguimento a Jesus como o fundamento da ética cristã. Para superar uma visão legalista, que se detinha na "lista de pecados", eles elaboraram o conceito de "opção fundamental" ou "orientação fundamental". Se a pessoa orienta sua vida para o bem, ela está dirigida para Deus. Nesse caminho de fé, que corresponde à própria existência, ela pode se desviar, parar ou andar mais devagar. Os pecados se multiplicam e a pessoa muda de rumo, envereda no caminho da indiferença ou do mal. Daí a necessidade de conversão constante, para que os erros e equívocos não tirem do caminho de fé; ou de uma conversão profunda, quando o desvio é grande.

Em diferentes graus, cada um/a é, ao mesmo tempo, santo e pecador. "Pelo coração de cada cristão passa a linha que divide a parte que temos de justos da que temos de pecadores" (Puebla 253). Santidade é o caminho do bem, da luz, da solidariedade, de união com Deus, que nos purifica e faz crescer. A conversão pode significar tanto a mudança de orientação fundamental, em direção ao bem, como também o processo de corrigir os desvios de rota e nos despertar para retomar com paixão o seguimento de Jesus. O limite da reflexão sobre pecado e orientação fundamental é que ela se limita à pessoa, e não contempla o aspecto social.

A teologia da libertação latino-americana e caribenha, que assumiu a opção preferencial pelos pobres, elaborou o conceito de "pecado social". É pecado porque freia, bloqueia e luta contra o sonho de Deus, que é a vida em plenitude para todos/as (Jo 10,10). É social porque não se reduz ao ato praticado por uma pessoa individualmente. Cada um/a pode ter parte nesse pecado por meio da indiferença, do consentimento ou da cumplicidade. Mas ele contagia a sociedade a ponto de criar e manter estruturas que oprimem os mais pobres e aumentam as diferenças sociais. O pecado social se traduz em mecanismos políticos, em opções econômicas complexas e em ideologias destruidoras. Mesmo uma pessoa com reta intenção pode ajudar a manter essas "estruturas de pecado". Assim compreendido, podemos dizer que o pecado ecológico é uma forma de pecado social.

Oficialmente, a Igreja Católica latino-americana, nas Conferências do Episcopado em Medellín (1968), Puebla (1979) e Aparecida (2007), assumiu o conceito de "pecado social" e de "conversão". Medellín deu o primeiro salto, ao afirmar sem reservas que as injustiças sociais, que provocam a pobreza, são um pecado. A conversão inclui, ao mesmo tempo, a pessoa e as estruturas sociais.

> Jesus vem "libertar todos os homens, de todas as escravidões a que o pecado os sujeita: a fome, a miséria, a opressão e a ignorância, numa palavra, a injustiça que tem sua origem no egoísmo humano (Jo 8,32-34)" (Justiça 3).

> Uma sincera conversão terá que modificar a mentalidade individualista em outra de sentido social e preocupação pelo bem comum (Pobreza na Igreja 9c).

> A miséria, como fato coletivo, que marginaliza grandes grupos humanos em nossos povos, se qualifica de injustiça que clama aos céus (Justiça 1). Tal miséria, causada pelas injustiças sociais, "exprimem uma situação de pecado" (Paz 1). A Igreja "denuncia a carência

injusta dos bens deste mundo e o pecado que a engendra" (Pobreza na Igreja 5).

A falta de solidariedade "provoca no campo individual e social, verdadeiros pecados, cuja cristalização aparece evidente nas estruturas injustas que caracterizam a situação da América Latina" (Justiça 2).

A paz, fruto da justiça, implica simultaneamente "mudanças de estrutura, transformações de atitudes, conversão de corações" (Paz 14b).

O documento de Puebla avança no tema, utiliza a expressão "pecado social" ou "situação de pecado", e explicita que posturas coletivas e individuais estão interligadas.

Jesus, de modo original, próprio, incomparável, exige um seguimento radical que abrange o homem todo e todos os homens, que envolve todo o mundo e o cosmos todo. Essa radicalidade faz que a conversão seja um processo nunca encerrado, tanto em nível pessoal quanto em nível social (DP 193).

O luxo de alguns poucos se converte em insulto contra a miséria das grandes massas. Isto é contrário ao plano do Criador e à honra que lhe é devida. Nesta angústia e dor, a Igreja discerne uma situação de pecado social, cuja gravidade é tanto maior quanto se dá em países que se dizem católicos e que têm a capacidade de mudar (DP 28).

A realização do serviço evangelizador "será sempre árdua e dramática, porque o pecado, força de ruptura, há de impedir constantemente o crescimento no amor e a comunhão tanto a partir do coração dos homens, como a partir das diversas estruturas por eles criadas, nas quais o pecado de seus autores imprimiu sua marca destruidora" (DP 281).

Existem [...] inter-relações profundas entre as objetivações do pecado no campo econômico, social, político e ideológico-cultural (DP 1113).

Muitas são as causas desta situação de injustiça, mas à raiz de todas elas encontra-se o pecado, tanto em seu aspecto pessoal como nas próprias estruturas (DP 1158).

O cristianismo deve evangelizar a totalidade da existência humana, inclusive a dimensão política. Por isso a Igreja critica aqueles que tendem a reduzir o espaço da fé à vida pessoal ou familiar, excluindo a ordem profissional, econômica, social e política, como se o pecado, o amor, a oração e o perdão não tivessem importância aí (DP 515).

Em face da situação de pecado, surge por parte da Igreja o dever de denúncia, que deve ser objetiva, denodada e evangélica; que não intenta condenar, mas sim salvar o culpado e a vítima (DP 1269). (Uma Igreja servidora e missionária) denuncia as situações de pecado, chama à conversão e compromete os fiéis na ação transformadora do mundo (DP 1305).

A Igreja na América Latina "tem se esforçado por convocar as pessoas para uma contínua conversão individual e social. Pede que todos os cristãos colaborem na transformação das estruturas injustas, comuniquem valores cristãos à cultura global em que estão inseridos, e, conscientes dos resultados já obtidos, se animem a continuar trabalhando pelo seu aperfeiçoamento" (DP 16).

Vejamos como aparecem os temas do pecado social e da conversão na Conferência de Aparecida. Essa inclui a "conversão pastoral" de uma "Igreja em saída". A própria comunidade eclesial necessita mudar seus paradigmas e a prática evangelizadora.

Nosso serviço pastoral à vida plena dos povos indígenas exige que anunciemos Jesus Cristo e a Boa-Nova do Reino de Deus, denunciemos as situações de pecado, as estruturas de morte, a violência e as injustiças internas e externas e fomentemos o diálogo intercultural, inter-religioso e ecumênico (DAp 95).

Com o pecado, optamos por um caminho de morte. Por isso, o anúncio de Jesus sempre convoca à conversão, que nos faz participar do triunfo do Ressuscitado e inicia um caminho de transformação (DAp 351).

A conversão [...] é a resposta inicial de quem escutou o Senhor com admiração, crê nele pela ação do Espírito, decide ser seu amigo e ir após ele, mudando sua forma de pensar e de viver (DAp 278).

Todos somos "chamados a assumir atitude de permanente conversão pastoral, que implica escutar com atenção e discernir 'o que o Espírito está dizendo às Igrejas' (Ap 2,29) através dos sinais dos tempos em que Deus se manifesta (DAp 366). [...] A conversão pastoral de nossas comunidades exige que se vá além de uma pastoral de mera conservação para uma pastoral decididamente missionária" (DAp 370).

O Papa Francisco, na *Laudato Si'*, insiste na "conversão ecológica". Causamos danos ao planeta e somos responsáveis por reverter essa situação.

A violência, que está no coração humano ferido pelo pecado, vislumbra-se nos sintomas de doença que notamos no solo, na água, no ar e nos seres vivos. Por isso, entre os pobres mais abandonados e maltratados, conta-se a nossa terra oprimida e devastada (LS 2).

As narrações da criação no livro do Gênesis invocam que a existência humana se baseia sobre três relações fundamentais intimamente ligadas: com Deus, com o próximo e com a terra. Com o pecado, estas três relações vitais romperam-se não só exteriormente como também dentro de nós. Tal fato "distorceu o mandato de 'dominar' a terra (Gn 1,28) e de a 'cultivar e guardar' (Gn 2,15). Como resultado, a relação originariamente harmoniosa entre o ser humano e a natureza transformou-se num conflito" (Gn 3,17-19) (LS 66).

No capítulo VI da *Laudato Si'*, Francisco se pronuncia sobre a conversão ecológica (LS 216-221). Coloca claramente como se conjugam atitudes pessoais e ações comunitárias, bem como fornece elementos para o cultivo de uma espiritualidade ecológica, de gratidão, carinho e cuidado. Resumidamente:

- Algumas linhas de espiritualidade ecológica nascem das convicções da nossa fé, pois aquilo que o Evangelho nos ensina tem consequências no nosso modo de pensar, sentir e viver. Trata-se de dizer das motivações que derivam da espiritualidade, para alimentar uma paixão pelo cuidado do mundo. A espiritualidade está ligada ao próprio corpo, à natureza e às realidades deste mundo. "Vive com elas e nelas, em comunhão com tudo o que nos rodeia" (LS 216);

- A crise ecológica apela a uma profunda conversão interior. A conversão ecológica "comporta deixar emergir, nas relações com o mundo que nos rodeia, todas as consequências do encontro com Jesus". Ser guardiões da obra de Deus é parte essencial de uma existência virtuosa (LS 217);

- A sã relação com a criação é uma dimensão da conversão integral. "Isto exige também reconhecer os próprios erros, pecados, vícios ou negligências, e arrepender-se de coração, mudar a partir de dentro" (LS 218);

- Não basta que cada um seja melhor. "Aos problemas sociais não se responde não com a mera soma de bens individuais, mas com redes comunitárias [...]. Será necessária uma união de forças e uma unidade de contribuições. A conversão ecológica, que se requer para criar um dinamismo de mudança duradoura, é também uma conversão comunitária" (LS 219);

- Essa conversão comporta várias atitudes que se conjugam para ativar um cuidado generoso e cheio de ternura: (a) gratidão e gratuidade, reconhecer o mundo como dom recebido do amor do Pai, que provoca renúncia e gestos generosos; (b) consciência amorosa de formar com os outros seres do universo uma estupenda comunhão universal; (c) desenvolver criatividade e entusiasmo para resolver os dramas do mundo (LS 220).

O sentido da conversão ecológica é enriquecido com convicções da fé cristã, desenvolvidas na Encíclica, tais como: (a) cada criatura reflete algo de Deus e tem uma mensagem para nos transmitir; (b) Cristo assumiu em si mesmo este mundo material e agora, ressuscitado, habita no íntimo de cada ser; (c) Deus inscreveu no mundo uma ordem e um dinamismo que o ser humano deve considerar (LS 221).

Como se vê, a dimensão ecológica da conversão integral permite "que a força e a luz da graça recebida se estendam à relação com as outras criaturas e com o mundo que nos rodeia, e suscite aquela sublime fraternidade com a criação inteira", vivida por São Francisco de Assis (LS 221). Como se vê, a *Laudato Si'* traça as características fundamentais da conversão ecológica, como parte integrante do processo de transformação e renovação dos discípulos/as missionários/as de Jesus.

4. Contribuição do Sínodo para a Amazônia

Em 2019 aconteceu em Roma o Sínodo para a Amazônia. O evento foi antecedido por um admirável processo de preparação em que se escutou comunidades, dioceses e prelazias, regiões missionárias, povos originários, ambientalistas e pesquisadores da Amazônia. Na Assembleia foi notória a participação de representantes da população amazônica e de mulheres. O documento final do Sínodo apresenta um conceito de "pecado ecológico":

Propomos definir o pecado ecológico como uma ação ou omissão contra Deus, contra o próximo, a comunidade e o meio ambiente. É um pecado contra as gerações futuras e manifesta-se em atos e hábitos de poluição e destruição da harmonia do ambiente, em transgressões contra os princípios da interdependência e a ruptura das redes de solidariedade entre as criaturas e contra a virtude da justiça (Sínodo para a Amazônia, 2019, 82).

O Sínodo recolhe de maneira sintética e adequada os elementos teológicos acerca do tema, como apresentamos nesta reflexão. Vejamos cada parte:

- "Uma ação ou omissão contra Deus, contra o próximo, a comunidade e o meio ambiente." Aqui se enfatiza seu aspecto objetivo e complexo. O pecado ecológico rompe a Aliança com Deus, prejudica as pessoas, as comunidades e o ambiente que nos cerca, do qual fazemos parte. Tal pecado se efetiva em ações humanas visíveis, mas também o ser humano toma parte dele quando silencia diante da injustiça socioambiental ou é conivente com ela;

- "Um pecado contra as futuras gerações." Somos responsáveis pela continuidade da vida na nossa casa comum, em toda sua extensão. Ecologia evoca um compromisso com o presente e o futuro. A solidariedade intergeracional se aplica não somente à comunidade humana como também às outras espécies de seres vivos que habitam nosso planeta;

- "Manifesta-se em atos e hábitos de poluição e destruição da harmonia do ambiente." O pecado ecológico se expressa em ações, causando impactos negativos que se acumulam com o tempo (poluição) ou têm efeito imediato (destruição). Ele brota de hábitos e de percepções que têm sua raiz no desvio do coração humano e se exterioriza em estruturas de pecado, que rompem o equilíbrio dos ecossistemas;

- "Inclui transgressões contra os princípios da interdependência e a ruptura das redes de solidariedade entre as criaturas e contra a virtude da justiça." O texto faz referência à citação do *Catecismo da Igreja Católica* (CIC 340-344). Aponta questões mais profundas relacionadas ao pecado ecológico. Conforme a *Laudato Si'*, o individualismo moderno e a globalização da indiferença ante as dores dos pobres e do planeta têm sua causa humana no paradigma tecnocrático (LS 101,106-108) e no antropocentrismo despótico e desordenado (LS 68, 69, 118, 119, 122). Esses rompem com a solidariedade básica entre as criaturas e colocam a competição, o lucro e o sucesso individual como valores supremos. Na linguagem das escrituras judaicas, diríamos que é uma forma de idolatria, de abandonar o caminho da vida e de enveredar pelas trilhas da morte.

Talvez mais importante do que o conceito de "pecado ecológico" seja o de "conversão integral". Segundo o documento:

> Como Igreja de discípulos missionários, suplicamos a graça da conversão, que "implica deixar brotar todas as consequências do encontro com Jesus Cristo nas relações com o mundo que nos rodeia" (LS 21); uma conversão pessoal e comunitária que nos compromete a nos relacionar harmoniosamente com a obra criadora de Deus, que é a "casa comum"; uma conversão que promova a criação de estruturas em harmonia com o cuidado da criação; uma conversão pastoral baseada na sinodalidade, que reconheça a interação de tudo o que foi criado. Conversão que nos leve a ser uma Igreja em saída, que entre no coração de todos os povos amazônicos (Sínodo para a Amazônia, 18).

> Assim, a única conversão ao Evangelho vivo, que é Jesus Cristo, poderá se desenvolver em dimensões interligadas, para motivar a saída para as periferias existenciais, sociais e geográficas da Amazônia. Estas dimensões são: a pastoral, a cultural, a ecológica e a sinodal (Sínodo para a Amazônia, 19).

Algumas conclusões pessoais

Estamos tratando de um assunto novo, ainda em discussão. Então, arriscarei algumas conclusões abertas, sujeitas a revisão e acréscimos.

Na pastoral, devemos evitar discursos generalizados sobre o pecado ecológico. É mais eficaz mostrar como e onde se dão os mecanismos de degradação da água, do solo e do ar, e em que medida eles comprometem a continuidade da vida nos biomas, nas plantas, nos animais e humanos. Então, articularemos diferentes linguagens. O que a ecologia denomina de "degradação ambiental e humana", nós chamamos de "pecado ecológico" ou "pecado socioambiental". São duas formas diferentes e complementares de compreender a mesma situação.

"Pecado ecológico" é uma ampliação da noção de "pecado social" ou "pecado estrutural", quando incorpora o paradigma da consciência ecológica. Mas tenho dúvidas se tal conceito é o mais adequado para abarcar o conjunto de situações e estruturas, atitudes e atos contra a vida em toda sua extensão, no âmbito pessoal, comunitário, institucional, corporativo, econômico e político. Não seria melhor falar em: "pecado contra a mãe Terra", "pecado contra a ecologia integral" ou "pecado socioambiental"?

Cada um/a de nós, em diferentes graus e âmbitos da existência, participa da condição de peregrino/a no caminho da fé, que chamamos de "santidade". Estamos também sujeitos a desvios. Por isso, devemos "vigiar e orar" (Mt 26,41). Com humildade, examinar nossas atitudes e gestos à luz da misericórdia de Jesus e do seu apelo à conversão. Essa conversão significa tanto passar do mal para o bem como ir do bem para um bem maior.

A oração nos conecta com o Deus da Vida e fortalece a vocação de discípulos/as e missionários/as. Ao mesmo tempo que atuamos em grupos para defender o meio ambiente e as comunidades, alimentamos uma espiritualidade ecológica, que não é somente de luta e enfrentamento. Ela inclui o cultivo da paz interior; a gratidão aos outros e à natureza; a alegria em saborear as pequenas coisas do cotidiano; o louvor e ação de graças a Deus; a experiência de comunhão com o solo, a água, o ar, as plantas, os animais e as pessoas.

As diversas lutas em favor da justiça socioambiental são uma forma comunitária de combater o pecado ecológico e promover a conversão. Quando as pessoas estão engajadas nas causas socioambientais, desenvolvem importantes valores, como o cuidado crescente com a casa comum, a resiliência, o espírito de cooperação, a esperança, a confiança nas pessoas e a fé no Deus da Vida. E, quando conseguem vitórias, mesmo pequenas, elas sinalizam que é possível outra forma de organizar a sociedade. Então, celebram com alegria e gratidão esses sinais fragmentários do Reino de Deus entre nós.

Como mostrei aqui, o pecado (seja ele pessoal, social ou ecológico) deve ser entendido sempre no horizonte da oferta da graça, do seguimento de Jesus e do caminho da fé que trilhamos como aprendizes e missionários/as.

Sinto-me mais inclinado a concentrar o discurso na conversão integral, que comporta várias dimensões. Uma delas, a conversão ecológica, exige a reparação real dos danos causados contra nossa casa comum e seus membros: os seres abióticos (água, ar, solo e energia) e os seres vivos (microrganismos, plantas, animais e humanos). Isso implica tanto atitudes cotidianas como um novo projeto de sociedade, com ações comunitárias e institucionais correspondentes. Sonhar, esperar e transformar!

Referências

ASSEMBLEIA ESPECIAL DO SÍNODO DOS BISPOS. *Amazônia*: novos caminhos para e Igreja e para uma ecologia integral. Documento Final do Sínodo para a Amazônia. Brasília: CNBB, 2019.

CAULY, M. *Curso de instrução religiosa*. São Paulo: Francisco Alves, 1924. Tomo I: Catecismo explicado, p. 135-259.

CELAM. *Conclusões da Conferência de Puebla*. São Paulo: Loyola, 1980.

CELAM. *Documento de Aparecida*. São Paulo: Paulinas, 2007.

CELAM. *Conclusões da Conferência de Medellín*, 1968. 3. ed. São Paulo: Paulinas, 2010. (As citações correspondem aos diferentes documentos da Conferência, como "Justiça", "Paz", "Pobreza na Igreja".)

CONCÍLIO VATICANO II. Constituição Pastoral *Gaudium et Spes*: sobre a Igreja no mundo atual. Petrópolis: Vozes, 1972.

CONCÍLIO VATICANO II. *Catecismo da Igreja Católica*. 1997. Disponível em: http://www.vatican.va/archive/cathechism_po/index_new/prima-pagina-cic_po.html. Acesso em: Acesso em: 06/06/2022.

CONCÍLIO VATICANO II. Constituição Dogmática *Lumen Gentium*: sobre a Igreja. São Paulo: Paulinas, 1998.

FRANÇA MIRANDA, M. *A salvação de Jesus Cristo*: a doutrina da graça. São Paulo: Loyola, 2004.

FRANCISCO, Papa. Encíclica *Laudato Si'*: sobre o cuidado da casa comum. São Paulo: Paulinas, 2015.

GRENZER, M.; GROSS, F. Leis deuteronômicas favoráveis à preservação de fauna e flora. *Rev. Pistis Prax., Teol. Pastor.*, Curitiba, v. 11, n. 3, p. 778-791, set./dez. 2019.

MATTOS, L. A. Pecado. In: *Dicionário do Concílio Vaticano II*. São Paulo: Paulinas/Paulus, 2015. p. 732-733.

PEGADA ECOLÓGICA. Disponível em: http://www.pegadaecologica.org.br/. Acesso em: 06/06/2022.

Para saber mais

FLECHA, J. R. Culpabilidad y pecado. In: VIDAL, M. (org.). *Conceptos fundamentales de ética teológica*. Madrid: Trotta, 1992. p. 367-399.

GONZÁLES FAUS, J. I.; VIDAL, M. Pecado estrutural. In: VIDAL, M. (org.). *Conceptos fundamentales de ética teológica*. Madrid: Trotta, 1992. p. 401-418.

HERRÁEZ, F. Conversión. In: FLORISTAN, C.; TAMAYO, J. J. *Conceptos fundamentales del cristianismo*. Madrid: Trotta, 1993. p. 239-256.

LÓPES AZPITARTE, E. Conversão. In: TAMAYO, J. J. (org.). *Novo Dicionário de Teologia*. São Paulo: Paulus, 2009.

PIANA, G. Pecado. In: *Diccionario Teológico Interdisciplinar*. Salamanca: Sígueme, 1986. p. 724-741.

SICRE, J. L. Profetismo y ética. In: VIDAL, M. (org.). *Conceptos fundamentales de ética teológica*. Madrid: Trotta, 1992. p. 53-68.

SOSA, N. M. Ecología y ética. In: VIDAL, M. (org.). *Conceptos fundamentales de ética teológica*. Madrid: Trotta, 1992. p. 857-870.

VIDAL, M. Pecado. In: FLORISTAN, C.; TAMAYO, J. J. *Conceptos fundamentales del cristianismo*. Madrid: Trotta, 1993. p. 983-1001.

10ª JANELA

Teologia ecofeminista: uma descoberta libertadora[1]

Era uma vez um menino. Cresceu, tornou-se adulto, mas não perdeu o coração de criança. Faz algum tempo, ele estava em férias, quando leu a placa: "Hoje, desova de tartarugas marinhas". Curioso, correu até a praia. Ali contemplou uma cena inaudita: os filhotinhos de tartaruga rompiam as cascas dos ovos, saíam dos ninhos e se dirigiam lentamente para o mar. O acontecimento era acompanhado por um coro de crianças e de mulheres que expressavam com gritos e palmas sua emoção. Então, o adulto-menino se voltou para o que restava nos ninhos. Lá estava uma bióloga. Alguém lhe perguntou: "O que você está fazendo?". Ela, cuidadosamente, verificava se algum ovo poderia conter um filhote e se era necessária sua ajuda. Respondeu baixinho: "Estou cuidando da vida". A frase tocou seu coração de criança. Ali começava sua conversão ecológica, que não terminou ainda. Hoje esse ecoteólogo ousa pesquisar sobre o ecofeminismo,

---

[1] Este texto, com pequenas alterações, reproduz o artigo "Hermenêutica ecofeminista e ecoteologia: interfaces", em *Perspect. Teol.*, Belo Horizonte, v. 53, n. 3, p. 579-606, set./dez. 2021.

pois intui que, como aconteceu naquele entardecer, descobertas surpreendentes virão para si e seus/suas interlocutores/as.

Este texto foi elaborado por um homem cisgênero que almeja ser aprendiz e companheiro de caminho das mulheres, na luta conjunta por uma sociedade que supere o patriarcalismo, o domínio despótico sobre a natureza e crie relações de reciprocidade e cuidado. Pretende mostrar como o ecofeminismo colabora efetivamente com a ecologia integral e a ecoteologia latino-americana e caribenha, levando-as a ampliarem seus horizontes e a encarná-los em situações reais.

Configurei-o em sete passos: (1) A crítica do ecofeminismo ao patriarcado, à cultura androcêntrica e à dupla exploração sobre as mulheres e a natureza; (2) Os humanos, seres ecodependentes e interdependentes; resgate feminino da categoria "cuidado"; (3) A situação das mulheres do terceiro mundo no neoliberalismo; (4) O ecofeminismo: conjugar práticas libertárias e reflexão acadêmica; (5) O caráter visionário da teologia ecofeminista latino-americana; (6) A forma de pensar ecofeminista e sua influência na teologia; (7) Síntese e perspectivas em relação à ecologia integral e ecoteologia latino-americana.

Iniciemos com uma breve elucidação acerca de "feminismo", "ecofeminismo" e "teologia ecofeminista". O primeiro termo refere-se à já secular luta das mulheres, em várias partes do mundo, para ampliar o espaço vital e assegurar sua dignidade no âmbito da sociedade civil, do trabalho, da família e do próprio corpo. Esse longo percurso, que se inicia praticamente com a reivindicação do direito de votar, se estende até os dias de hoje em tantas "bandeiras de luta" de gênero, que denunciam os mecanismos de opressão e desigualdade sobre as mulheres – em uma cultura sexista, patriarcal e androcêntrica – e propõem caminhos para sua superação. As mulheres se liberam da reclusão na esfera doméstica, criam novas relações no âmbito familiar e passam a atuar na esfera pública. Ganham voz e vez, apesar da violência contra as meninas e as mulheres e do persistente feminicídio.

O movimento feminista, com suas reivindicações legítimas, é relevante não somente para as mulheres, e sim para todos/as, homens e mulheres, cisgêneros ou transgêneros. Quantos preconceitos a superar, estereótipos a abandonar, atitudes e posturas de dominação a extirpar, linguagem inclusiva a adotar, sensibilidade a desenvolver! Nós, homens, só mudaremos nossa visão de gênero se, na convivência com as mulheres, reconhecermos sua alteridade e repaginarmos nossas representações sobre aquilo que é tipicamente masculino ou feminino.

A questão de gênero é importante em qualquer lugar do mundo. "Sejamos todos feministas!", anuncia a escritora nigeriana Chimamanda Adichie. Que comecemos a planejar e sonhar um mundo diferente, de homens e mulheres mais felizes, na dinâmica da reciprocidade e não da dominação (Chimamanda ADICHIE, 2015)![2] Assumir a causa feminista é fundamental para vivenciar a "amizade social" e a "fraternidade universal", propostas pelo Papa Francisco na encíclica *Fratelli Tutti* (FRANCISCO, 2020). Trata-se de uma "conversão de gênero", com muitos aspectos a desaprender e a aprender. É indispensável que as virtudes e atitudes tradicionalmente atribuídas às mulheres sejam universalizadas por todos e todas. "Movermos as águas patriarcais em todos os níveis do saber se impõe como uma exigência de justiça em relação a nós mesmas e à humanidade" (Ivone GEBARA, 1997, p. 26). A perspectiva ecofeminista nos abre

---

[2] Na cultura brasileira, a maioria das pessoas é chamada pelo seu nome. Infelizmente, a forma padronizada de citações no corpo de textos científicos concede exclusividade ao sobrenome, invisibilizando o nome das autoras. Dessa forma, ignora a contribuição específica das mulheres. Por isso, neste texto explicitaremos o nome das autoras, antepondo-os aos sobrenomes, mesmo que tal procedimento seja incomum em produções acadêmicas.

um referencial de experiência amplo e inclusivo, trazendo elementos novos para o pensamento e a prática humana.

Sobre esse esteio, a teologia ecofeminista, um pensar articulado sobre a fé e a partir da fé, identifica a ligação entre as mulheres e a Terra; aborda de forma interdependente a solução para a crise ambiental e a superação da opressão das mulheres; reflete sobre as conexões entre tudo aquilo que está vivo, intuição já presente nos nossos povos originários, "que cultivam uma intimidade carinhosa com a Terra e seus ritmos" (Maria Clara BINGEMER , 2017, p. 17); repensa as imagens sobre Deus, a partir das experiências das mulheres; faz uma releitura crítica e criativa da Bíblia e da Tradição eclesial; e ensaia uma espiritualidade de inteireza, que integra razão e emoção, fala com o corpo, nutre a sintonia com Deus e a totalidade da criação.

1. A visão ecofeminista

Nascido nos anos 1970, o ecofeminismo surge como um espaço que congrega as reivindicações das mulheres com as metas do movimento ecológico. O termo "ecofeminismo" foi cunhado em 1974 pela ativista Françoise D'Eaubonne, que publicou na ocasião o livro *Le feminisme ou la mort* (O feminismo ou a morte). Ela faz uma síntese crítica da ecologia política de Serge Moscovici com o feminismo de Simone De Beauvoir. O ativismo de base do movimento ecológico no mundo é majoritariamente feminino. Paradoxalmente, predominam ainda as lideranças masculinas. Então, as mulheres se mobilizam para assegurar uma equidade de gênero também no campo dos movimentos socioambientais e do pensamento ecológico (Anne-Line GANDON, 2009, p. 5-6).

Três ideias-chave são comuns nos vários grupos ecofeministas: (a) há uma conexão estreita entre a opressão sobre as mulheres e a exploração da natureza; (b) segundo a visão patriarcal, as mulheres estão mais perto da natureza, e os homens, da cultura – e isso justificaria a inferioridade delas; (c) como ambas as dominações se dão em paralelo, as mulheres se empenham, ao mesmo tempo, por sua autonomia e para curar a natureza ferida. Os movimentos feministas e ambientais são a favor de sistemas igualitários e não hierárquicos. O feminismo ecológico convoca homens e mulheres a repensarem e a recriarem relações interpessoais e com o mundo não humano, na óptica da reciprocidade, e não da competição.

A análise ecofeminista identifica o núcleo da opressão no *patriarcado*. Esse é compreendido como um sistema de organização social em que as posições-chave de poder (político, econômico, religioso e militar) estão, exclusiva ou majoritariamente, nas mãos dos homens. Sendo um sistema de dominação masculina, profundamente enraizado na cultura, ele dita normas e condutas para mulheres e homens. Essas parecem naturais e inquestionáveis, tanto no campo das microrrelações (como na família) quanto nas estruturas sociais e em sua autolegitimação (ideologia). Enquanto nas sociedades antigas predominava o patriarcalismo de coerção, hoje no Ocidente vigoram patriarcados de consentimento. Ou seja, as pessoas aceitam como "normal" determinadas relações de dominação entre os gêneros. O patriarcado se adapta aos diferentes tipos históricos de organização econômica e social, mas preserva, em maior ou menor grau, seu caráter de sistema de exercício de poder e de distribuição de reconhecimento entre homens e mulheres (Alicia PULEO, 2006). Esse marco conceitual opressivo explica, justifica e mantém relações de dominação e subordinação contínua e sistemática.

A convicção básica do ecofeminismo é que, no Ocidente e nas culturas patriarcais orientais, há uma conexão profunda entre a dominação sobre as mulheres e a natureza. Tal sujeição se estabelece em primeiro lugar no nível cultural-simbólico e se sustenta em estruturas socioeconômicas. Assim, a colonização dos corpos e do trabalho das mulheres está interligada com a exploração da terra, da água e dos animais (Rosemary RUETHER, 1996, p. 130). O antropocentrismo da modernidade e o androcentrismo (que concebe o varão como a única representação completa do humano) formam parte da epistemologia patriarcal, que dá suporte a esses modelos de pensamento configurados de maneira *dicotômica e hierárquica*. Dicotomia significa considerar os componentes diferentes da realidade como contrários, divididos, em oposição. Por exemplo, corpo e alma, intelecto e afeto, matéria e espírito, indivíduo e comunidade. Já a hierarquização consiste em julgar uns aspectos como superiores aos outros. Não se estabelece uma "mão dupla" de cooperação, e sim de dominação e submissão.

O ecofeminismo mostra que a crise de cuidado e a crise socioecológica global se correlacionam em suas manifestações. Devido às suas características orgânicas, os corpos das mulheres são mais vulneráveis à poluição ambiental, podendo adoecer devido à contaminação com os xenoestrógenos dos pesticidas organoclorados, as dioxinas dos incineradores, as resinas sintéticas, as pinturas, os produtos de limpeza, os envoltórios de plástico e outros objetos de uso cotidiano. Sem demonizar os produtos químicos e a tecnociência, é preciso desvendar os seus limites. A crítica ecofeminista ajuda as mulheres a cuidarem do corpo, ante uma confiança excessiva na tecnociência que as leva "a submeter-se de forma crescente a mandatos sociais colonizadores e agressivos", sem se perguntarem sobre os riscos para sua saúde (Alicia PULEO, 2011, p. 13-14).

Simultaneamente prático e teórico, o ecofeminismo analisa as relações cotidianas de poder entre os gêneros, em âmbito interpessoal e social, e propõe alternativas viáveis; critica a visão ingênua de "meio ambiente" como se esse fosse um simples cenário das atividades humanas; reconhece o valor inerente dos outros seres e dos ecossistemas em conjunto, em uma relação de parentesco e semelhança; assume uma atitude empática em relação à comunidade de vida do planeta, a biosfera; gesta um modelo de compreensão amplo e complexo em estreita relação com o paradigma ecológico. Ecologia e feminismo se completam, mantendo a especificidade de cada um.

> Ao compartilhar e intercambiar sua potência conceitual e política, feminismo e ecologismo (*movimento ecológico) conseguem iluminar melhor certos aspectos dos problemas que cada um enfrenta e, dessa maneira, ganhar em profundidade e eficácia (Alicia PULEO, 2011, p. 8).

O ecofeminismo fornece chaves "para repensar as contradições atuais, reverter os imaginários dominantes e propor novas formas de relação com a natureza e entre as pessoas" (Andrea DÍAZ ESTÉVEZ, 2019).

As ecofeministas reconhecem as diferenças (biológicas e/ou culturais) entre homens e mulheres, sem que isso alimente a dominação. Defendem que a erradicação da opressão sexista exige suprimir outras formas de opressão, como a dominação de classe, o racismo, o heterossexismo, o etarismo, e outros "ismos", pois estão interligados. Assim, o feminismo necessita ser ecológico, pois as questões socioambientais são também "assuntos de mulher", de sua existência pessoal e coletiva. E, de outro lado, uma ética ambiental responsável tem que abraçar o feminismo, para que a diferença, tão perceptível na questão de gênero, não engendre a dominação. Se isso não acontecer, a fonte da subordinação das mulheres e da natureza se perpetuará (Karen WARREN, 2004, p. 234-235, 241-243, 251, 257).

A categoria "mulher" não deve dar lugar a generalizações. Mulheres brancas e ricas do primeiro mundo vivem em situação muito diferente de mulheres pobres, indígenas e afrodescendentes do outro lado do planeta. O ecofeminismo estabelece conexões concretas com as mulheres que estão na base do sistema socioeconômico. Na medida em que ligam suas histórias e suas lutas com as mulheres que estão na parte inferior dos atuais sistemas de poder e de lucro, vislumbram-se uma teologia e uma ética ecofeministas significativas (Rosemary RUETHER, 1996, p. 139). No dizer de Alicia Puleo (2002b): "Se em nome da justiça desejamos que nossa qualidade de vida se estenda a toda a humanidade, essa deve mudar e fazer-se sustentável".

2. Ecodependência e interdependência: para uma cultura do cuidado

A criação de uma cultura de emancipação e participação requer desconstruir alguns mitos da "ideologia do domínio", ainda vigente (Yayo HERRERO 2011, 2013). O primeiro mito, segundo a autora, consiste na concepção do homem como dono da natureza. Concebendo-a como uma máquina, ela é despojada de seu caráter divino, "impredizível", inabarcável e misterioso. Ora, a natureza é um sistema complexo, no qual não existem somente relações de causa e efeito, mas também de realimentação e sinergia. O segundo mito diz respeito à "deslocalização do ser", como consequência da relação dicotômica entre a mente e o corpo. Segundo o racionalismo, o que importa é a mente e sua capacidade de pensar, de raciocinar. Ora, ao situar o feminino – dicotomicamente separado do masculino – no mesmo lado que a natureza e o corpo se justificaria a ideia de submeter e explorar as mulheres.

O pensamento ocidental interpreta o mundo organizando-o em uma série de pares opostos que separam e dividem a realidade: natureza x cultura, razão x emoção, ciência e saberes tradicionais. Mas não considera as relações mútuas e a complementaridade entre elas. Como vimos, as dicotomias apresentam um caráter hierárquico. Uma das posições é tida como superior à outra. A visão feminista defende que tais pares devam se associar uns aos outros para além da forma binária.

Yayo Herrero, baseada em José Manuel Naredo (2006), aponta que a economia de mercado se transformou em uma "nova religião civil", edificada sobre *crenças de ficção*, ou seja, raciocínios enganosos que se passam como verdadeiros e inquestionáveis, rígidos a ponto de constituir um "fundamentalismo econômico". A primeira ficção consiste em desvincular a produção da vida e reduzir o valor ao que é exclusivamente monetário. Reputa-se que algo tem valor se cumpre três características: é expresso em moeda; pode ser apropriado, comprado ou vendido por alguém; e tenha recebido alguma transformação ("foi produzido"). A redução da noção de valor à grandeza do preço conduz à segunda crença: que terra e trabalho possam ser substituídos pelo capital. A terceira ficção do fundamentalismo econômico reside em acreditar que "produzir mais é sempre melhor". Qualquer crescimento econômico, independentemente da natureza da atividade que o sustenta, seria positivo em si mesmo e garantiria o bem-estar social. Não se cogita que processos produtivos consumam energia, geram resíduos, possam esgotar recursos finitos e explorar trabalhadores e trabalhadoras. Ignora-se as externalidades e os efeitos negativos colaterais.

A quarta ficção consiste em conceber que "trabalho é somente o que se faz em troca do salário". Com isso, as funções realizadas pelas mulheres no espaço da produção doméstica, que asseguram a reprodução e o cuidado dos corpos humanos, são desconsideradas. E as pessoas excluídas do trabalho remunerado não têm direitos sociais por si mesmas (Yayo HERRERO, 2013, p. 290-297). Ora, o ecofeminismo repagina o conceito de trabalho, rompendo a dicotomia entre a esfera pública – a de produção – e a doméstica – da reprodução. Trabalho se compreende, em sentido amplo, como "prática de criação e recriação da vida e das relações humanas" (Anna BOSCH et al., 2003), incluindo fatores materiais e simbólicos.

A cultura capitalista, na sua luta contra os limites físicos humanos, despreza a velhice, a doença e a morte. Dá as costas à vulnerabilidade do corpo, construindo uma ilusão delirante de imortalidade. Em contraposição, as ecofeministas valorizam o trabalho daqueles/as que se ocupam em manter e cuidar dos corpos vulneráveis e retiram as mulheres da invisibilidade (Yayo HERRERO, 2013, p. 284-289). Todos/as necessitamos de cuidados, configurados segundo o momento do nosso ciclo vital. Não somente aqueles físicos e econômicos, mas também os emocionais, que perpassam toda a existência.

Enquanto humanos, somos corpo, em suas diferentes dimensões: "materialidade, aparência, estética, gestualidade, movimento, sensorialidade, emoção, percepção, intuição e cognição" (Yayo HERRERO, 2013, p. 289). Nele se articulam o físico, o simbólico e o sociológico. Reconhecer a finitude do corpo, sua vulnerabilidade e suas necessidades contribui para assumir o caráter interdependente de nossa espécie, situando aí a reciprocidade, a cooperação, a criação e a manutenção de vínculos saudáveis. Com isso, vence-se a ilusão antropocêntrica e androcêntrica de independência e autonomia. Tal avanço impacta também a ecologia, pois tanto o corpo humano quanto os ecossistemas são finitos, limitados e estão sujeitos à degradação.

O cuidado foi muitas vezes desvalorizado e considerado uma obrigação para as mulheres. Elas são as encarregadas de praticamente todas as tarefas de cuidado indispensáveis para sustentar a vida humana, tais como: acompanhamento a pessoas idosas e doentes, a criação dos filhos, a preparação da comida, a limpeza da casa. Ora, a mulher não é "naturalmente" cuidadora, mas as tarefas que ela historicamente assumiu (e assume ainda) a tornaram mais propensa a desenvolver atitudes empáticas para os mais vulneráveis. Então, devemos "revalorizar e universalizar essa atitude empática, esse cuidado do vulnerável, vinculando-o também aos varões, e aplicando-o aos demais seres vivos e aos ecossistemas" (Andrea DÍAZ ESTÉVEZ, 2019)

Algumas ecofeministas sustentam que é necessário "renaturalizar" o varão. Isso significa readequar a organização política, relacional, doméstica e econômica às condições da vida humana, para homens e mulheres. Trata-se de "mudar os óculos" para compreender e atuar em vista de um mundo sustentável (Yayo HERRERO et al., 2011). Isso implica modificar o ritmo de vida pessoal e das organizações.

Compreender a vida significa também aceitar seu ritmo. O crescimento lento, as mudanças pequenas, os matizes, nos aproximam mais dos modos de vida sustentáveis que os ritmos rápidos e os fortes contrastes, comuns no nosso entorno urbano e virtual (Yayo HERRERO, 2013, p. 302).

Ante os vícios da modernidade antropocêntrica, ecofeministas sustentam que nós, humanos, somos *ecodependentes* e *interdependentes*. Precisamos da natureza para viver e sobreviver; como também necessitamos dos outros seres humanos que dedicam tempo e energia para cuidar de nossos corpos, especialmente na infância, na velhice e na doença. Durante toda a existência estabelecemos relações interdependentes com outros homens e mulheres. Do ponto de vista filosófico e antropológico, o feminismo permite reconhecer, situar e compreender melhor a beleza e a fragilidade da espécie humana;

mostra como é funesta a divisão estrita que o Ocidente estabeleceu entre natureza e cultura, corpo e razão, mulher e homem; e denuncia a perspectiva reducionista que não dá conta das totalidades, simplifica a complexidade e invisibiliza a importância central dos vínculos. A revisão dos esquemas mentais e das representações antropocêntricas e patriarcais nos leva a desenhar transições para outras formas de viver e conviver, "reconstruir o que se perdeu e inventar o que nunca aconteceu" (Yayo HERRERO, 2013, p. 280-282).

Além de utilizar conceitos precisos e significativos, o ecofeminismo expressa convicções, sentimentos e esperanças por meio de analogias, símbolos, literatura, poesia e narrações da experiência em primeira pessoa. Na ética, a narrativa é um reflexo das experiências sentidas e vividas. É também uma forma de pensar sobre elas, levando em conta as realidades históricas, materiais e sociais nas quais as pessoas estão inseridas (Karen WARREN, 2004, p. 247).

O enfoque ecofeminista leva "a uma mudança de atitude, de uma percepção arrogante a uma percepção amorosa do mundo não humano" (Karen WARREN, 2004, p. 249). Tal percepção amorosa acolhe que os seres não humanos, diferentes de nós, são "outros" que merecem nossa consideração e reconhecimento ético. Nós, humanos, somos – ao mesmo tempo – membros de uma comunidade ecológica e distintos dela. Não se pretende uma eliminação da diferença, e sim um reconhecimento respeitoso.

A ética ecofeminista é contextualizada e comunitária. Como em um mosaico, o que importa não é ter uma imagem baseada em uma só voz, mas um desenho que surge de vozes diferentes de muitas mulheres situadas em distintas circunstâncias. Caracteriza-se, assim, como pluralista, processual, mutável e inclusiva (Karen WARREN, 2004, p. 252, 253). Ela confere relevância a alguns valores que foram desdenhados na ética vigente, como *o cuidado*, a amizade, a confiança e a reciprocidade.

3. Neoliberalismo e as mulheres

Contemporaneamente, o ecofeminismo analisa as relações entre a violência dos sistemas econômicos injustos e não sustentáveis e a crescente violência – simbólica ou brutal – contra as mulheres. A situação das mulheres piorou consideravelmente com a ascensão do neoliberalismo, a face atual do "patriarcado capitalista" (Vandana SHIVA; Maria MIES, 2016, p. 17-19). Nesse sistema, a economia é reduzida ao mercado. Então, denuncia a ecofeminista indiana:

> [...] o limite da produção ignora o valor econômico de duas economias vitais que são necessárias para a sobrevivência humana e ecológica: a economia da natureza e a economia de subsistência. Nessas economias [...] a moeda em circulação são os processos que dão vida, não o dinheiro nem o preço do mercado (Vandana SHIVA; Maria MIES, 2016, p. 20).

A economia neoliberal afasta as mulheres pobres do terceiro mundo dos seus meios de vida e dos recursos que necessitam para existir, como a terra, as florestas, a água, as sementes e a biodiversidade. Os poderosos continuam investindo no crescimento ilimitado em um planeta limitado, porque se apropriam dos recursos dos vulneráveis.

Vandana Shiva enfatiza: a violação da Terra e a violação das mulheres estão estreitamente relacionadas, tanto do ponto de vista metafórico, pelas cosmovisões que se impõem, como do ponto de vista material, ao condicionarem suas vidas cotidianas. Além disso, as reformas econômicas promovidas na atual onda neoliberal no mundo conduzem à subversão da democracia e à privatização do governo. Os políticos se colocam a serviço do capital, ignorando as demandas das pessoas que supostamente representam (Vandana SHIVA; Maria MIES, 2016, p. 20). A classe política alienada, com medo dos cidadãos, passa a utilizar a violência policial e reprime os protestos pacíficos. As forças de segurança deixam de lado suas obrigações de protegerem as mulheres e os mais frágeis. Um Estado corporativo privatizado se converte então em "Estado policial". A esse panorama se agrega a colonização do mundo pelas transnacionais da biotecnologia, um fenômeno crescente, silencioso e perigoso (Alicia PULEO, 2011, p. 10). O modelo econômico determinado pelo patriarcado capitalista converte tudo em mercadoria, para ser colocado à venda, inclusive as mulheres. Tal economia da mercantilização cria uma cultura da mercantilização, "na qual tudo tem um preço e nada tem valor" (Vandana SHIVA; Maria MIES, 2016, p. 22).

A análise de Vandana Shiva converge com a visão crítica acerca do crescimento desmedido do capital financeiro, estreitamente relacionado com o neoliberalismo. O economista brasileiro Ladislau Dowbor o denomina "a era do capital improdutivo" (DOWBOR, 2017). Um bilionário que aplica o seu dinheiro no mercado financeiro ganha sem precisar produzir nada. A cada dia a maior parte de sua riqueza é reaplicada, gerando um enriquecimento improdutivo que gradualmente multiplica bilionários e trava a economia. Mesmo nas crises econômicas, no cassino financeiro mundial, o 1% (um por cento) dos mais ricos do planeta se apropriam de mais riqueza do que os 99% (noventa e nove por cento) seguintes. A crescente aplicação no mercado financeiro contribui para a acumulação de riqueza à custa dos processos produtivos. Isso implica, em outras coisas, uma queda na geração de emprego e renda (DOWBOR, 2019).

Como a maioria da população do Brasil está concentrada nas cidades e o agronegócio se transformou em motor da economia de exportação – associado a uma propaganda massiva e sedutora do "agro é pop, agro é tudo" –, não nos damos conta da gravidade do capitalismo no campo e das ameaças reais à segurança alimentar. A denúncia de Vandana Shiva serve como um sinal de alerta para as consciências adormecidas.

Uma economia baseada na desregulação do comércio e na privatização e na mercantilização das sementes e alimentos, da terra e água, das mulheres e crianças, degrada os valores sociais, reforça o patriarcado e intensifica a violência contra as mulheres (Vandana SHIVA; Maria MIES, 2016, p. 23).

A humanidade alterou a configuração do nosso planeta em vários aspectos – atmosfera, solo, ciclo das chuvas, corrente dos ventos, geração e disseminação de novas substâncias químicas etc. –, a ponto de criar uma etapa geológica própria. A esse fenômeno se denominou "antropoceno".

O antropoceno destrutivo expressa a arrogância, a vaidade e a cegueira dos humanos, que se consideram senhores, conquistadores e proprietários dos recursos da Terra. Ele se manifesta em: cultura de dominação, violência sob várias formas e irresponsabilidade ecológica. É necessário superar o paradigma do patriarcado capitalista sustentado em uma cosmovisão mecanicista, na economia competitiva, industrial e centrada no capital. O ecofeminismo propugna uma mudança na economia, na cultura e na visão das pessoas. Vandana Shiva manifesta a visão ecofeminista semelhante a outras pessoas e organizações ecológicas. Essas se consideram membros da família Terra, responsáveis pelas outras espécies e pela vida no planeta em toda sua diversidade, desde os microrganismos até os grandes mamíferos. Pautam-se pelo imperativo de viver, produzir e consumir dentro dos limites ecológicos do nosso planeta. Valorizam mais a cooperação do que a competição.

Coloca-se então a ingente tarefa de construir *o antropoceno criativo da democracia na Terra*. Isso significa trabalhar conjuntamente como cocriadores/as e correprodutores/as, utilizando a inteligência e a sensibilidade para conservar e curar, e conectar-se com a Terra, com sua diversidade e seus processos vivos (Vandana SHIVA; Maria MIES, 2016, p. 27-28). É possível sonhar e investir em uma nova sociedade? Sim! É verdade que há um enorme desnível entre as mobilizações sociais e a brutalidade da ofensiva neoliberal. Mas a humanidade já dispõe de propostas e diretrizes, embora incompletas e provisórias, para realizar transições socioecológicas em direção a outro modelo de economia e organização social (Yayo HERRERO, 2013, p. 302). As mulheres não são somente vítimas desse sistema perverso. Elas sobressaem como sujeitos ativos no cuidado com a casa comum e na edificação de uma nova cultura com respeito à natureza, junto com pessoas de outros gêneros e diversos grupos sociais. As ecofeministas contribuem de forma singular para uma "cultura ecológica da igualdade" (Alicia PULEO, 2011, p. 16).

4. Ecofeminismo: prática e teoria

A visão ecofeminista defende que a vida se mantém por meio da cooperação e do cuidado mútuo. "A proposta para um futuro mais justo passa por esse cuidado, entendido como preocupação, atenção, proteção e como uma tarefa essencialmente coletiva" (Andrea DÍAZ ESTÉVEZ, 2019). Ela intenta ser holística, englobando todos os aspectos da vida.

Mulheres em várias partes do mundo se empenham em causas que condensam, simultaneamente, questões de gênero, sociais, étnicas e ecológicas. Criam redes para compartilhar métodos eficazes de protesto e de alternativas sustentáveis e inclusivas (Vandana SHIVA; Maria MIES, 2016, p. 31). Elas criticam a ilusão da tecnociência, que, associada ao capital, propõe soluções estupendas para a humanidade, mas produzem mais problemas. Basta pensar nos transgênicos e nos desastres em usinas nucleares. Os "pais da destruição" são incapazes de aprender com os fracassos. Tão obstinados com suas conquistas unidimensionais, têm memória fraca.

O ativismo ecofeminista, que atua com outras organizações da sociedade civil, é uma escola de múltiplas aprendizagens. Ele assume faces originais, de acordo com o ambiente vital onde se enraíza e se desenvolve. No continente latino-americano, ele se associa às lutas das mulheres indígenas e dos povos originários, das mulheres afrodescendentes e dos grupos quilombolas, das comunidades que resistem às investidas da mineração, das organizações em defesa da dignidade do corpo das mulheres e das que enfrentam o tráfico humano. A lista acima, meramente ilustrativa, na prática é muito mais ampla. O ecofeminismo não é um movimento reducionista ou meramente corporativo. Nele ressoam problemas, sonhos, alternativas e perspectivas que tocam a humanidade e o planeta, a partir da óptica das mulheres. E aí reside uma de suas características mais significativas e originais.

O ecofeminismo articula práticas e saberes, ações transformadoras e fértil produção acadêmica. Vivencia um adágio clássico da teologia da libertação latino-americana: "O lugar social condiciona o lugar hermenêutico". Para compreender por dentro o que é uma situação social insuportável, é preciso entrar nela e buscar mudá-la. Assim, "a experiência e a luta vão na frente do estudo teórico" (Vandana SHIVA; Maria MIES, 2016, p. 32).

Como o feminismo consiste em teoria e prática ligadas às experiências vitais das mulheres, que são múltiplas, sua pluralidade é evidente. Elizabeth Schüssler Fiorenza (2009, p. 76-80) identifica 15 abordagens diferentes do feminismo, que se combinam "para atacar as muitas cabeças do monstro do Kyriarcado". Ideias e práticas ecofeministas se consubstanciam em várias correntes, com algumas figuras de destaque, como: a cultural/espiritual (Rosemary Radford Ruether, Vandana Shiva), a social ou "construtivista" (Val Plumwood, Maria Mies, Yayo Herrero, Karen Warren) e a crítica (Alicia Puleo) (TAVARES, 2014). A própria Alicia Puleo distingue o ecofeminismo essencialista (existiriam características femininas universais, como o cuidado), o construtivista (as identidades de homem-mulher seriam construções sociais e históricas), o espiritualista e o ilustrado ou crítico – que ela assume como sua posição (Alicia PULEO, 2002a, 2010, 2016; Andrea DÍAZ ESTÉVEZ, 2019). Pleiteia-se que as promessas da ilustração (igualdade, fraternidade, autonomia, pensamento crítico e autocrítico) se efetivem para as mulheres e com elas, rejeitando o androcentrismo e se engajando por um novo modelo de sociedade.

O ecofeminismo latino-americano e caribenho – que elabora seu saber em estreita relação com o mundo dos pobres, a diversidade étnica e cultural e a pluralidade religiosa – é por vezes identificado com o "ecofeminismo espiritualista" (Alicia PULEO, 2002a, 2002b), em parte devido a sua ligação originária com a teologia da libertação e com as religiões dos povos originários. Acrescenta-se o fato de que o ecofeminismo do nosso continente tem assumido a linha da decolonialidade (Heloísa BUARQUE DE HOLANDA, 2020). Enfatiza não tanto a contribuição da ilustração (*aufklärung*) europeia para a evolução da humanidade, mas, sim, o seu reverso. Ou seja, enfatiza as estruturas de dominação que influenciam até hoje nossos povos, subalternizando-os.

O ecofeminismo desconstrói o imaginário antropocêntrico do ser humano como autônomo, racional e todo-poderoso. Ele nos vê como parte da Terra, seres sociais, interdependentes, ecodependentes, incompletos, finitos, vulneráveis, necessitados uns dos outros/as e da natureza. Almeja socializar para todos e todas aquilo que se atribuía, de forma impositiva e unilateral, somente às mulheres: o cuidado recíproco e coletivo. Essa postura se revela como primeiro passo para uma sociedade antipatriarcal e anticapitalista. É um dos eixos centrais para impulsionar uma cultura sustentável.

Embora tenha avançado muito na metodologia e na linguagem, ecofeministas reconhecem que há um *gap* entre seu discurso programático e a situação existencial de seus destinatários/as e interlocutores/as. Por exemplo, a distância entre o discurso político de natureza analítica e crítica e a linguagem das emoções.

> Nos movimentos sociais temos uma importante riqueza conceitual e nos movemos com desenvoltura no campo do racional, mas temos uma miséria simbólica e nos conectamos mal com as emoções. Não há revolução sem paixão, sem amor pela vida e pelas pessoas (Yayo HERRERO, 2013, p. 303-304).

5. Teologia ecofeminista latino-americana nas suas origens

A teologia feminista é a reflexão sobre a fé ou a partir da fé em Jesus Cristo, realizada sob a óptica de gênero e de reciprocidade. Ela surge "como uma mudança radical do modo como refletimos os dados da revelação e os textos das Escrituras, e também como pensamos o mundo e suas relações entre pessoas, natureza e divindade" (Maria Clara BINGEMER, 2017, p. 79). Empenha-se em repensar toda a teologia, como também a cosmologia e a antropologia, que durante séculos sofreu forte influência patriarcal. O salto qualitativo da teologia feminista consiste em relacionar o discurso sobre Deus com a experiência de vida das mulheres. Expande-se a própria imagem de Deus. Essa corrente teológica não só reflete a partir das mulheres como também propõe uma forma de interpretar (que denominamos "hermenêutica") que rompe as amarras patriarcais e estimula homens e mulheres a viverem a fraternidade e a sororidade.

Sem pretender localizar com precisão a origem da teologia ecofeminista latino-americana, tomemos a título de exemplo uma publicação paradigmática: o fascículo 1 do coletivo *Con-spirando*, de teólogas, pastoralistas e militantes ecofeministas do Chile, de março de 1992. Conforme anunciado no subtítulo, *Con-spirando* é uma revista latino-americana de "ecofeminismo, espiritualidade e teologia". A analogia de respirar juntas "nos traz imagens do planeta como um grande pulmão de vida" (COLECTIVO EDITORIAL, 1992, p. 1). A combinação de causa de gênero, lutas sociais, reflexão teológica e mística marca o percurso do ecofeminismo crente no nosso continente, e constitui, ao seu modo, uma chave fundamental para compreender e cultivar a ecologia integral.

Desde o início, as publicações de *Con-spirando* incluem poesia, testemunhos, ritos e resenhas. A somatória de conceitos, analogias, apresentações pictográficas e poesia evidencia um caminho novo de elaboração de discurso, uma forma de reunir dimensões da expressão humana que a ciência moderna fragmentou e hierarquizou. Grande parte das figuras do número inaugural da revista provém da arte mapuche, refletindo o compromisso de valorizar as raízes indígenas. No que diz respeito à redação, "damos preferência às formas femininas para contrapor-se ao peso de uma linguagem tão excludente que é o normativo em toda América Latina" (COLECTIVO EDITORIAL, 1992, p. 1).

O grupo do Chile que lançou *Con-spirando* teve contato com mulheres na Argentina, Brasil, Peru, México, Uruguai e Venezuela. Elas enfatizam a gravidade e a urgência da questão ecológica. É necessário mudar as formas de relacionamento, substituir a dominação pela colaboração e o respeito, a verticalidade pela horizontalidade – entre homens e mulheres e dos seres humanos com a natureza –, pois está em jogo a continuidade da vida no nosso planeta. Além disso, a perspectiva feminista se edifica a partir de e com as diversidades de classe, etnia, idade e cultura (Elena AGUILLA, 1992, p. 3.5).

Há um liame que une o movimento ecofeminista e a eclosão de uma espiritualidade própria, traduzida em diferentes tradições religiosas. Esse "reconhece nosso enraizamento na natureza, nossa interconexão com todas as formas de vida [...], a dimensão sagrada com todo o criado, tal como faziam nossas antepassadas. Olha a criação com reverência, gratuidade e compaixão" (Rosa TRAPASSO, 1992, p. 7-8).

Vem à tona a originalidade da experiência espiritual das mulheres, que dizem: "sentimos a Deus de outra maneira". Descobrem-se traços de Deus que a Tradição cristã ignorou. Gestar, dar à luz, responsabilizar-se pela criação dos filhos, educar, atuar e esperar o crescimento com paciência, observar as mudanças no/a outro/a e na natureza. Tudo isso evidencia a visão bíblica de Deus como misericórdia materna, que sente compaixão por seu povo. Ele/a é criador/a, companheiro/a e educador/a.

Já nas suas origens, a teologia ecofeminista latino-americana percebeu a íntima relação entre a busca de identidade das mulheres, o engajamento coletivo e o cultivo da espiritualidade. Essa implica também novas práticas com respeito ao culto, à devoção e ao rito. Critica-se o formalismo religioso, a rigidez, o esquema hierárquico e a linguagem sexista presente nas palavras e nos gestos das celebrações oficiais das igrejas.

Ao mesmo tempo, as mulheres criam e redescobrem distintas formas, gestos, ritos e símbolos para nutrir e expressar sua fé. Isso implica o envolvimento do corpo com gestos, cantos e danças. Recuperam-se símbolos da natureza, como a terra, a água, o vento e o fogo, que as conectam com as tradições dos povos originários e da espiritualidade judaico-cristã. E se criam outros. As mulheres, quando se juntam para realizar o rito, sentem-se parte da natureza em relação com a Transcendência; encontram-se com outras semelhantes e se recompõem em uma ação coparticipativa; expressam seus sentimentos e emoções; comunicam-se com símbolos que reconstroem significados portadores de valores e anelos (Josefina HURTADO, 1992, p. 37).

Foge do foco do nosso texto apresentar um panorama dos principais temas e das autoras mais significativas de teologia *feminista* no nosso continente. Concentramo-nos no ecofeminismo enquanto ativismo, corrente de pensamento e reflexão teológica. Mas é bom destacar, sumariamente, alguns aspectos da contribuição singular da teologia feminista. Através de distintas metodologias, formas de interpretar (hermenêuticas) e contextos, ela empreende a enorme tarefa de reler temas fundamentais da "ciência da fé", como fez a teologia da libertação. Se tomamos a revisão e a ampliação de (re)pensar a fé a partir de uma antropologia unificadora, destacam-se: a linguagem sobre Deus Trindade, a antropologia teológica, a eclesiologia, os ministérios, a liturgia e o culto, a mariologia, a ética sexual e social (María Teresa SANTISO, 1995, p. 71-79).

A teologia feminista privilegia o método indutivo, que parte da experiência. A finalidade de seu trabalho é "teologizar" e não construir um sistema fechado. Ela visa desencadear um processo dialético de ação e reflexão, a fim de avançar no pensamento e na prática e colocar novas perguntas (María Teresa SANTISO, 1995, p. 69).

Atualmente, a teologia feminista e sua perspectiva ecológica têm-se dilatado de maneira admirável. Cada vez mais mulheres estudam e produzem teologia. Embora ainda estejamos longe da equidade de gênero, cresce o número de professoras, pesquisadoras e pastoralistas em instituições de ensino, pastorais e organismos eclesiais. Mulheres ocupam espaço nas revistas de teologia e ciências da religião, escrevendo artigos e coordenando sua edição. A equidade nas instituições de ensino superior ainda é uma conquista a se realizar (María LÓPEZ BELLOSO; María SILVESTRE CABRERA; Irene GARCÍA MUÑOZ, 2021).

Destacam-se entre as produções feministas coletivas a coleção "Mujeres haciendo teologías", coordenada por Virgínia Azcuy, Gabriela Di Renzo e Celina Mendonza, abarcando teólogas da América Latina, Caribe e Estados Unidos. O volume 1 é um dicionário de obras de autoras (2007) que reúne recensões de obras individuais e compiladas, livros e artigos teológicos. O volume 2 compreende uma antologia das autoras (2008), na qual se apresenta um resumo de artigos com um breve comentário. Dentre elas, relembramos aqui os nomes latino-americanos de Barbara Andrade, María Pilar Aquino, Virgínia Azcuy, Maria Clara Bingemer, Tereza Cavalcanti, Ivone Gebara, Maria Teresa Santiso, Antonieta Potente, Mary Judith Ress, Elza Tamez, Ana Maria Tepedino, Olga Vélez Caro, Tânia Sampaio, María del Socorro Albán e Lúcia Weiler. E dentre as teólogas dos Estados Unidos, Joan Chittister, Mary Daly, Mary Hunt, Elizabeth Johnson, Sallie McFague, Rosemary Ruether e Elizabeth S. Fiorenza. Já o volume 3 consiste em um estudo de autoras (2009), no qual teólogas refletem sobre o pensamento de suas companheiras. O conjunto das três obras demonstra a consistência e originalidade das teólogas e de sua produção.

Vale também fazer referência à contribuição crescente e relevante de ecoteólogas na RIBLA, na *Voices* (revista internacional de teólogos[as] do terceiro mundo) e em periódicos especializados de Teologia e Ciências da Religião no Brasil, como: *Perspectiva Teológica, Atualidade Teológica, Horizonte, Pistis & Práxis, Estudos Teológicos, Caminhos, Fronteiras* e *Revista de Cultura Teológica*.

6. Ecofeminismo e teologia.
Breves considerações epistemológicas

Em *Teologia ecofeminista: ensaio para repensar o conhecimento e a religião* (1997), Ivone Gebara delineia a forma de elaborar e desenvolver o conhecimento (epistemologia) dessa corrente teológica. Seguindo livremente as inspirações da pedagogia libertadora de Paulo Freire, a autora mostra que o ecofeminismo ajuda a descobrir os perversos mecanismos de dominação sobre a natureza e as mulheres e introduz novas formas de pensar em vista da ecojustiça. As questões éticas estão no bojo das epistemológicas, interligando conhecimento e ação, de forma libertadora.

> A epistemologia ecofeminista não é uma novidade que se impõe à primeira abordagem, nem algo pronto para ser adquirido como um novo livro; é uma atitude, uma busca de sabedoria, uma convicção que se desenvolve em conexão com o conjunto de todos os seres vivos (Ivone GEBARA, 1997, p. 31).

Grande parte das epistemologias geradas no Ocidente é de base antropocêntrica e androcêntrica. Não são falsas ou eticamente maldosas, mas, sim, unilaterais. Elas se referem particularmente às experiências de uma parte da humanidade (a masculina), mas as apresentam como se fossem de todos os humanos. O saber com alto grau de conhecimento, profundidade e extensão era atribuído aos homens. "Pobres e mulheres eram associados a níveis mais baixos de abstração, de ciência e sabedoria" (Ivone GEBARA, 1997, p. 33). Ora, a hierarquização do saber corresponde a uma escala social, fundada na exclusão das maiorias em favor da elite masculina branca que detém poder e saber. Simultaneamente, comporta uma dominação/submissão de classes sociais, de gênero e também étnica, pois se subestimam os saberes negros e indígenas.

Ivone identifica alguns traços da epistemologia ecofeminista e sua percepção singular sobre o ser humano e a relação com a Terra (Ivone GEBARA, 1997, p. 56-75). Tal incumbência apresenta riscos e certa provisoriedade, pois conhecer e (re)organizar o sentido da existência é tarefa sempre relativa e inacabada. Resumidamente:

(a) O fio condutor da visão ecofeminista consiste em recuperar a experiência humana e deixar que aflore na mente e no corpo o significado de nossas crenças mais profundas;

(b) O ponto central é a interdependência entre todos os elementos que tocam o mundo humano, incluindo a natureza. Dilata-se a consciência para o Corpo Sagrado da Terra, maior que o eu individual, a fim de alargar nossa capacidade de respeitar e cuidar dele. Introduz-se nos processos educativos a perspectiva de *comunhão com* e não a de conquista;

(c) A interdependência do conhecimento é vital, visceral, sagrada. Ela exige repensar a teologia cristã a partir da vivência concreta das comunidades que experimentam o seguimento de Jesus em diferentes contextos. Leva-nos a pronunciar afirmações mais existenciais, humildes, aproximativas e dialogais;

(d) A epistemologia ecofeminista envolve uma "linearidade circular", na qual se resgata o passado e se abre ao futuro, acolhendo elementos de múltiplas formas que não obedecem sempre à causalidade previsível. Processo contínuo como as peças de um caleidoscópio passível de novos arranjos;

(e) A perspectiva ecofeminista leva ao desaparecimento dos dualismos "espírito x matéria" e "mente x corpo"; convida a viver a unidade da matéria e a energia que nos constituem; acolhe a finitude do humano e do cosmos, a beleza do efêmero; e busca formas de articular o público e o privado;

(f) Ela introduz a questão ecológica e a de gênero como mediações para compreender e interpretar o mundo e o ser humano; leva em conta a contribuição do masculino e do feminino na construção social do conhecimento;

(g) Tal epistemologia se desenvolve a partir de contextos locais, como referência básica, admitindo sua provisoriedade e a necessidade de abertura a novos referenciais; a epistemologia contextual mantém a tensão entre os aspectos local e universal do conhecimento humano;

(h) O ecofeminismo está fundado na visão holística: "Somos num todo e o todo está em nós". Essa abarca diferentes capacidades cognitivas que habitam o humano e não se reduzem ao discurso único do tipo racionalista;

(i) A forma de conhecer a epistemologia ecofeminista é também afetiva, pois a partir do envolvimento apaixonado se percebem aspectos que antes seriam ignorados. O universo das emoções, longe de ser o lado obscuro da razão, é assumido como fonte de conhecimento. Somos uma mistura extraordinária de razão, emoção, sentimento, paixão e sedução. Essa mescla se manifesta em mulheres e homens em sua originalidade pessoal e nos contextos culturais, com seus condicionamentos;

(j) Por fim, a epistemologia ecofeminista é inclusiva. Conjuga diferentes padrões, acolhe diversos saberes, conecta-se com conhecimentos de diferentes áreas. Tal perspectiva é essencial para a teologia, pois a experiência religiosa é polifônica e multicolorida, e se expressa em um leque amplo de linguagens, referidas a uma mesma respiração e busca de unidade (Ivone GEBARA, 1997, p. 56-75).

As afirmações de Ivone Gebara dizem respeito não somente ao ecofeminismo como também ao feminismo, na qual se radica. Esse traz uma contribuição imprescindível para a cultura e a religião, como desenvolve o número especial da revista *Pistis & Práxis* (2021), intitulado "Hermenêuticas do feminino". No editorial, diz-se que o foco do pensamento feminino representa

> [...] a crítica a uma racionalidade que tomou o neutro, o objetivo, o abstrato e o universal como norma do saber e do ser; uma racionalidade que reduziu o particular, o contextual, o diferente a perspectivas marginais. A valorização das diferenças deve potencializar a configuração de uma racionalidade aberta e integradora, um pensar que escute e respeite a realidade na sua profundidade abissal e na sua diversidade complexa (Ceci MARIANI et al., 2021, p. 3).

7. Interfaces do ecofeminismo e da ecoteologia

Como mostramos, o ecofeminismo, enquanto ativismo socioambiental feminino e corrente de pensamento, é mais amplo do que a teologia ecofeminista. A segunda ressoa, acolhe, aprofunda e colabora na causa ecofeminista à luz da fé em comunidades cristãs. Fato semelhante acontece com a ecologia – enquanto saber, paradigma e ética – e a ecoteologia. Agora ensaiaremos algumas respostas para a questão: como o ecofeminismo e a teologia ecofeminista contribuem para o avanço da ecologia integral e da ecoteologia? Usar-se-á o estilo de tópicos, que poderão ser desenvolvidos em futuras pesquisas.

7.1 A ecoteologia e a teologia ecofeminista

Não são duas correntes diferentes, que se contrapõem ou se diferenciam de forma contrastante. Diríamos que são águas do mesmo rio com densidade própria. Faz lembrar o encontro das águas do rio Negro e do Solimões, próximo a Manaus/AM. Na verdade, muitas teólogas feministas são também ecoteólogas, participam do ativismo socioambiental e contribuem significativamente para o avanço da ecoteologia. No entanto, a recíproca parece não ser verdadeira. É raro encontrar um teólogo que se declare ecofeminista e se dedique à pesquisa dessa temática. Um teólogo branco, adulto, com um nível de vida razoável não tem medo de assumir o lugar social de afrodescendentes, povos originários e pobres. Não no lugar deles/as, mas junto com eles/as, favorecendo seu protagonismo. No entanto, soa até estranho que o faça com as mulheres e na defesa da causa ecofeminista. Está na hora de assumir o ecofeminismo como companheiro da ecoteologia, para homens e mulheres. Isso significa considerar a teologia ecofeminista não somente como uma vertente ou um conjunto de discursos que compõem a unidade plural da ecoteologia, como também como um pensamento original, irredutível, que a questiona e a enriquece enormemente.

7.2 A teologia feminista e a ecoteologia latino-americanas

Embora recebam contribuições fundamentais do primeiro mundo nas suas origens, elaboram um discurso próprio, com traços específicos do nosso continente. Ambas foram *gestadas no ventre da teologia da libertação* e compartilham suas intuições básicas, tais como: o lugar social condiciona o lugar hermenêutico; o apelo a assumir o clamor dos/as subalternos/as; a indignação diante das injustiças sociais; a dimensão comunitária e institucional da fé cristã; o protagonismo dos/as oprimidos/as em busca de libertação; o sonho de uma nova sociedade que supere as relações de dominação; a gestação de uma espiritualidade libertadora; a releitura da Bíblia e da Tradição eclesial com novo olhar; o resgate da sabedoria dos nossos povos e etnias; a articulação de teoria e prática, com prioridade na práxis transformadora; a incorporação das teorias críticas e o diálogo com várias ciências e áreas do saber. Gera-se, então, uma reflexão teológica socialmente libertadora, feminista e ecológica. Elas são necessárias, pois desentranham aspectos centrais do Evangelho e o atualizam (Geraldina CÉSPEDES, 2012, p. 69-72).

7.3 O pensamento ecofeminista

Em vários lugares do mundo – como no oriente asiático, no ocidente europeu e norte-americano, na África e na América Latina –, o pensamento ecofeminista associou um leque crescente de autoras. Ele articula de forma criativa a tensão entre *diversidade e unidade no essencial*, encarnação nas realidades locais e visão universal. Esses fatores são imprescindíveis para alimentar a fraternidade-sororidade e a amizade social, como bem sinaliza o Papa Francisco na Encíclica *Fratelli Tutti* (FT 142-153). Do ponto de vista da ciência da fé, ecoteologia e teologia feminista superam a categoria "de teologias contextuais", pois não se limitam a um grupo humano e eclesial delimitado por faixa etária, etnia, cultura ou fronteiras geográficas. Contextualizadas, sim, mas com um grau de universalidade crescente, rejeitando "o domínio homogêneo, uniforme e padronizado de uma única forma cultural imperante" (FT 144).

7.4 O crescente impacto negativo do capitalismo neoliberal na vida das mulheres indianas

Apontado por Vandana Shiva, tal problema encontra correspondência com a exploração das mulheres campesinas e indígenas no nosso continente, sobretudo devido ao garimpo, à mineração, à destruição da Amazônia e de outros biomas, à implantação da monocultura de pinus e do eucalipto, e à substituição da agricultura tradicional pelo agronegócio. As mulheres pobres são as mais atingidas, inclusive nos seus corpos. De outro lado, é impressionante o empoderamento das mulheres através das práticas ecofeministas (Raquel QUESADA GUERRERO, 2010). Situação semelhante acontece com as mulheres das periferias urbanas de nossas cidades. A ecoteologia, nos seus inícios, ignorou a *especificidade das mulheres como vítimas e protagonistas de transformação*. Atualmente, ao denunciar a destruição da nossa casa comum e as consequências para a humanidade – especialmente para os mais pobres –, a ecoteologia aprende do ecofeminismo a diferenciar como isso acontece de maneira própria em mulheres e homens.

7.5 O ecofeminismo

Situa-se na *intercessão do feminismo e da ecologia*. Algo semelhante se dá no campo teológico com a teologia ecofeminista. Esta articula de forma original e criativa a questão da equidade de gênero e o cuidado da casa comum à luz da fé. O compositor Betto Guedes, na música *Sal da Terra*, diz que "um mais é sempre mais que dois". Semelhante a uma relação amorosa, na qual cada parceiro/a mantém sua identidade e ambos/as crescem em interação, apoiando-se mutuamente, assim também é a relação da teologia feminista e a ecoteologia. Essa "união estável" favorece ambas.

7.6 A teologia ecofeminista

Ela denuncia o patriarcalismo na Igreja que se traduz, entre outras coisas, em relações autoritárias, concentração de poder nas mãos de homens, monopólio da pregação, negação ao acesso do ministério ordenado para as mulheres, ritualismo que cerceia o corpo, pregação da doutrina sem emoção, falta de reconhecimento (invisibilização) da atuação das mulheres nas comunidades. Daí que a *sinodalidade* se torna vital para a Igreja. Especialmente se inclui a presença quantitativa e qualitativa das mulheres na Igreja e a necessidade de criar estruturas participativas, comunitárias e não piramidais.

7.7 A presença de mulheres no Sínodo para a Amazônia

A presença das mulheres contribuiu para incluir em um conjunto articulado as diversas dimensões da ação evangelizadora, ao traçar novos caminhos de conversão pastoral, cultural, ecológica e sinodal (Sínodo para a Amazônia, 2019), bem como enriqueceu enormemente a proposta da ecologia integral. O Sínodo se compromete a ser Igreja samaritana, que assume a realidade bela e sofrida das pessoas e da natureza; Igreja Madalena, amada e reconciliada, que anuncie com alegria Cristo Crucificado e Ressuscitado; Igreja mariana que gera filhos para a fé e os educa com afeto e paciência, aprendendo com as riquezas dos povos (Sínodo para a Amazônia, n. 22). O documento final do Sínodo inaugura algo que deve marcar a redação dos documentos eclesiais: visibilizar as mulheres, em dois sentidos: como vítimas dos mecanismos de opressão (n. 10, 13, 34, 102) e como sujeitos eclesiais e sociais (n. 71, 96, 92, 95, 99, 100, 101, 102, 103).

Destacamos aqui quatro citações, das trinta que aparecem no documento sinodal:

As vítimas (da destruição da Amazônia pelo poder econômico e político) são os setores mais vulneráveis, crianças, jovens, mulheres e a irmã mãe terra (n. 10).

A vida consagrada, os leigos e, entre eles, as mulheres são os protagonistas antigos e sempre novos que nos chamam a essa conversão sinodal (n. 86).

É urgente que a Igreja na Amazônia promova e confira ministérios para homens e mulheres de maneira equitativa (n. 95).

Diante da realidade sofrida pelas mulheres vítimas de violência física, moral e religiosa, incluindo o feminicídio, a Igreja se posiciona em defesa de seus direitos e as reconhece como protagonistas e guardiãs da criação e da "casa comum" (n. 102).

Que os apelos do Sínodo, especialmente o de conferir às mulheres o ministério de coordenadoras de comunidade e avançar no diaconato feminino, não caiam no olvido.

7.8 O Papa Francisco

Na *Laudato Si'*, o Papa Francisco propõe uma "conversão ecológica" (LS 217), que se traduz simultaneamente em: postura de vida (sobriedade feliz: LS 222-227); espiritualidade (LS 216); atitudes pessoais, para ativar um cuidado generoso e cheio de ternura, que se consolidam em hábitos (LS 211, 220); ações coletivas com a formação de redes comunitárias (LS 219); e cultivo do amor civil e político que impele a adotar "grandes estratégias que detenham eficazmente a degradação ambiental e incentivem uma cultura do cuidado que permeie toda a sociedade" (LS 231). Essa percepção a respeito da simultaneidade dos processos de mudanças individuais e comunitárias converge com as convicções da ecoteologia e da visão ecofeminista.

Devemos acrescentar, à luz da visão da própria Encíclica ("tudo está interligado", LS 16, 91) e do Sínodo da Amazônia ("conversão integral", com várias dimensões, n. 17-19), que isso implica uma "conversão de gênero". Faz parte desse processo de conversão: tomar consciência da mentalidade patriarcal, sexista, androcêntrica que ainda povoa nossas mentes e corações; reconhecer nossos pecados de ação e omissão; e, com a graça de Deus, trilhar novos caminhos. A conversão de gênero diz respeito a homens e mulheres, de maneira própria para cada um/a. Para os homens, tal conversão se manifesta: na superação de preconceitos e na aceitação de novos papéis na relação com as mulheres; na compreensão de que as reivindicações de singularidade e igual dignidade beneficiam a toda a humanidade; na colaboração para a equidade de gênero; no restabelecimento de sua identidade; e na imposição da tarefa fascinante e desafiadora de viver de outra maneira a masculinidade, não mais como dominação. E compete às mulheres identificarem as características da conversão de gênero na sua óptica. Para todos/as, ressoa o apelo à mudança da postura de arrogância ou submissão para a de cooperação.

7.9 A categoria "cuidado"

Sistematizada e difundida por Leonardo Boff (2002) e universalizada na *Laudato Si'*, tal categoria constitui uma chave de leitura central para a ecologia integral. É o antídoto para o antropocentrismo egoico da modernidade, que considera todas as outras criaturas como "coisas" submetidas à supremacia humana. Ao cuidado se associa o reconhecimento do valor em si mesmo de cada criatura (LS 33, 69) e a consciência de que somos parte da Terra, a casa comum, na qual habitamos com bilhões de seres que compõem a criação.

Destacam-se duas contribuições singulares da visão ecofeminista para a ecologia integral. Primeiramente, mostrou que as mulheres, não por uma característica da sua pretensa essência, mas devido aos contextos culturais de longo tempo, se consolidaram como as principais cuidadoras dos humanos e da natureza. As mulheres assumem grande parte dos cuidados relacionados à dimensão reprodutiva do ser humano. Não somente a gestação e a amamentação, mas também a educação das crianças, a alimentação e a limpeza da casa. Mais ainda, elas constituem as principais cuidadoras dos doentes e dos idosos. Também, em grande parte do mundo, são as principais cultivadoras de verduras, legumes, grãos, frutas e flores de forma artesanal e agroecológica. Portanto, quando se discorre sobre o cuidado como atitude humana básica em relação ao nosso planeta, deve-se nomear a contribuição imprescindível das mulheres.

Em segundo lugar, a teologia ecofeminista acrescenta a imagem da *Terra como corpo*, o que abre outras perspectivas interpretativas. Ela afirma que a mesma atitude básica se manifesta de maneiras diferentes e complementares no cuidado com o próprio corpo, com o corpo dos/as outros/as e o corpo da Terra, da qual fazemos parte.

7.10 A reflexão feminista

Tal reflexão traz uma contribuição ímpar para a superação da herança patriarcal que contagiou a teologia cristã, ao resgatar *dimensões femininas da imagem de Deus*. É preciso superar as representações androcêntricas, como a do velho solitário de barbas brancas a vigiar e castigar, o Deus masculino todo-poderoso. Não se trata de substituir Deus pela deusa. Elizabeth Johnson oferece uma reflexão original na obra *Aquela que é: o mistério de Deus no trabalho teológico feminino* (1995). Ela apresenta um modelo de linguagem cristã feminista que surge de diversas experiências: a presença universal vivificante e libertadora do Espírito; e a sabedoria em Jesus de Nazaré, que também cria e orienta o universo. Tais imagens se aglutinam no símbolo da Trindade, comunhão viva de relacionamentos interpessoais mútuos e iguais. A comunidade trinitária não é impassível, pois participa do sofrimento do mundo, em vista de sua redenção.

A essa perspectiva teológica se soma a reflexão de Sallie McFague (1996). Ela propõe metáforas contemporâneas de Deus como mãe/ pai, amante e amigo/a dos últimos, de maneira a caracterizar o Evangelho cristão como amor radical e surpreendente. Tais representações tríduas evocam as atividades divinas de criar, salvar e sustentar a natureza e a humanidade. Elas expressam o amor inteiro, unitivo e recíproco de Deus ao mundo. A vida em toda sua extensão é como o corpo de Deus (mas não se identifica com ele/ela). Deus-amante considera o mundo atraente e precioso, como os amantes aos seus amados. A metáfora do Deus-amigo representa-o como fiel companhia, que opera conosco a cura de todas as partes do corpo do mundo. Deus conta com nossa colaboração para estender a plenitude a toda a criação. Cada traço do único amor divino sugere uma dimensão do discipulado cristão: justiça (*ágape*), cura (*eros*) e companheirismo (*filia*) (Sallie McFAGUE, 1996, p. 133-134). Então, a ecoteologia somente será consequente se deixar fecundar em seu discurso uma imagem libertadora de Deus, tal como realiza o ecofeminismo cristão.

7.11 O desenvolvimento da ecoteologia

Esse desenvolvimento requer uma série de *frentes de atuação*, em termos de aprofundamento bíblico, resgate da Tradição eclesial, diálogo inter-religioso, interação com outras áreas do conhecimento, escuta e sistematização de iniciativas socioambientais bem-sucedidas, interação com outras teologias libertadoras (como as indígenas e afro- -americanas). Para disseminar sua visão, de forma a incidir na vida das igrejas e na sociedade, a ecoteologia necessita utilizar não somente conceitos como também *analogias, poesia e histórias de vida*. Seu discurso deve cada vez mais veicular uma *racionalidade do coração*, "a razão encharcada de emoção", como dizia Paulo Freire. Recorrer às narrativas que contam as histórias humanas para mostrar como somos ecodependentes, interdependentes e responsáveis pelo cuidado da casa comum. Nessa empreitada, a teologia feminista tem muito a nos ensinar. No que diz respeito à ecoespiritualidade, as mulheres experimentam Deus de maneira diferente dos homens: oram com o corpo, dançam em louvor. Essas e tantas outras aprendizagens são decisivas para a vivência da ecologia integral e o desenvolvimento da ecoteologia.

Conclusão

O ecofeminismo, enquanto vigorosa corrente de pensamento e criativo movimento socioambiental, contribui para superar dicotomias e reconstruir o ser humano na sua corporeidade, ecodependência e interdependência, na perspectiva da diversidade de gênero. Usando a analogia de Lúcia Carbonell (2014), assemelha-se a um cruzamento de ruas e avenidas, na qual confluem pessoas e coletivos, que vêm de vias diversas, como o ativismo ecológico e feminista, o mundo acadêmico e as religiões. Por lá circulam grupos locais e redes internacionais.

Acrescentemos algo mais. No meio do cruzamento circular, que está no alto do monte, há uma enorme e bela praça. Nela se erguem majestosas árvores, que a seu tempo florescem. Há também mangueiras e goiabeiras, que oferecem seus doces frutos. Pássaros repousam em seus galhos e se abrigam sob sua sombra. Crianças brincam nos espaços verdes. Jovens inundam o ambiente com suas gargalhadas e vozerio alto. Anciãos e anciãs contam histórias, enquanto se aquecem no sol da manhã. Um casal jovem passeia com o carrinho de bebê. O frescor do vento, qual sopro divino, alenta e anima as pessoas que aí passeiam. Nessa praça se faz a ecologia integral. Aí se celebram a ecoteologia e a teologia ecofeminista.

Referências

ADICHIE, Ch. N. *Sejamos todos feministas*. São Paulo: Companhia das Letras, 2015.

AGUILLA, E. Con-spirando juntas. *Con-spirando*, Santiago, n. 1, p. 2-5, mar. 1992.

AZCUY, V. R.; DI RENZO, G.; MENDONZA, C. A. L. (org.). *Diccionario de obras de autoras en América Latina, el Caribe y Estados Unidos*: mujeres haciendo teologías. Buenos Aires: San Pablo, 2007. v. 1.

AZCUY, V. R.; DI RENZO, G.; MENDONZA, C. A. L. (org.). *Antología de textos de autoras en América Latina, el Caribe y Estados Unidos*: mujeres haciendo teologías. Buenos Aires: San Pablo, 2008. v. 2.

AZCUY, V. R.; DI RENZO, G.; MENDONZA, C. A. L. (org.). *Estudio de autoras en América Latina, el Caribe y Estados Unidos*: mujeres haciendo teologías. Buenos Aires: San Pablo, 2009. v. 3.

BINGEMER, M. C. L. *Teologia latino-americana*: raízes e ramos. Petrópolis: Vozes, 2017.

BOFF, L. *Saber cuidar*: ética do humano, compaixão pela terra. 8. ed. Petrópolis: Vozes, 2002. (1. ed.: 1999).

BOSCH, A. et al. *Verde que te quiero violeta*: encuentros y desencuentros entre feminismo y ecologismo. 2003. Disponível em: <https://www.fuhem.es/media/cdv/file/biblioteca/Boletin_ECOS/10/verde_que_te_quiero_violeta.pdf>. Acesso em: 05/02/2022.

BUARQUE DE HOLANDA, H. (org.). *Pensamento feminista hoje*: perspectivas decoloniais. Rio de Janeiro: Bazar do Tempo, 2020.

CARBONNEL, L. R. Ecofeminismos y teologías de la liberación. *Papeles*, Madrid, n 125, p. 101-109, 2014. Disponível em: <https://www.fuhem.es/papeles/papeles-numero-125/>. Acesso em: 05/02/2022.

CÉSPEDES, G. Corrientes fecundando una misma tierra: teología de la liberación y teología feminista. *Alternativas*, Manágua, v. 19, n. 44, p. 69-88, jul./dez. 2012.

COLECTIVO EDITORIAL, *Con-spirando 1*, Santiago, p. 1, mar. 1992.

CONRADIE, E. M. The four tasks of Christian Ecotheology: revisiting the current debate. *Scriptura*, Stellenbosch (África do Sul), v. 119, n. 1, p. 1-13, 2020.

D'EAUBONNE, F. *Le féminisme ou la mort*: femmes en mouvement. Paris: Pierre Horay, 1974.

DÍAZ ESTÉVEZ, A. Ecofeminismo: poniendo el cuidado en el centro. *ENE Revista de Enfermería*, Madrid, v. 13, n. 4, [s/n], dez. 2019. Disponível em: <http://ene-enfermeria.org/ojs/index.php/ENE/article/view/1072>. Acesso em: 05/02/2022.

DOWBOR, L. *A era do capital improdutivo*. São Paulo: Outras palavras & Autonomia literária, 2017.

DOWBOR, L. A burrice no poder. In: VV.AA. *Novos paradigmas para outro mundo possível*. Rio de Janeiro: Usina, 2019. p. 9-34.

FRANCISCO, Papa. *Carta Encíclica Laudato Si'*: sobre o cuidado da casa comum. São Paulo: Paulinas, 2015.

FRANCISCO, Papa. *Carta Encíclica Fratelli Tutti*: sobre a fraternidade e a amizade social. São Paulo: Paulinas, 2020.

GANDON, A.-L. L'écoféminisme: une pensée féministe de la nature et la sociétè. *Recherches féministes*, Quebec, v. 22, n. 1, p. 5-25, 2009.

GEBARA, I. *Teologia ecofeminista*: ensaio para repensar o conhecimento e a religião. São Paulo: Olho d'Água, 1997.

GURIDI, R. *Ecoteología*: hacia un nuevo estilo de vida. Santiago: Ed. Universidad Alberto Hurtado, 2018.

HERRERO, Y. et al. (org.). *Cambiar las gafas para mirar el mundo*: una nueva cultura de la sostenibilidad. Madrid: Ecologistas en acción, 2011.

HERRERO, Y. Miradas ecofeministas para transitar a un mundo justo y sostenible. *Revista de Economia Crítica*, Barcelona, n. 16, p. 278-307, 2013.

HURTADO, J. Retomando las palabras: rito. *Con-spirando*, Santiago, n. 1, p. 36-37, 1992.

JOHNSON. E. *Aquela que é*: o mistério de Deus no trabalho teológico feminino. Petrópolis: Vozes, 1995.

LÓPEZ BELLOSO, M.; SILVESTRE CABRERA, M.; GARCÍA MUÑOZ, I. Igualdad de Género en instituciones de educación superior e investigación. *Investigaciones Feministas*, Madrid, v. 12 n. 2, p. 263-270, 2021. Disponível em: <https://revistas.ucm.es/index.php/INFE/issue/view/3830>. Acesso em: 05/02/2022.

MARIANI, C. et al. Editorial: hermenêuticas do feminino – Por um esforço arqueológico e interdisciplinar para a recuperação da contribuição feminina no campo da cultura e da religião. *Pistis & Praxis*, Curitiba, v. 13, edição especial, p. 1-14, 2021.

MCFAGUE, S. *Modelos de Deus*: teologia para uma era ecológica e nuclear. São Paulo: Paulus, 1996.

NAREDO, J. M. *Raíces económicas del deterioro ecológico y social*: más allá de los dogmas. Madrid: Siglo XXI, 2006.

PULEO, A. H. Luces y sombras del ecofeminismo. *Asparkía Investigació Feminista*, Barcelona, n. 11, p. 37-45, 2002a.

PULEO, A. H. Un repaso a las diversas corrientes del ecofeminismo: feminismo y ecologia. *Ecopolítica*, Madrid, n. 31, [s/n], 2002b. Disponível em: <https://ecopolitica.org/un-repaso-a-las-diversas--corrientes-del-ecofeminismo-feminismo-y-ecolog/>. Acesso em: 05/02/2022.

PULEO, A. H. El patriarcado: ¿una organización social superada? *Mujeres en Red*, 2006. Disponível em: <https://www.mujeresenred.net/spip.php?article739>. Acesso em: 05/02/2022.

PULEO, A. H. Mujeres por un mundo sostenible. *Dossiers Feministes*, Castelló de la Plana (Catalunha), n. 14, p. 9-19, 2010.

PULEO, A. H. *Ecofeminismo para otro mundo posible*: feminismos. Madrid: Cátedra, 2011.

QUESADA GUERRERO, R. Empoderamiento de mujeres latinoamericanas través de prácticas ecofeministas. *Investigaciones Feministas*,

Madrid, v. 1, p. 97-109, 2010. Disponível em: <https://observatorio. aguayvida.org.mx/media/empoderamiento-de-mujeres-latinoa-mericanas-a-traves-de-practicas-ecofeministas.pdf>. Acesso em: 05/02/2022.

RUETHER, R. R. Ecofeminismo: mulheres do primeiro e do terceiro mundo. *Estudos Teológicos*, São Leopoldo, n. 36, p. 129-139, 1996.

SANTISO, M. T. P. *La mujer, espacio de salvación*: misión de la mujer en la Iglesia, una perspectiva antropológica. Madrid: Claretianas, 1995.

SCHÜSSLER FIORENZA, E. *Caminhos de sabedoria*: uma introdução à Interpretação Bíblica Feminista. São Bernardo: Nhanduti, 2009.

SHIVA, V.; Maria MIES, M. *Ecofeminismo*: teoría, crítica y perspectivas. Madrid: Icaria, 2016.

SÍNODO PARA A AMAZÔNIA. *Amazônia*: novos caminhos para a Igreja e para uma ecologia integral. Documento final, 2019. Dispo-nível em: <http://secretariat.synod.va/content/sinodoamazonico/pt/ documentos/documento-final-do-sinodo-para-a-amazonia.html>. Acesso em: 05/02/2022.

TAVARES, M. *Ecofeminismo(s)*: Centro de Documentação e Arquivo Feminista Elina Guimarães. 2014. Disponível em: <https://www. cdocfeminista.org/wp-content/uploads/2014/02/ECOFEMINIS-MO_Manuela_Tavares_5fev2014UF.pdf>. Acesso em: 05/02/2022.

TRAPASSO, R. D. Potenciar el futuro, colectivamente. *Revista Con-spi-rando*, Santiago, n. 1, p. 6-10, mar. 1992.

WARREN, K. J. El poder y la promesa del feminismo ecológico. In: VAL-DÉS, M. M. (org.). *Naturaleza y valor*: una aproximación a la ética ambiental. México: Fondo de cultura económica, 2004. p. 233-261.

Conclusão e novas janelas

Caro/a leitor/a:

Este livro começou e terminou referindo-se ao "cuidado". Na 1ª janela, diz-se que Deus cuida de nós e de todas as suas criaturas. Em consequência, não consideramos os outros habitantes da casa comum como meras coisas. A interdependência amorosa nos permite experimentar uma "irmandade universal" com os seres abióticos (solo, água, ar, energia do sol) e bióticos (microrganismos, plantas e animais). Na 10ª janela evidenciou-se a originalidade e a importância do ecofeminismo. Este afirma que a habilidade do "cuidado", especialmente com os mais frágeis, se desenvolveu sobretudo nas mulheres. Agora, nesse esforço comum de superar o androcentrismo e avançar na equidade de gênero, ele se torna uma característica essencial a ser desenvolvida pela humanidade. Cuidar e ser cuidado, preocupar-se e ocupar-se dos outros e outras é um dos segredos do nosso florescer.

A ecologia é ao mesmo tempo uma ciência, uma grande rede de pessoas e organizações e um paradigma emergente. Enquanto saber de saberes, desvenda a beleza e a fragilidade da teia da vida no nosso planeta, bem como implica um apelo ético de cooperação em várias instâncias, a fim de que a Terra continue habitável para nós e as futuras gerações, e apresenta um modelo de compreensão novo e inclusivo, com respeito ao lugar da espécie humana na biosfera. Como canta alegremente Rubinho do Vale, com as crianças, em *Filhote do filhote*:

> O mundo inteiro está com a gente vibrando.
> A nossa torcida é pela vida
> e a gente vai conseguir cantando.
> Cuida do jardim pra mim, deixa a terra florescer!
> Pensa no filhote do filhote que ainda vai nascer!

A ecologia integral é um sonho possível e necessário. Avizinha-se da ecologia profunda. Como se mostrou no correr desta obra, ela reúne as dimensões: ambiental, econômica, política, social e cultural; perpassa o cotidiano das pessoas no campo, nas pequenas cidades e nas metrópoles; articula de forma unificada o olhar social e o ecológico, o grito da Terra e o grito dos pobres e vulneráveis; e requer, de maneira simultânea, atitudes individuais, ações comunitárias, práticas educativas, compromissos institucionais e políticas públicas em âmbito nacional e governança global.

Viu-se que a espiritualidade ecológica (ou ecoespiritualidade) não é mero enfeite na mística ou na piedade, ou um modismo passageiro. Ela amplia o núcleo da experiência da fé, quando nos compreendemos como irmãs/irmãos de todas as criaturas; da própria Terra, que pensa, sente, transforma e ama.

Como cristãos e cristãs, cremos que há laços ternos e profundos entre o gesto divino amoroso que deu origem à evolução dos cosmos (criação), a história humana, a encarnação do Filho de Deus, a vida, morte e ressurreição de Jesus e a plenificação do universo. A biosfera, esse conjunto de ecossistemas onde a vida se desenvolve no nosso planeta, não é simplesmente o cenário em que acontece o drama humano, e sim uma participante de seu processo de evolução e libertação. Criada por amor, a natureza será transformada junto com os humanos, na consumação dos tempos.

A ecoteologia, em seu viés teórico, operacional, pedagógico e espiritual, abre janelas inusitadas para a relação fecunda entre fé, ecologia e práticas cidadãs. Ela nos impulsiona a entrar na dinâmica de conversão, que significa mudança de convicções, percepções, práticas e mística, que se traduzem em um estilo de vida simples, cooperativo, sereno e centrado no essencial. Mais. Para muitos de nós, pede um empenho para ajudar na formação da consciência ecológica e na criação de práticas sustentáveis replicáveis, que contagiem a sociedade.

As 10 janelas aqui não esgotam os temas significativos da ecoteologia. Já publicamos, em parceria com estudantes e pesquisadores/as, outros assuntos em capítulos de livros, anais de congressos e artigos em revistas especializadas. Dentre eles: Tecnociência e crise ecológica; Bens comuns e ecodemocracia; Nossa responsabilidade pela casa comum e as futuras gerações; Exploração animal e ecologia; Água e Cuidado da casa comum; Alimentação, ecologia e espiritualidade; Educação para um mundo sustentável na escola; Ecologia, consciência planetária e "bem viver"; Felicidade e sobriedade feliz; Igreja e mineração; O ciclo do ouro e seus impactos socioambientais; Mares e oceanos à luz da ecoteologia; Pistas pastorais para conhecer e colocar em prática a *Laudato Si'*.

Companheiros e companheiras têm escrito sobre a ecologia e/ou ecoteologia em relação a questões emergentes, descortinando assim novas janelas de conhecimentos e de práticas transformadoras. A título ilustrativo, cito: Ecologia e decolonialidade; Racismo estrutural e ambiental; Ecofeminismo latino-americano; Ecoteologia a partir dos povos originários; Afrodescendentes e ecologia; Ecoteologia em perspectiva multirreligiosa; Diálogo inter-religioso em torno da sustentabilidade; Direitos Humanos e justiça socioambiental; Direitos da Terra; Novo estilo de vida; Alimentação sob a perspectiva ecológica; Agroecologia e espiritualidade; Ecologia e o pós-humano; Educação para/na sustentabilidade; Ecodemocracia; Novas faces da alfabetização ecológica; Ecossocialismo; Ecologia e modelos socioeconômicos; Consumo e sustentabilidade; Resgate da consciência ecológica a partir da Bíblia; Ecologia e escatologia; O "bem viver"; Pós-extrativismo; Gestão ambiental e fé cristã; Políticas socioambientais; O ensino social da Igreja sobre o compromisso socioambiental etc. Pretendo continuar a escrever sobre alguns destes temas do ponto de vista acadêmico, técnico, educativo e espiritual.

Vale ainda destacar as inúmeras iniciativas de ONGs, movimentos socioambientais e grupos organizados, na sociedade civil, nas Igrejas e religiões, que promovem a educação para uma sociedade sustentável. Muitas delas oferecem excelente material educativo na web, como textos, cartilhas, vídeos e *games*.

Há um longo e belo caminho a percorrer! Espero que este livro, bem como os breves textos, áudios do programa "Ecoagente – amigo da Terra", esquemas e breves vídeos que disponibilizo nas redes sociais sejam úteis para você e seu grupo.

Abram janelas! Faço minha (e nossa) a convocação de Beto Guedes em *Sal da Terra*:

> Vamos precisar de todo mundo,
> um mais um é sempre mais que dois.
> Pra melhor juntar as nossas forças
> é só repartir melhor o pão.
> Recriar o paraíso agora
> para merecer quem vem depois...

ANEXO

Sugestões de ações comunitárias nos espaços eclesiais urbanos

Existem no mínimo cinco tipos de ações comunitárias, além da conscientização que se realiza no interior dos processos pastorais, como apontamos anteriormente. São elas: *eventos, campanhas, processos, gestão ambiental e grupos de incidência política.*[1] Todas têm repercussão social, para além do campo da Igreja. Algumas se dirigem preferencialmente aos membros das comunidades eclesiais. Vários eventos já acontecem. Trata-se de conferir sentido ecológico a eles, reduzindo os resíduos e materiais descartáveis. Outros podem ser criados com finalidade socioambiental. As campanhas visam desinstalar as pessoas e mobilizá-las para mudar de atitudes e empreender ações de impacto durante um período determinado. Já os processos acontecem no tempo necessário para trazer resultados. Prolongam-se no tempo. Uma campanha pode desembocar em processo, se houver

---

[1] Este texto se baseia no capítulo *"Laudato Si'*: pistas pastorais para conhecer e colocar em prática", do livro *Cuidar da casa comum: chaves de leitura teológicas e pastorais da Laudato Si'*. São Paulo: Paulinas, 2016; e reproduz a segunda parte do capítulo "Evangelização das cidades e conversão ecológica: sugestões a partir das Diretrizes", da obra *Pastoral urbana: novos caminhos para a Igreja na cidade*. Petrópolis: Vozes, 2021, organizada por Agenor Brighenti e Francisco de Aquino Júnior.

pessoas na comunidade que assumam a responsabilidade por eles. Tanto as campanhas como os processos devem ser bem preparados, com uma comunicação eficiente. A gestão ambiental consiste no conjunto de políticas e procedimentos a serem assumidos pelo conselho paroquial, com seu pároco e a diocese, visando à sustentabilidade nos espaços físicos da Igreja. Por fim, a mudança socioambiental exige a presença de grupos que pressionem os poderes públicos (executivo, legislativo e judiciário), a fim de denunciar e coibir os desmandos e avançar em políticas socioambientais.

Algumas iniciativas somente serão duradouras se contarem com a participação ativa da comunidade e a contribuição de voluntários, ambientalistas e de pessoas que tragam sua experiência e contribuição técnica; em outros casos, com o apoio das associações locais e de outras igrejas cristãs. Atividades complexas exigem parceria com o poder público, especialmente a prefeitura. Evite-se a submissão dessas iniciativas ao apoio interesseiro de vereadores ou deputados. Os exemplos abaixo visam despertar no/a leitor/a e sua comunidade a sensibilidade ecológico-social e a criatividade. Na internet você encontrará relatos de mais experiências bem-sucedidas nesse campo.

1. Eventos

- Sua comunidade ou paróquia promove festa junina e outras festas religiosas? Há algum evento de massa organizado por movimentos ou pela diocese? Promove peregrinação a santuário? As ações comunitárias elementares consistem, por exemplo, em adotar procedimentos concretos para reduzir a produção de lixo, usar sempre que possível material reutilizável e não os descartáveis. E todo o lixo gerado pode ser separado e destinado a uma associação de catadores. Ao se promover um evento com comida, deve-se privilegiar fornecedores de agroecologia, agricultura familiar e associações de economia solidária. Isso faz a diferença;

- *Romaria da terra e das águas:* organizada pelas pastorais sociais, constitui importante momento para denunciar o mau uso do solo e a degradação dos nossos rios, fortalecer as lutas socioambientais e louvar a Deus com a água e o solo;

- *Caminhada ecológica:* destina-se a tomar consciência do próprio corpo, fortalecer os laços interpessoais e encantar-se com as belezas da Terra (as árvores, as águas, o ar, os pássaros, as flores). Em outras ocasiões, tem um caráter profético, de denúncia diante da destruição da natureza. Em outros momentos, enfatiza a dimensão celebrativa, de louvor com a criação, ou pode conter todos esses elementos;

- *Feira de trocas:* realiza-se com as mais diversas faixas etárias. A finalidade é refletir sobre a maneira como compramos, usamos e descartamos os objetos. Na feira de trocas, cada um/a traz algum objeto pessoal em bom estado, que não usa mais, para trocar com outra pessoa. Descobre-se *o valor de uso* dos objetos e exercita-se o desapego;

- *Feira de produtos agroecológicos e da economia solidária:* pode acontecer algumas vezes no ano ou ser um processo. As feiras fortalecem a cadeia produtiva com alimentos saudáveis, estimulam as iniciativas de economia solidária, conscientizam sobre o valor da alimentação sem agrotóxicos e incentivam a inclusão social;

2. Campanhas

- *Mutirão de limpeza:* mobiliza membros da comunidade para limpar um espaço de uso público, como um parque, uma praça, a praia ou a beira do rio. Alerta as pessoas sobre a necessidade de cuidar dos espaços comuns;

- *Passeio ciclístico:* visa despertar para o uso da bicicleta como meio de transporte ou diversão. Chama a atenção para o importante tema da mobilidade urbana;
- *Plantio de mudas:* em parceria com outras organizações, mobiliza membros da comunidade local para plantarem e cuidarem de árvores frutíferas ou do bioma onde se vive. Pode se destinar a espaços públicos ou familiares. É bom contar com a ajuda de técnicos e de povos tradicionais para escolher a árvores mais adequadas para sua região;
- *Coleta de água de chuva:* essa experiência bem-sucedida de construção de cisternas caseiras em comunidades rurais no semiárido do Brasil, com apoio da *Caritas*, agora se estendeu às cidades para ajudar a superar a crise de abastecimento da água nas periferias. Serve também para sanitários e para aguar plantas e jardins;
- *Compostagem:* com informações claras, estimula a produção de adubo orgânico em pequena escala, aproveitando deter-minados restos de alimentos. Reduz a quantidade de lixo e fornece material para manter o solo vivo e fértil;
- *Horta caseira:* ensina as pessoas a produzirem algumas plantinhas básicas em casa, como temperos e plantas medi-cinais. Funciona não somente em quintais como também em apartamentos, corredores e lajes das casas;
- *Campanha de redução do consumo de água e energia:* já há muitas iniciativas com apoio das concessionárias, que aju-dam as famílias a fazer um diagnóstico, a perceber onde e como existe maior impacto ambiental na sua casa e a adotar atitudes sustentáveis.

3. Processos

- *Coleta e destinação de óleo usado:* organiza-se um local para descarte do óleo de fritura utilizado nas casas ou organizações. Destina-se, então, a uma organização que recolhe e recicla o material coletado. Além de reduzir a poluição das águas, o resto de óleo de fritura serve de matéria-prima para fabricar sabão e detergente;

- *Apoio às cooperativas de coletores de material reciclado:* a comunidade ou um condomínio monta um sistema de separar e destinar o chamado "lixo seco", para reduzir a quantidade de resíduos e fortalecer empreendimentos populares de "catadores de material reciclável". Convém escolher qual material recolher (por exemplo, latinha, garrafas pet e papel branco limpo). Essa iniciativa tem ajudado na promoção social de muitas famílias pobres, além de reduzir o volume dos aterros sanitários da cidade;

- *Horta urbana coletiva:* iniciativa crescente em várias partes do mundo e realizada por um grupo que aproveita espaços urbanos para plantio de hortaliças.

4. Gestão ambiental

Consiste em adotar procedimentos ecologicamente sustentáveis nos espaços eclesiais, como igrejas, salão paroquial, escolas, hospitais e obras sociais. Por exemplo: redução, separação e destinação de resíduos sólidos (lixo), geração de energia elétrica com painéis solares, construções e reformas privilegiando ventilação e iluminação natural, captação e utilização de água de chuva, atualização dos equipamentos hidráulicos e elétricos (ecoeficiência), escolha de fornecedores com responsabilidade socioambiental. Deve-se fazer um diagnóstico ambiental, perceber quais são os principais impactos negativos e buscar as alternativas viáveis, a curto, médio e longo prazo.

5. Grupo de incidência política

Mudanças duradouras exigem o compromisso dos governos, por meio de leis, organismos, empreendimentos e políticas públicas. Para isso, é necessário criar grupos de cidadãos que farão um longo trabalho de conscientização, reivindicação e pressão sobre o poder público. Tecnicamente, isso se chama *advocacy* ou luta pelos direitos sociais e bens comuns. Ele atua: "Expondo os problemas e necessidades existentes na sociedade; mostrando, com dados, fontes confiáveis e relatos, a importância do tema; sugerindo melhorias e soluções, a partir da pesquisa e da colaboração com especialistas da área; buscando influir nos planejamentos orçamentários, comprovando a necessidade de expansão de recursos em determinada área; realizando pressão nas autoridades, em formuladores de agenda e tomadores de decisão, para discussão e implementação das políticas públicas necessárias".[2] A palavra oficial da Igreja, através de pastorais organizadas, paróquias e dioceses, tem grande valor para fortalecer essas iniciativas de defesa de direitos sociais.

Veja algumas mudanças importantes para a cidade, que são resultado de políticas públicas adotadas pelos municípios e o estado, e necessitam da pressão de grupos organizados para acontecerem: implantação de aterro sanitário; apoio logístico aos coletores de material reciclável; funcionamento de estação de tratamento de esgoto (ETE); implantação e manutenção de ciclovias; criação e

---

[2] Disponível em: http://www.politize.com.br/advocacy-o-que-e/. Acesso em: 06/06/2022.

manutenção de parques públicos e áreas de conservação; política de mobilidade urbana; controle da poluição do ar; controle da qualidade dos alimentos; implantação e manutenção de calçadas; plantio e cuidado de árvores na cidade. As *Campanhas da Fraternidade* são uma excelente oportunidade para criar um grupo de incidência política sobre determinada causa socioambiental.

Conclusão aberta

Temos muito a caminhar, no que diz respeito à conversão ecológica e ao cuidado da casa comum. Ambientalistas e cientistas alertam que o nosso planeta está em situação de "emergência ambiental". Manter a pastoral no campo das demandas individuais é muito pouco. Somos convocados a ampliar nossa consciência e atuar de forma transformadora. Ao mesmo tempo, nutrir uma espiritualidade pessoal e comunitária, integradora, de cura e profecia, de louvor e indignação, de paz interior e empenho social. Eis o desafio e a oportunidade para a nossa fé!

Sobre o autor

Afonso Murad é graduado em Pedagogia pela UNIMONTES e em Filosofia pela PUC-Minas, doutor em Teologia pela Universidade Gregoriana e pós-doutor em Ecoteologia pela PUC-RS. Possui especialização em Gestão e Marketing pela Fundação Dom Cabral e em Comunicação Social pela Universidade São Francisco, e MBA em Gestão e Tecnologias Ambientais pela USP. É professor de Teologia, pesquisador na FAJE, em Belo Horizonte, e bolsista de Produtividade em Pesquisa do CNPq, com o projeto "Perspectivas de Ecoteologia e Gestão para a Sustentabilidade". Além disso, é coordenador da linha de pesquisa "Ecoteologia, religião e consciência planetária", do GT "Fé e contemporaneidade: os impactos da sociedade moderna e pós-moderna sobre a fé cristã" da FAJE, e membro da coordenação do GT "Consciência planetária, religião e ecoteologia", nos congressos da ANPTECRE (Associação Nacional de Pós-Graduação e Pesquisa em Teologia e Ciências da Religião) e do GT "Religião, ecologia e cidadania planetária", nos congressos da SOTER. Principais obras: *Gestão e espiritualidade: introdução à teologia* (com J. B. Libanio); *A casa da teologia* (com S. Ribeiro e P. R. Gomes); *Maria, toda de Deus e tão humana*; *Ecoteologia: um mosaico* (org.). Atuando ainda em iniciativas interinstitucionais, de múltiplos olhares, é um dos organizadores das obras: *Tecnociência e ecologia*; *Direitos Humanos e justiça ambiental*; e *Ecologia e democracia*.

Ambientalista, coordena o programa de Rádio "Ecoagente – Amigo da Terra", de educação ambiental, bem como publica breves vídeos didáticos nos canais do Youtube e do Instagram (@afonsomurad), e suas produções no ORCID (http://orcid.org/0000-0002-3714-7378). Também colabora como assessor voluntário na REPAM Brasil, na ANEC e na articulação latino-americana "Iglesias y minería".

Índice onomástico

A

Abdalla de Moura, L. A. 64, 77
Acosta, A. 187, 190
Adichie, Ch. N. 255, 289
Aguilla, E. 273, 289
Azcuy, V. R. 275, 289

B

Bingemer, M. C. L. 202, 219, 256, 271, 275, 289
Boff, L. 21, 64, 73, 74, 75, 76, 77, 78, 89, 100, 105, 108, 178, 179, 190, 285, 289
Bosch, A. 262, 289
Bossi, E. 187, 190
Braga, B. 63, 64, 78
Buarque de Holanda, H. 270, 289

C

Callembach, E. 51, 55
Capra, F. 53, 55, 144, 145, 150, 208, 219
Carbonnel, L. R. 289
Carson, R. 132, 150
Cauly, M. 202, 219, 238, 251
Céspedes, G. 281, 289
Conradie, E. M. 23, 57, 179, 180, 181, 184, 190, 290
Cruz, E. R. 129
Cunha, M. N. 175, 191

D

D'eaubonne, F. 256, 290
Di Renzo, G. 275, 289
Díaz Estévez, A. 263, 268, 270, 290
Dowbor, L. 266, 290
Drengson, A. 133, 143, 144, 150

F

Fernandes, L. A. 38, 39, 56
Fernandes da Costa, R. 105, 187, 191
França Miranda, M. 199, 200, 202, 205, 219, 232, 251
Francisco, Papa 20, 21, 62, 78, 105, 109, 110, 113, 115, 117, 128, 146, 151, 153, 154, 155, 156, 157, 158, 159, 160, 161, 163, 164, 167, 192, 234, 244, 251, 255, 281, 284, 290
Frei Betto 105

G

Gandon, A. L. 256, 290
García Muñoz, I. 275, 291
Gebara, I. 25, 187, 191, 255, 275, 276, 277, 278, 290
Gibellini, R. 206, 207, 219
Gomes, P. R. 105, 191
Grenzer, M. 36, 43, 56, 227, 251
Gross, F. 227, 251
Guattari, F. 21, 70, 71, 72, 73, 74, 108
Guridi, R. 21, 23, 46, 48, 56, 61, 62, 66, 67, 68, 69, 78, 179, 180, 181, 191, 290
Gutiérrez, G. 177, 191

H

Herrero, Y. 260, 261, 262, 263, 264, 268, 270, 271, 290
Hur, D. U. 73, 78
Hurtado, J. 274, 290

J

Johnson, E. 275, 286, 291
Junges, J. R. 57, 129, 184, 188, 191, 198, 219

K

Kerber, G. 108, 129

L

Libanio, J. B. 82, 178, 191, 219, 305
López Belloso, M. 275, 291

M

Maçaneiro, M. 105, 186, 191
Machado, M. 64, 78
Mancuso, V. 45, 56
Mariani, C. 279, 291
Martínez, E. 187, 190
Mattos, L. A. 240, 251
McFague, E. 275, 287, 291
Mendonza, C. A. L. 275, 289
Mies, M. 265, 266, 267, 268, 269, 270, 292
Moltmann, J. 24, 40, 46, 56, 129, 156, 179, 184, 191, 200, 201, 206, 207, 212, 213, 214, 216, 217, 218, 219
Moraes, M. C. 129
Müller, I. 219
Murad, A. 53, 56, 57, 78, 105, 128, 129, 151, 174, 184, 187, 190, 191, 192
Müssig, D. 105, 186, 192

N

Naess, A. 139, 140, 141, 142, 143, 144, 146, 149, 150, 151
Naredo, J. M. 261, 291

O

Oliveira, P. A. R. 77, 129

P

Padilla, R. 176, 192
Panikar, R. 129
Pannenberg, W. 207, 219
Plumwood, V. 270
Puleo, A. H. 25, 257, 258, 259, 260, 266, 268, 270, 291

Q

Quesada Guerrero, R. 282, 291

R

Rahner, K. 82, 204, 205, 219
Reis, E. V. B. 63, 92, 187, 192
Ribeiro, C. O. 176, 193
Ribeiro, S. 105, 191
Riechmann, J. 31, 56, 62, 64, 65, 78, 79, 129
Rincón Andrade, M. 177, 193
Rocha Santos, F. 105, 187, 191
Rocha, M. 187, 192
Rosendo, D. 147, 151
Ruether, R. R. 25, 258, 260, 275, 292
Ruiz de la Peña, J. L. 197, 204, 219

S

Santiso, M. T. P. 274, 275, 292
Schüssler Fiorenza, E. 269, 275, 292
Shiva, V. 25, 265, 266, 267, 268, 269, 270, 281, 292
Silvestre Cabrera, M. 275, 291
Souza, J. C. A. 129
Suárez Barrera, E. M. 132, 151
Susin, L. C. 105, 184, 187, 193

T

Tavares, S. S. 23, 128, 179, 182, 191, 192, 193, 270, 292
Theokritoff, E. 105, 186, 193
Trapasso, R. D. 292
Trigueiro, A. 41, 55, 56, 219

V

Valera, L. 150, 151
Vélez, C. 187, 193, 275
Viola, A. N. B. 187, 193
Viola, F. I. 187, 193

W

Warren, K. J. 259, 264, 270, 292
Wirzba, N. 187, 193
Wolff, E. 187, 193

Rua Dona Inácia Uchoa, 62
04110-020 – São Paulo – SP (Brasil)
Tel.: (11) 2125-3500
http://www.paulinas.com.br – editora@paulinas.com.br
Telemarketing e SAC: 0800-7010081